Astrologie : Livre 4
Les planètes en signes

© 2015/2021 – Eric Jackson Perrin
www.coaching-evolution.net

**Edité par Eric Jackson Perrin
69300 Caluire et Cuire**

Imprimé en Allemagne par BoD – Books en Demand

**ISBN 979-10-94871-02-2
Dépôt Légal : Novembre 2015**

Livres du même auteur

Série civilisations

Traité pratique d'Astrologie Maya
Le Yi King de voyage
Le Tarot Éternel et Le Tarot Éternel 2
Le Tarot Éternel complet et L'Histoire Secrète du Tarot
Les Runes Germaniques sacrées et magiques
Le Diamant de Naissance et Le cahier pratique du Diamant de Naissance
Cinq outils extraordinaires de connaissance de soi
Les outils et techniques de développement personnel pour thérapeutes et particuliers
Planches de radiesthésie pour thérapeutes et particuliers
Guide pratique de soins énergétiques pour thérapeutes et particuliers
Le Manuel Professionnel du Diamant de Naissance 1 et 2
Ami-Enfant des Étoiles, Ami revient et Civilisations Internes
Physique classique et physique quantique pour thérapeutes et particuliers
Le Guide Pratique des Appareils de Bien-Etre
***

Série apprendre l'astrologie, c'est possible…

1-Les bases pratiques de l'astrologie
2-Les planètes, les signes, les secteurs
3-Maitriser l'analyse et l'interprétation du thème astrologique
4-Les planètes en signes et 5-Les planètes en secteurs
6-Les aspects à la Lune et à Vénus
7-Les aspects au Soleil et à Mars
8-Les aspects Mercure, Jupiter, Saturne et Uranus
9-Les bases de l'astrologie karmique
10 - Le cahier astrologique : Comment interpréter un thème astral
11- L'Astrogéolocalisation

Série Sonothérapie

Diapasons, Kinésiologie et Acupuncture traditionnelle chinoise
Les diapasons thérapeutiques
Passion bols avec Alain Métraux
Le Guide Pratique des Mantras
Le Cahier Pratique des Bols Chantants

Édité par Éric Jackson Perrin

**Logiciel professionnel Diamant de Naissance
Version de base (80€) et complète avec édition d'études (360€)**

Table des matières

INTRODUCTION ET QUELQUES DONNEES TECHNIQUES.

Introduction :

Un thème astral est une carte de votre structure psychologique et l'une des façons de représenter symboliquement la forme de votre « Etre » et de votre vie. Il se calcule à partir du jour, du mois, de l'année, du lieu et de votre heure de naissance.

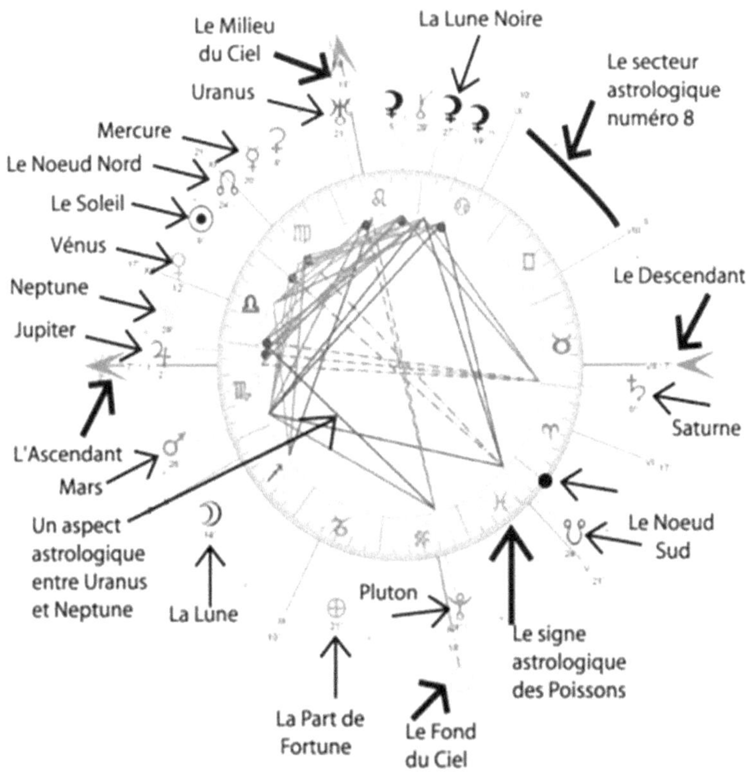

Il y a des acteurs, des formes de vie ou des sous-personnalités. Ce sont les planètes. En astrologie l'on considère que le Soleil et la Lune sont des planètes dans le sens où ce sont des objets célestes en mouvement. Le Soleil est d'un point de vue astronomique une étoile tandis que la Lune est une Lune planétaire de la Terre.

Toute planète se trouve dans deux espaces. L'un de ces espaces est le signe astrologique et l'autre le secteur astrologique. Une planète est parfois dominante, c'est-à-dire extrêmement présente et parfois elle est dite aveugle, c'est-à-dire qu'elle s'exprime très peu chez la personne concernée.

Certaines planètes sont de nature masculines (Soleil, Mercure, Mars, Jupiter et Uranus) et d'autres sont féminines (la Lune, Vénus, Saturne, Neptune et Pluton). Vous avez une explication astronomique sur les planètes en signes et en secteurs dans le livre 1 : Les bases de l'astrologie. Vous avez une description approfondie des planètes dans le livre 2 : Les planètes, les signes et les secteurs.

Chaque planète s'exprime selon une certaine forme, d'une certaine façon, comme si elle revêtait un costume parmi 12 possibles. Les costumes sont les 12 signes astrologiques. Un signe astrologique correspond à une des 12 étapes d'un cycle dont le point de départ est le lieu où se produit l'équinoxe du printemps, quand la Terre devient alignée avec le Soleil.

Ils ne sont donc pas liés aux étoiles même si l'on s'est servi des étoiles pour dessiner des figures d'animaux qui symbolisent les énergies des signes et pour les nommer. Ce sont, d'un point de vue psychologique, des états d'esprit. Une planète est forcément dans un signe astral ce qui signifie qu'elle s'exprime selon un certain état d'esprit.

Chaque planète à sa raison d'être et aspire à être exprimée à travers vous. Cela se traduit par des besoins. Chaque planète peut être exprimée de façon déséquilibrée, sous sa forme inférieure, de façon équilibrée sous sa forme intermédiaire ou de façon optimisée, sous sa forme supérieure, spirituelle et élevée. Et l'objectif de toute âme humaine est d'exprimer chaque partie d'elle-même sous sa meilleure forme possible. Ce concept de niveaux d'expression est partiellement traduit dans les textes qui suivent. C'est à vous de choisir consciemment comment vous voulez entrer en résonnance puis exprimer chacune des planètes en vous.

Résumé des définitions des planètes :

Le Soleil : Votre idéal, vos repères, votre moi conscient, votre moi Divin, votre image de l'homme et du père, le meilleur de vous-même.

La Lune : Votre sensibilité, votre vie quotidienne, votre façon de trouver le bien-être, de vous nourrir et de vous ressourcer, votre idéal féminin.

Mercure : Votre mode d'apprentissage et de communication, votre type d'intelligence et vos facultés d'adaptation.

Vénus : Vos choix, vos désirs, votre intelligence relationnelle, votre vie de couple, votre gestion de la matière et de l'argent, votre joie, vos plaisirs, votre idéal féminin.

Mars : Vos décisions, votre motivation, votre façon d'agir, votre force, votre sexualité, vos combats, votre image de l'homme et votre idéal masculin.

Jupiter : Votre activité professionnelle, vos voyages, votre philosophie de vie.

Saturne : Votre sécurité, votre évolution, votre paix intérieure, votre relation aux structures et à la Vérité, vos chantiers, vos cheminements.

Uranus : Votre liberté, vos relations amicales, vos projets, votre adaptation à la vie moderne, votre intelligence psychologique et technologique..

Neptune : Votre foi, votre clairvoyance, vos mémoires ancestrales, vos souffrances, votre besoin de rêve et d'évasion, vos mémoires généalogiques et de vies passées, vos aspirations spirituelles.

Pluton : Vos pulsions, votre sexualité, votre lucidité, votre vérité profonde, votre relation à l'au-delà, votre initiation.

Résumé des signes astrologiques :

Le Bélier, signe de feu cardinal : L'esprit d'entreprise, actif, dynamique, audacieux, combatif, spontané, énergique, émotif, rapide, vif, primaire, courageux, impatient, renouvellement permanent, novateur, naïf, franc, direct, impulsif, colérique, violent.

Les besoins et tendances du signe sont ceux de Mars et secondairement du Soleil (besoin de réussir, besoin de s'affirmer, besoin d'être compétitif, besoin de résultats, besoin d'être sur les devants de la scène et en tête du peloton etc.).

Le Taureau, signe de terre fixe : L'esprit concret, pragmatique, jouissif et orienté vers le matériel. Il est sensuel, réceptif, fécond, productif, placide, stable, routinier, lent, prudent, résistant, sceptique, déterminé, obstiné, proche de la nature. Les besoins et tendances du signe sont ceux de Vénus sous sa forme terrienne et secondairement ceux de la Lune (besoin de sécurité, besoin de plaisir, besoin d'union etc.).

Les Gémeaux, signe d'air cardinal : L'esprit curieux, espiègle, commercial, souple, communiquant et théoriquement bien adapté. Il symbolise l'utilisation de l'intelligence concrète pour s'adapter. Il est disponible, ouvert, mobile, double, communicatif, joueur, comique, humoristique, agile, malicieux, rusé, acrobate, superficiel, double ou multiple et parfois instable. Les besoins et tendances du signe sont ceux de Mercure sous sa forme aérienne.

Le Cancer, signe d'eau cardinal : L'esprit sensible, intuitif et nourricier, l'esprit de famille et de clan. Il est intimiste, sympathique, bon enfant, maternel, attaché, dévoué, sensible, influençable, rêveur, imaginatif, émotif, tenace, pantouflard, introverti, secret, craintif, subjectif, capricieux et irrationnel. Il a une très bonne mémoire et c'est un(e) spécialiste du souvenir et de l'émotion. Ses besoins et tendances sont ceux de la Lune (besoin de sécurité, d'un foyer, d'une famille etc.).

Le Lion, signe de feu fixe : L'esprit volontariste, énergique, créateur, clair, fier, positif. Il incarne le sens de la réussite, le besoin d'être connu et reconnu, et l'expression de ses valeurs personnelles pour se mettre en valeur. Il est autonome, optimiste, idéaliste, propre, loyal, organisé, noble, magnanime, généreux, chaleureux, expressif, égoïste, autoritaire, despote, orgueilleux, absolutiste et parfois mégalo. Il a un sens de l'absolu, de l'affranchissement et du surpassement. Ses besoins et tendances sont ceux du Soleil.

La Vierge, signe de terre mutable : Elle incarne le sens du service. Elle est intelligente, ingénieuse, dotée de sens pratique, précise, perfectionniste, sélective, rationnelle, gestionnaire, organisée, disciplinée, prévoyante, serviable, dévouée, craintive, matérialiste, modeste, réservée, prudente, timide, souvent dans le doute et parfois maniaque. Elle a un esprit critique et analytique, un sens du détail et un besoin de limites et d'hygiène. Elle s'adapte au concret. Ses besoins et tendances sont ceux de Mercure dans son coté terrien.

La Balance, signe d'air cardinal : L'esprit sentimental, intelligent, relationnel et sociable. Elle est charmante, élégante, agréable, gentille, gracieuse, conciliante, affectueuse, tolérante, équilibrée, humaine. Elle a le sens de l'esthétique, de l'harmonie et de la justice. Elle est artiste, idéaliste, romantique, lente, prudente, réservée, hésitante, indécise et un peu comédienne. Les besoins sont ceux de Vénus sous sa forme aérienne et de Saturne.

Le Scorpion, signe d'eau fixe : L'esprit initiatique, transformateur, combatif, agressif, critique, piquant, grognard, colérique, passionné, subtil, médium, intense, lucide, authentique, individualiste, invulnérable, secret, résistant, sélectif, exclusif, exigent, tenace et lucide. Il est très conscient des problèmes et tendance à s'en créer. Il est parfois excessif, extrémiste, manipulateur, violent, méfiant, dangereux, fataliste, dominateur, inconscient, ignorant ou marginal. Il a besoin d'expérimenter pour tester et de s'élever spirituellement.

Le Sagittaire, signe de feu mutable : L'esprit soit philosophe, soit conformiste, soit aventurier, soit autoritaire. Il est dynamique, adapté, généreux, démonstratif, chaleureux, humain, sociable, fêtard, optimiste, ouvert d'esprit, cultivé, bon vivant, organisé, chanceux, expansif, voyageur, et parfois colonialiste, envahissant, hypocrite, excessif ou mégalomane. Il a une autorité naturelle, une intelligence des systèmes d'information, un sens de globalisation, un besoin d'espace et de liberté et une adaptation à son environnement économique.

Le Capricorne, signe de terre cardinal : Il représente l'énergie potentielle, les capacités de réalisations concrètes, la conscience professionnelle, les structures, le temps, sens du long terme, les chantiers, le besoin de sécurité et le cheminement vers la vérité profonde. Il symbolise l'esprit introverti, profond, de chercheur, de contrôle, d'organisation et d'évolution. Il est détaché, observateur, introverti, structuré, sérieux, intègre, moraliste, conservateur, pragmatique, profond, objectif, acharné, volontariste, ambitieux, détaché, sobre, réservé, travailleur, intègre et parfois égoïste, pessimiste, timide, rigide, têtu, calculateur et froid. Il doit surmonter un manque de confiance en soi et une tendance aux doutes. Les besoins sont ceux de Saturne, de Mars et secondairement d'Uranus.

Le Verseau, signe d'air fixe : L'esprit libre, atypique, humain, humaniste, indépendant, intelligent, logique, novateur, sociable, amical, fraternel, idéaliste plein d'espoir, futuriste, avant-gardiste, inventif, libérateur, novateur, réformateur, libéral, original, humaniste et désintéressé. Il a un esprit de technicien ou de spécialiste, un sens de la différenciation, un sens psychologique et un sens du groupe. Il est parfois excentrique, individualiste, paradoxal, compliqué, indifférent et imprévisible. Ses besoins sont ceux d'Uranus et secondairement de Saturne.

Les Poissons, signe d'eau mutable : L'esprit collectif, clairvoyant, intuitif, médium, influençable, émotif, croyant, dévoué, charitable, généreux, détaché, irrationnel, subtil, secret, génial, magique, captivant, fuyant, évasif, effacé, ailleurs, le goût de l'illusion et de la souffrance. Il incarne le sens du sacrifice, le besoin d'évasion et de rêve, le besoin de fondre dans un tout plus grand, de soulager les souffrances et les misères du monde et de passer de la souffrance à la transcendance et à la communion avec Dieu, avec le grand Tout. Ses besoins sont ceux de Neptune et secondairement de Jupiter.

Les planètes en signes.

Une planète est une fonction psychologique tandis qu'un signe est un état d'esprit. Une planète en signe indique donc dans quel état d'esprit s'exprime une fonction psychologique, par exemple les sentiments (Vénus), l'autorité et la générosité (Jupiter), le dynamisme et le courage (Mars), la volonté et la créativité (Soleil) etc. Si par exemple Mars est en Bélier, on dit alors que le sujet lutte, s'affirme et agit (Mars) comme un Bélier, c'est à dire de façon dynamique, franche et virile. Si Mercure est en Capricorne, le sujet communique (Mercure) comme un capricorne, c'est à dire en étant réservé, prudent et sélectif. Les planètes en signes permettent de décrire les bases psychologiques de l'individu. **Vous avez à la fin du livre une explication sur les différences entre le zodiaque tropical et le zodiaque sidéral.**

Exercice : Afin de développer un ressenti, de mettre des mots clefs sur vos ressentis et d'acquérir des repères vivants sur la façon d'opérer des planètes en signes, vous pouvez faire un tableau comme ci-dessous puis noter soit des personnes que vous connaissez et dont vous avez les thèmes astrologiques (familles, ami(e)s, collègues etc.) soit des personnalités publiques dont vous avez étudié la biographie.

Planète Signe	SOL	LUN	MER	VEN	MARS	JUP	SAT	URA	NEP	PLU
BELIER										
TAUREAU										

Interprétation des planètes en signes et en secteur :

Dans un premier temps, il est juste d'interpréter une planète en signe et en secteur à l'état pur, c'est-à-dire comme si il n'y avait que cette planète, ce signe et ce secteur dans le thème. Mais très rapidement, il est nécessaire de tenir compte du reste du thème astral, c'est-à-dire de la dominante, des aspects formés par la dite planète et de la situation des planètes maîtresses du signe où se trouve la dite planète. Il y aura donc toujours un « oui mais ».

Le Soleil en signes :

Le Soleil dans un signe astrologique met en lumière et en valeur le signe où il se trouve. Vous trouverez l'interprétation des signes astrologiques et donc du Soleil en signe dans le livre 2 : « Les planètes, les signes et les secteurs ».

La Lune en signes :

LA LUNE EN BELIER

Vous avez besoin, pour vous sentir bien, pour que les choses soient fluides, pour vous ressourcer et vous détendre, pour vous habituer et pour vivre votre part de rêve d'être passionné par ce que vous faîtes, de vie et d'action, d'engagement et de combats, d'intensité et d'évènements. L'action est votre valeur refuge, celle qui est indispensable à votre bien-être.

 Vous croquez la vie à pleines dents et vous pouvez donc avoir quelques difficultés à vous reposer, à vous détendre et à rester inactif parce que quelque chose en vous vous appelle systématiquement à l'action. Vous pouvez avoir besoin que de très peu de sommeil et avoir tendance à ne dormir que d'un œil parce que vous vous rechargez vite et parce que vous restez actif et vigilant dans la détente. Vous devez néanmoins apprendre à vous ressourcer, à vous reposer et à ne rien faire afin de recharger vos batteries ! Vous êtes particulièrement sensible à ce qui se passe autour de vous, aux réalités qui vous entourent, au déroulement des événements sur le terrain mais aussi aux manifestation d'agressivité, aux combats, aux rapports de force et aux différences qu'il y a entre vous et le reste du monde.

Votre tendance à ressentir les choses de façon entière, nette, directe, brusque et rapide vous font réagir au moindre stimulus et au moindre changement d'atmosphère. Vous êtes un modèle de spontanéité. Vous vous enflammez facilement, pouvez vivre des passions émotionnelles qui vous font parfois surchauffer et avoir un coté « soupe au lait ». Votre sensibilité, votre mémoire, votre capacité à croire et à imaginer sont étroitement liées à votre activité, à vos engagements et à vos combats. Votre imagination enflammée produit des images presque mécaniquement. Cela vous permet d'utiliser votre imagination pour créer des événements en visualisant ce que vous voulez faire, de matérialiser ce qui traverse votre sensibilité, de réaliser vos rêves de façon spontanée, d'être inspiré dans vos initiatives en sentant ce qu'il faut faire et en faisant comme vous le sentez et de provoquer l'inspiration chez autrui. Vous croyez en vos moyens et savez nourrir votre confiance en vous.

Si vous vous inquiétez, c'est avant tout à propos de l'action, du renouvellement du désir et des résultats. Votre foi et votre nature dynamique vous incite à créer une vie quotidienne pleine d'événements, une vie quotidienne bien remplie, parfois mouvementée et qui résulte avant tout de vos décisions et initiatives. Vous avez en toutes circonstances besoin de votre part d'indépendance. Et comme vous croyez qu'il faut lutter pour vous en sortir, vous êtes toujours prêt au combat. L'engagement dans une entreprise, le sport, la mobilisation de vos énergies pour vous affirmer, la lutte pour obtenir des résultats, le besoin de faire face aux réalités du monde extérieur, de vivre des moments forts, de vous frotter à la vie, de prouver que vous existez, bref l'action et la réaction font donc partie de vos comportements quotidiens et peuvent être chez vous comme une seconde nature. En effet, parce que vous savez vivre en parfaite complicité avec les événements qui font partie de votre univers quotidien, être complètement identifié au présent et à ce que vous faites mais aussi être détendu dans l'action, l'influence des obstacles, des différences, des dualités et donc des efforts nécessaires à la réalisation de vos entreprises est amoindrie.

Et si vous savez accorder vos rythmes naturels aux réalités qui vous entourent, c'est parce qu'en toutes circonstances vous vivez une intimité totale avec votre corps et vos instincts en ne faisant qu'un avec eux. Cela peut vous conférer une certaine force musculaire ou tout au moins une excellente vitalité, une rapidité de réflexes, une surprenante souplesse physique ainsi qu'un coté instinctif, animal et parfois un peu sauvage. Vous pouvez par contre être à tel point absorbé par votre vécu que le reste, c'est à dire ce qui ne vous concerne pas ou ce qui ne fait pas partie de la situation présente ou de votre univers, peut vous laisser totalement indifférent.

Cela peut parfois être synonyme d'égocentrisme. Vous avez pu avoir au moins un parent énergique et viril, vivre des rapports intenses, francs, direct et parfois passionnels au sein de la famille, ou plus généralement vivre une vie familiale dynamique, mouvementée, animée, avec de nombreuses discussions, querelles et débats. Votre famille a pu vous inciter très tôt à prendre votre indépendance.

Vous pouvez avoir besoin de mener la barque de votre vie familiale et privée de façon dynamique et à être le chef chez vous. Votre famille aura souvent jouée, directement ou indirectement, un rôle important dans le développement de vos capacités à faire face aux réalités de la vie, à faire preuve de courage, de dynamisme et d'efficacité, à agir et à réagir. Elle peut donc être pour vous une source de force.

Vous pouvez avoir des goûts, des aptitudes et des talents naturels pour travailler dans monde de l'entreprise ou du sport, pour toutes les activités liées aux métaux ou nécessitant un maniement d'outils ou d'armes, pour les disciplines de combats, les professions libérales et les métiers où il y a de l'indépendance et parfois pour certaines activités médicales. Votre image de la féminité est celle d'une femme parfois un peu sauvage mais dynamique, franche et efficace, style sportive et avec qui vous partagez partage plein d'activité au quotidien ou qui vous seconde efficacement. Vécue sous sa meilleure forme, la Lune en Bélier permet de faire prospérer une entreprise, d'être dans le cœur et d'utiliser sa créativité pour atteindre ces objectifs.

LA LUNE EN TAUREAU

La joie de vivre, le plaisir, l'utilisation de vos sens et de votre sensualité, la création de liens affectifs, les relations privilégiées, la vie de couple ou le mariage, les plaisirs et les loisirs, l'art et la beauté, la création de formes ou d'objets, la nature, l'harmonie, l'argent, la sécurité matérielle et le monde des objets tendent à être vos valeurs refuge, vos nourritures et des éléments indispensables à votre bien être. Ils vous permettent de vous ressourcer, de vous créer un univers personnel que vous protégez de tout ce qui n'en fait pas partie et d'exprimer votre gourmandise. Ils vous permettent également de vivre votre part de rêve. Votre facilité à vous sentir bien dans votre corps et à vous familiariser avec vos relations, avec vos désirs et vos sentiments, avec votre partenaire, votre corps, votre sens esthétique ou votre besoin de plaire et de séduire vous permet de les vivre et de vous vivre de façon naturelle, dans un climat d'intimité et de complicité. La nature, les couleurs et les odeurs vous font vibrer.

Cela vous permet de vous sentir bien dans la vie, d'exprimer des capacités artistiques, d'être en communion avec la nature et d'être tranquille. Vous avez besoin de vous sentir nourri pour vous sentir bien et si vous vous inquiétez, c'est souvent suite à une peur de manquer de nourriture ou d'argent.

Votre tendance à aborder les autres à travers votre imaginaire, à ressentir les choses, les êtres, et les événements sous leurs aspects les plus favorables et voir le monde " tout beau tout gentil " peut vous conférer un coté très agréable à vivre. Mais votre tendance à projeter votre bonté naturelle sur autrui et à ne pas toujours voir derrière les apparences parce que vous mêlez affectif et ressenti peut être synonyme de naïveté ou de crédulité. Vos capacités à croire et à imaginer sont étroitement liées à vos désirs, à votre affectif et au relationnel. Cela peut être synonyme de subjectivité dans la mesure où vous prenez parfois vos rêves et les produits de votre imagination pour la réalité que vous filtrez selon vos désirs.

Cela vous permet de visualiser vos désirs, d'imaginer votre bonheur et de croire en lui, de rêver à l'amour et d'engendrer une vie quotidienne et des situations faites de joie de vivre, d'abondance, d'équilibre, de tendresse, de bonheur, de plaisir et de paix, où vos sentiments peuvent s'exprimer librement. Parce que vous ne vous sentez parfois vraiment bien que dans la relation avec l'autre, qu'en situation de couple ou que lorsque vous êtes avec d'autres, vous pouvez avoir du mal à supporter la solitude. Mais parce que vous savez faire preuve d'une façon naturelle de gentillesse, de bonté, d'une sensualité pleine de vie, de joie de vivre, d'un charme et d'une grâce naturelle, votre compagnie est très recherchée et appréciée. Vous assimilez vos désirs et souvent ceux de vos proches à votre univers personnel. Cela vous permet un partage dans la joie.

La Lune en Taureau vous confère une nature douce, gentille et affectueuse, agréable et soucieuse de plaire, gracieuse et charmante, sociable et conciliante mais aussi pragmatique et réaliste. Vous savez accorder vos rythmes naturels et vos habitudes à ceux d'autrui, ressentir les besoins et attentes des autres puis y répondre, adapter vos comportements à ceux de l'entourage, faire des concessions pour le bonheur du couple ou de la relation, servir de miroir à l'autre en lui renvoyant une image positive et vous faire accepter et aimer d'emblée. Vous avez des facilités aussi bien pour créer des relations sociales que des liens intimes. Votre capacité à vous situer en fonction des autres ou de la société vous permet de vous intégrer dans le système socioculturel qui vous entoure et de vivre avec votre temps, en étant bien incarné dans la matière.

La Lune en Taureau est souvent synonyme de chance au foyer ou en ce qui concerne l'immobilier, peut être parce que vos goûts sont accordés à votre nature intime et parce que vous savez vous laisser porter d'instinct vers la réalisation de vos désirs. Vous pouvez avoir des goûts, des aptitudes et des talents naturels pour le dessin, la musique, l'alimentaire, le jardinage, les fleurs, la coiffure ou la bijouterie, pour la création d'objets, pour les activités en rapport avec un public, les valeurs familiales et les enfants, l'immobilier et le foyer. La Lune en Taureau peut également vous apporter des aptitudes pour l'art, la photo, la parfumerie, la décoration et le paysagisme, la danse, pour toute activité associative, pour tout ce qui concerne les loisirs et pour tout ce qui permet d'agrémenter l'existence de plaisir, de bonheur et de joie de vivre. Votre image de la féminité est celle d'une femme sensuelle, charmante, douce, sachant gérer la forme et la matière, pleine de vie et de joie de vivre.

LA LUNE EN GEMEAUX

Vous avez besoin, pour vous sentir bien et pour vous ressourcer, de mouvement, de comprendre ce qui se passe, de communiquer, de vous amuser et de vous sentir adapté(e). La communication, le mouvement, le rire, le jeu, la curiosité, la découverte de nouvelles informations ou de nouveaux contacts, le sens de l'humour, la sociabilité, le besoin de savoir, de comprendre, de communiquer, de vous amuser, de découvrir, d'établir des contacts et de faire des connaissances et du commerce tendent à constituer votre seconde nature, à faire partie de vos habitudes quotidiennes et à être vos valeurs refuge, c'est à dire les valeurs qui vous permettent de vous ressourcer, de vous détendre et de vous sentir bien dans votre peau.

Parce que vous êtes d'un naturel curieux et que vous aimez apprendre et vous informer, il est rare que vous vous ennuyiez. Tout ou presque vous intéresse. Vous comprenez vite et apprenez vite et vous portez en vous à la fois une grande intelligence et de belles facultés d'adaptation. Vos habitudes, vos croyances, vos valeurs refuge et votre seconde nature s'adaptent à l'environnement, aux personnes avec qui vous êtes en contact ou aux informations dont vous disposez. L'entourage proche ou des livres peuvent ainsi avoir une certaine influence sur votre personnalité, vos habitudes ou votre vie quotidienne.

Vous pouvez ainsi vous ressourcer, vous détendre et vous reposer lorsque vous lisez ou écrivez, lorsque vous communiquez avec votre entourage, lorsque vous vous déplacez et explorez votre environnement et lorsque vous vivez un mouvement perpétuel.

Vous tenez donc difficilement en place et avez besoin de variété, de changement, de nouveauté, de savoir ce qui se passe, d'être bien informé, de vous sentir adapté, de contacts et de relations pour vous sentir bien. Vous avez un tempérament extrêmement mobile, spontané, primesautier et parfois bohème. Parce que vous vous nourrissez d'idées et de contacts, vous vous sentez facilement mal à l'aise lorsque vous êtes seul ou lorsque vous n'obtenez pas les informations dont vous avez besoin. Vous pouvez avoir besoin d'être ému pour être intéressé et tout ce qui vous intéresse déclenche rapidement en vous des émotions. Vous pouvez aussi avoir besoin de sentir les informations et les idées pour les comprendre.

Votre capacité à vous familiariser voire à fusionner avec le monde des idées vous permet d'utiliser facilement votre intellect. Vous avez ainsi de grandes facilités pour assimiler et digérer l'information, une excellente mémoire des mots, une certaine plasticité mentale, une facilité pour vous adapter à votre milieu natal et parfois des dons oratoires, linguistiques, littéraires ou commerciaux. Votre subconscient regorge d'informations qui s'accumulent en vrac comme dans un grenier intellectuel.

Et lorsque vous abordez votre environnement ou que vous analysez des informations, alors des émotions et des souvenirs puisés dans le grenier de votre inconscient tendent à influencer vos comportements. Si vous êtes très sensible à ce qui ce passe dans votre environnement et si vous êtes ouvert à toute nouvelle information, à toute nouvelle rencontre et à tout échange, vous avez cependant besoin de vous sentir protégé, d'éprouver du bien être et de la sympathie, de respecter vos rythmes et vos habitudes, de vous sentir porté par l'ambiance et de ne pas être dénaturé lorsque vous communiquez, lorsque vous vous adaptez, lorsque vous vous informez ou lorsque vous vous déplacez. Vous pouvez avoir tendance à être indifférent, à vous réfugiez dans votre monde, à fuir et à ne communiquer que difficilement lorsque l'on perturbe votre bulle ou votre quiétude et lorsque vous vous sentez dérangé. Vous pouvez aussi avoir tendance à changer fréquemment de relations ou d'idées et à passer facilement du coq à l'âne.

Parce que vous associez votre foyer à votre besoin de mobilité, d'échanges, de communication et d'exploration de l'environnement, vous pouvez avoir tendance à changer fréquemment de lieu de résidence, à avoir deux lieux d'habitation, à être plus souvent sur les routes que chez vous ou à accueillir avec ouverture d'esprit toutes les personnes qui vous rendent visite. Votre foyer peut être un lieu où l'on s'instruit, où l'on échange des idées ou des biens, où l'on fait des rencontres et où l'on s'amuse.

Vous pouvez être en perpétuel dialogue avec vous-même et être souvent en train de vous analyser et de penser et avoir tendance à vivre au rythme de la pensée au lieu de vivre à votre propre rythme. Votre âme a cependant besoin d'être contemplée, ressentie, vécue et conquise, dans la vie et dans l'action, et non pas intellectualisée. Votre tendance à être tout le temps en train d'intellectualiser et à avoir continuellement besoin de comprendre et de penser pour vous sentir bien peut entraver l'épanouissement de votre âme qui ne peut se faire que dans un silence intérieur, c'est à dire que lorsque la conscience est déconnectée des pensées et connectée au cœur, dans l'instant présent et en étant dans votre propre rythme et non dans une agitation perpétuelle.

Il est donc très important pour votre bien être de situer votre mental, vos pensées à sa juste place et d'être dans votre rythme à vous. Les traditions, votre milieu natal, votre famille et votre mère ont pu jouer un rôle important dans l'évolution de vos idées, de votre savoir ou dans le développement de vos capacités d'adaptation. Si la relation avec votre mère s'est bien passée, vous avez alors des facilités pour dialoguer et pour communiquer avec votre elle et avec, la famille et les enfants. Et cette communication est l'un des fondements de votre bien-être. Si la relation avec votre mère a été difficile, il a pu y avoir un manque de communication, soit au niveau mental, soit au niveau émotionnel. Votre mère a peut-être mis l'accent de façon excessive sur l'émotionnel au détriment de l'ouverture vers l'extérieure et du développement intellectuel, ou au contraire sur les études et l'ouverture sur l'environnement au détriment des échanges émotionnels et du bien-être.

Vos difficultés éventuelles peuvent provenir d'une certaine paresse intellectuelle, d'une tendance aux étourderies, d'une difficulté à vous concentrer, à vous organiser, à vous discipliner et à vous stabiliser, d'une difficulté à donner un sens aux choses et à la vie, d'une tendance à être dépendant de l'environnement proche, d'une tendance à rester accroché à votre adolescence, d'une instabilité parfois synonyme d'errance et d'une superficialité excessive. Si vous vous inquiétez, c'est parce que vous avez peur de ne pas avoir la bonne information, de ne pas comprendre ou de ne pas être écouté et entendu. Vous pouvez avoir des goûts, des aptitudes et des talents naturels pour la communication, l'écriture, le journalisme, l'automobile, la conduire de véhicules et les petits déplacements, l'enseignement, le conte, les langues et l'interprétariat, le commerce, la gestion du courrier ou des échanges commerciaux, les activités touchants aux jeunes et aux étudiant(e)s, aux jeux, aux jouets, au rire, au mouvement, à l'acrobatie, aux médias, au marketing, aux livres et supports de communication et pour toutes les activités de services.

Votre image de la féminité est celle d'une femme pétillante, spontanée, printanière, jeune d'esprit, communicante, intelligente, amusante, mobile, adaptée et fraternelle.

LA LUNE EN CANCER

La sensibilité, l'imaginaire, le rêve, l'irrationnel et les émotions prédominent chez vous. Vos émotions, vos souvenirs d'enfance, votre enfant intérieur, la musique, la nourriture, la création d'ambiances intimes, votre famille, votre clan, les enfants, le bien-être, l'eau et la création d'un foyer accueillant tendent à être vos valeurs refuge, vos nourritures et des éléments indispensables à votre bien être. Ils vous permettent de vous ressourcer et de vous créer un univers personnel ou un monde familier que vous protégez de tout ce qui n'en fait pas partie. Ils vous permettent également de vivre votre part de rêve. Le bien-être et l'intimité, le naturel et la sympathie sont chez vous comme une seconde peau. Cela vous permet d'être naturel, d'être bien presque partout et de susciter spontanément la sympathie là où vous êtes. Vous avez votre grenier à souvenirs et vous avez besoin de votre jardin secret.

Votre imagination fertile va souvent de pair avec un goût pour la poésie, le folklore, le fantastique, le romantisme, les histoires et les anecdotes qui enrichissent la vie quotidienne voir qui font rêver. Elle vous permet de vous faire des films dans votre tête, vous donne un coté parfois folklorique et peut déboucher sur une puissante créativité. Doté d'un très bon ressenti, vous captez d'emblée l'ambiance émotionnelle des lieux et des êtres. Vous êtes hyper sensible et ressentez tout ce qui se passe là où vous êtes, enregistrant de façon souvent inconsciente. Vous êtes donc facilement influencé par le milieu ambiant. Vous êtes en particulier sensible à toute variation d'ambiance, aux cycles de la nature, à l'énergie des lieux, aux courants qui passent entre les gens et à tout ce qui affecte votre nature humaine avec ses besoins physiologiques et ses rythmes. Doté d'une forte émotivité, vous êtes souvent sujet à des humeurs et à des états d'âmes qui peuvent vous faire osciller entre une joie intense et une profonde tristesse de façon cyclique, en fonction de l'air du temps.

Dans votre jeunesse, vous avez tendance à être introverti, réservé, pudique, parfois timide et capricieux et facilement inquiet. Vous êtes initialement méfiant envers tout ce qui est extérieur à votre intimité et notamment envers « la civilisation ». Vous êtes parfois aussi très susceptible. Vous réagissez instinctivement à tout changement et vous inquiétez facilement à propos du bien-être et de la sécurité. Vous abordez alors le monde dans une attitude d'enfant réceptif, étonné, émerveillé ou effrayé.

Vous vous repliez parfois sur vous-même, sur votre petit monde et sur votre passé afin de mieux vous ressourcer. Puis, plus vous évoluez et plus vous vous reliez à la fluidité de la vie et plus vous apprenez à vous sentir porter par la vie dans un état de confiance. Vous agissez pour prendre soin de la vie avec amour et la vie prend alors soin de vous. Quand quelque chose ou quelqu'un vous émeut, vous étonne ou vous séduit, vous ne l'abordez pas de façon directe comme le ferait un Bélier. Vous tournez autour du pot jusqu'à ce que vous vous accrochiez. Mais quand vous vous accrochez, vous vous agrippez et tenez bon avec ténacité, comme le crabe avec ses pinces. Votre mobilité peut vous faire changer fréquemment d'activité ou de lieu de résidence jusqu'à ce que vous ayez trouvé votre voie ou jusqu'à ce que trouviez l'endroit adéquat pour posez vos valises et vous installer. Votre capacité à vous incarner dans la vie, à être proche des gens et de leur vie quotidienne, à l'écoute de leurs besoins ou de ce qu'ils ont à dire vous permettent de susciter la sympathie, de vous intégrer dans le groupe et parfois de participer à la cohésion de la société à travers des relations avec un public.

Mais alors, même si vous êtes extraverti, vous veillez toujours à vous préserver et à protéger votre bulle. Le bien être est pour vous essentiel. Vous pouvez aussi être doué pour susciter ou déclencher l'émotion, l'attention et la tendresse d'autrui, pour influencer subtilement autrui à travers l'émotion et les sentiments, pour solliciter la protection de personnes qui vous rassurent, pour vous abriter derrières des personnalités fortes ou pour vous faire prendre en charge. Ces attitudes peuvent être synonymes de dépendance et de passivité, mais elles peuvent aussi déboucher sur une grande richesse relationnelle ou affective. Votre capacité à être réceptif à vos besoins les plus naturels et à les satisfaire peut vous permettre d'accéder au bien-être tandis que votre capacité à être à l'écoute de votre âme peut engendrer une certaine quiétude. Votre aptitude à explorer les richesses de votre inconscient peut déboucher sur une profonde spiritualité.

Lorsque l'on fait partie de votre monde ou que l'on vous étonne, vous êtes nature et naturel, sympathique, spontané, intimiste, serviable, compréhensif, avec un coté bon enfant et une douceur toute maternelle qui font que l'on vous pardonne toujours vos étourderies et vos caprices. Vous pouvez avoir des goûts, des aptitudes et des talents naturels pour exprimer vos émotions et permettre aux autres d'exprimer les leurs, pour nettoyer les mémoires émotionnelles difficiles, pour cuisiner et nourrir, dessiner, materner, protéger, imiter, loger, pour préserver la cohésion d'un groupe, pour ressourcer et vous ressourcer, vous détendre et détendre, pour raconter contes et histoires et pour avoir des contacts avec un public. Votre image de la féminité est celle d'une femme douce mais pleine de vie, aimante, maternelle, intimiste, naturelle, aimant la vie, les enfants et la nourriture.

LA LUNE EN LION

Chez vous, le cœur et les émotions ne font qu'un. Votre personnalité est très complète. Vous savez naturellement ce que vous voulez et vous savez naturellement mobiliser votre volonté et vous organiser pour l'obtenir. Vous êtes très sensible à l'image et au paraître et avez besoin pour vous sentir bien, pour vous ressourcer et pour exprimer vos émotions d'avoir une bonne image de vous et de donner aux autres une bonne image, d'être mis en valeur et de vous sentir aimé, mais aussi de qualité, de noblesse et de vivre ce qu'il y a de meilleur. Vous veillez à préserver en toutes circonstances votre fierté naturelle et une certaine dignité. L'influence du Soleil vous confère une personnalité chaleureuse, généreuse, magnanime, idéaliste, extravertie et parfois théâtrale, volontariste, parfois autoritaire et dirigiste ainsi qu'un besoin de prendre votre vie en main, de vous fixer des objectifs clairs, d'affirmer votre volonté, d'assumez vos responsabilités d'adulte, de vous mettre en valeur en jouant un rôle central, de régner, de créer quelque chose, d'être connu, reconnu, admiré voire célèbre et dans tout les cas de réussir.

Quand vous vous fixez des objectifs, quand vous occupez une position centrale sur les devants de la scène, vous savez être en accord avec l'ensemble de votre personnalité. Vous savez préserver votre équilibre et votre bien être, être détendu, naturel, convivial et familier, véhiculer des émotions et gérer les émotions présentes. Vous savez tenir compte de l'ambiance, respecter vos rythmes naturels et vos habitudes, ou ceux des autres, vous montrer proche des gens et mettre autrui à l'aise par votre coté sympathique et naturel. Réussite peut donc aller chez vous de pair avec popularité. Vous savez également adapter vos ambitions aux capacités de votre personnalité, suivre la voie nécessitant le moins d'efforts ou tout au moins avancer avec fluidité.

Votre aptitude à extérioriser vos émotions et votre créativité naturelle peuvent déboucher sur une grande richesse relationnelle, sur des talents artistiques et sur des dons pour le théâtre. Votre capacité à être à l'écoute de votre sensibilité et de vos besoins peut déboucher sur une certaine sérénité et vous permettre d'accéder au bien être. Vous pouvez avoir tendance à être éveillé lorsque vous être détendu, à ne dormir que d'un oeil, à maîtriser tout laisser aller mais parfois aussi à rêver lorsque vous êtes éveillé. Cela vous permet de rêver votre réussite et de réussir à créer vos rêves. Vous savez protéger votre image de marque, en digérant ou en ignorant tout ce qui pourrait vous dénaturer. L'image que vous donnez aux autres tend à refléter votre personnalité et votre seconde nature. Cela tend à vous donner une classe naturelle.

La Lune en Lion vous permet d'être conscient de vos réflexes conditionnés, de vos automatismes, de vos habitudes, de vos émotions et de vos craintes, des contenus de votre subconscient et des multitudes de forces composant votre âme et votre personnalité. Cela peut déboucher sur une claire conscience de votre personnalité dans sa globalité, sur une grande maîtrise de vous-même et de vos émotions, sur une capacité à résister aux automatismes et aux conditionnements et sur la possibilité de vivre de riches expériences intérieures voire parfois même d'accéder à la Lumière Divine. Votre réceptivité à la lumière du Divin, l'illumination de votre âme et votre capacité à explorer les richesses de votre inconscient peut parfois vous permettre d'accéder aux vérités spirituelles.

Vous avez sans doute reçu, durant l'enfance l'amour, l'attention, l'estime, la reconnaissance, les encouragements et le soutien de vos parents, de votre famille ou d'une personne généreuse et protectrice. Votre mère a cependant pu être autoritaire, engagée et vous pousser vers la réussite. Cela a pu induire une confiance en vous et en la vie, des facultés d'engagement et une conscience de votre valeur facilitant votre réussite dans la vie.

Votre famille, votre mère ou une femme, votre milieu natal, un public ou une collectivité peuvent jouer un rôle important dans votre vie. Ils peuvent contribuer à votre réussite, à votre rayonnement, à alimenter votre créativité, votre amour propre et votre dignité ou à vous éveiller. Vous pouvez être grandi par le sentiment d'appartenir à une famille riche ou noble ou par le fait d'avoir des ancêtres illustres ou qui ont réussi dans votre arbre généalogique. Vos origines et vos racines ont souvent une certaine importance à vos yeux. Vous aimez les enfants qui sont pour vous une création, une forme de reconnaissance et un moyen d'exprimer l'amour. Vous pouvez être fier de vos enfants et tendez à faire le maximum pour qu'ils réussissent.

Votre foyer est un lieu privilégié d'expression. Vous y sentir bien est donc essentiel. Vous avez besoin d'être le maître chez vous, tel un monarque qui règne sur son domaine. Vous avez besoin d'un foyer propre, bien éclairé, bien chauffé et ayant une certaine classe. Vous aimez personnaliser votre foyer et y créer des ambiances chaleureuses, vivantes et accueillantes. Vous pouvez aimer les réunions où chacun peut s'exprimer et où vous pouvez être le centre d'intérêt. Vous pouvez avoir des goûts, des aptitudes et des talents pour éclairer, diriger, manager, coacher, présider, encadrer, organiser, éduquer, maîtriser, réussir, vous faire remarquer, être en position centrale, de briller, être connu, reconnu et mis en valeur, pour reconnaître la valeur des êtres et des choses, pour être indépendant(e) et autonome, et pour faire preuve de clarté, de puissance et de rayonnement, pour être un modèle, pour maquiller, pour faire du spectacle et du théâtre, ou pour être une source de vie, d'énergie de chaleur. Votre image de la féminité est celle d'une femme belle, solaire, digne, généreuse, puissante, rayonnante d'amour, créatrice, bref d'une reine ou d'une star.

LA LUNE EN VIERGE

Vous avez besoin, pour vous sentir bien et pour vous ressourcer, de comprendre ce qui se passe, de communiquer, de contrôler l'information, de liberté de mouvement, de vous sentir en sécurité, d'avoir de bonne conditions d'hygiène, de vous amuser et de vous sentir adapté. La Lune en Vierge donne souvent une impression d'être quelque peu déshabillé face au monde et de se sentir facilement menacé et vulnérable. Elle vous rend sensible à vos limites. Vous êtes ainsi initialement facilement assailli par des craintes et des angoisses, par des sentiments d'insécurité et parfois par des sentiments d'infériorité. Vous êtes particulièrement soucieux de votre sécurité. Cela vous confère une nature nerveuse et inquiète. Pour être bien, vous tendez alors très tôt à élaborer une stratégie de défense et de protection visant à vous assurer une sécurité physique, matérielle et morale.

Pour assurer cette sécurité, vous accordez beaucoup d'importance à la propreté, à la pureté, à l'hygiène, à l'idée de perfection. Vous êtes perfectionniste dans les moindres détails, parfois trop. Vous faites preuve de précautions afin de ne pas être malade, sali ou envahie par le chaos. Vous avez besoin pour vous sentir bien de préserver votre pureté, votre ordre, votre classement et votre intégrité. Vous avez besoin de savoir ce qu'il se passe, d'avoir les bonnes informations, de faire de votre mieux et de vous sentir adapté. Vous éprouvez le besoin d'analyser en détail vos émotions, de trier en adoptant et en rejetant et de tourner votre langue sept fois dans votre bouche avant de les exprimer. Vos émotions sont donc soumises à un examen minutieux et critique puis filtrées par votre besoin de sécurité. Parmi vos attitudes d'auto-défense, on trouve la tendance à demeurer modeste et effacé, parfois timide et inhibé, à vous fixer des limites, à passer inaperçu, à rester discret voire secret et mystérieux, à désorienter l'ennemi éventuel par des masques calculés, à vous réfugier dans des principes moraux, dans des règles et une honnêteté scrupuleuse, à faire un usage généralisé de la critique et parfois à éviter les responsabilités en préférant servir et obéir que diriger. Au fur et à mesure de votre évolution, vous tendrez à vous organisez, à vous discipliner, à introduire un ordre dans votre vie, à gérer votre monde, à adhérer à des valeurs morales, à un idéal de pureté et de perfection et à tendre vers une auto suffisance.

Identifié à votre raison et à votre intellect, votre fonction prédominante est la pensée rationnelle, logique, technique, analytique et pratique. Vous réfléchissez beaucoup, avez besoin d'être bien informé, êtes souvent en train d'analyser et incarnez le culte de la raison, le «je pense ou je sais donc je suis bien». Votre sens pratique et votre pragmatisme sont développés. Votre sens de l'organisation et de la gestion vous permettent de gérer de façon logique et prévoyante les affaires matérielles. Vous aimez avant tout ce qui est utile. Vous avez un remarquable sens de l'analyse, de la tactique et de la stratégie ainsi qu'une certaine souplesse et un sens aigu de la précision. Une tendance naturelle à répéter et à nourrir des schémas répétitifs vous permet d'acquérir une grande maîtrise mais vous fait parfois tourner en rond. Vous êtes sensible aux failles du système, aux défauts et travers des gens, à leurs douleurs physiques et morales, aux exclus et aux plus démunis. On vous retrouve parfois à aider les plus défavorisés et dans bien des cas, vous trouverez un véritable bien-être à travers le service et le dévouement envers une personne, une entreprise ou une cause. Vous éprouvez fréquemment un sentiment de communion avec tout ce qui touche aux forces de la Terre comme les plantes et les animaux et pouvez avoir avec eux des rapports particuliers.

Vous pouvez avoir des goûts, des aptitudes et des talents naturels pour utiliser des outils et des techniques permettant de vous adapter au monde matériel, pour tout ce qui demande minutie et précision, pour gérer des activités de sécurité, pour servir, pour limiter, pour contrôler, prévoir, organiser et administrer, compter, comptabiliser, réglementer, analyser, trier, assembler, classer, discipliner, mesurer, collectionner, rendre service, pour soigner et gérer tout ce qui concerne le bien-être, l'hygiène, la diététique et la santé, faire du commerce et pour fabriquer des objets avec vos mains. Votre image de la féminité est celle d'une femme intelligente, saine, ayant le sens du service, pratique et pragmatique, travailleuse, discrète, prudente, réservée et bien adaptée à la réalité matérielle.

LA LUNE EN BALANCE

Vous avez besoin, pour vous sentir bien, d'avoir une vie sociale, de participer à la civilisation, d'être en couple, d'être entourée de beauté et de charme et surtout d'harmonie et d'équilibre. La création de liens sociaux et affectifs, le relationnel, les relations privilégiées, la vie de couple ou le mariage, les plaisirs et les loisirs, la beauté, l'harmonie, l'équilibre et la participation à la civilisation sont vos valeurs refuge et vos nourritures. Ils vous permettent de vous ressourcer et de vous créer un univers personnel ou un monde familier que vous protégez de tout ce qui n'en fait pas partie.

Ils vous permettent également de vivre votre part de rêve. Parce que vous avez tendance à vous sentir particulièrement bien dans la relation avec l'autre, en situation de couple ou lorsque vous êtes avec d'autres, vous recherchez naturellement la compagnie et devez aussi apprendre à vous sentir bien en solo.

Votre facilité à vous sentir bien et à vous familiariser avec vos relations, avec vos sentiments, votre partenaire, votre sens esthétique ou votre besoin de plaire et de séduire vous permet de les vivre de façon naturelle, dans un climat d'intimité et de complicité pouvant aller jusqu'à la fusion et de vous en imprégner en les assimilant à votre univers personnel. Vous adaptez facilement vos habitudes à celles de l'autre ou à celles de votre civilisation. Vos capacités à croire et à imaginer sont étroitement liées à l'affectif et au relationnel. Cela peut être synonyme de subjectivité dans la mesure où vous prenez parfois vos rêves et les produits de votre imagination pour la réalité. Mais cela vous permet aussi de visualiser vos désirs, d'imaginer votre bonheur et de croire en lui, de rêver à l'amour et d'engendrer une vie quotidienne et des situations faites d'équilibre, de tendresse, de plaisir et de paix où vos sentiments peuvent s'exprimer librement.

Votre grande sensibilité aux climats affectifs, aux ambiances et aux changements d'ambiance, aux sentiments des autres et à ce qui vous équilibre ou vous déséquilibre vous permet d'être pleinement présent dans toute situation où des sentiments sont en jeu. Mais elle peut aussi vous donner un coté vulnérable parce que facilement perturbé et parce que toute séparation peut être ressentie comme une partie de vous qu'on vous enlève voire comme une crevaison de votre bulle. Votre vie relationnelle est donc parfois un peu instable. Heureusement, vous savez en général préserver votre équilibre et votre bien être en ignorant ou en éloignant tout ce qui pourrait heurter ou déranger votre sensibilité, tout ce qui vous procure un sentiment de désagrément et tout ce qui pourrait nuire à votre équilibre. Cela vous donne parfois l'apparence d'être égocentrique dans le sens où vous pouvez être aussi attaché à ce qui fait partie de votre univers intime et à ce qui vous plaît qu'indifférent envers le reste. L'aventure, la nouveauté, le risque, les ruptures d'équilibre et toute situation où vous n'éprouvez pas un bien être peuvent alors facilement vous effrayer.

Votre foi peut vous aider à créer la vie sentimentale qui vous correspond avec une personne qui vous va comme un gant. Vous choisissez d'instinct, dans votre vie quotidienne et privée, des milieux où règnent l'harmonie, la paix et une douceur de vivre, et des personnes qui vous équilibrent. Cela vous prédispose à une vie tranquille et agréable.

Vous pouvez par contre avoir un penchant pour la facilité, une tendance à vous laisser vivre, un coté pantouflard, une difficulté à prendre en main votre vie quotidienne, une difficulté à fournir de gros efforts ou à gérer des crises et des conflits. La Lune en Balance vous confère une nature douce, gentille et affectueuse, agréable et soucieuse de plaire, gracieuse et charmante, sociable et conciliante. Vous savez accorder vos rythmes naturels à ceux d'autrui, ressentir les besoins et attentes des autres puis y répondre, adapter vos comportements à ceux de l'entourage, faire des concessions pour le bonheur du couple ou de la relation, servir de miroir à l'autre en lui renvoyant une image positive et vous faire accepter et aimer d'emblée. Il vous apporte des facilités aussi bien pour créer des relations superficielles que des liens intimes. Votre capacité à vous situer en fonction des autres ou de la société vous permet de vous intégrer dans votre civilisation et de vivre avec votre temps. Cependant, comme ce sont souvent les autres qui conditionnent vos comportements, dictent vos besoins naturels et engendrent votre bien être, vous pouvez avoir tendance à leur attribuer la responsabilité de votre bonheur ou de votre malheur et cela peut vous prédisposer à vivre dans des situations de dépendance vis à vis des autres, vis à vis du monde où vous vivez, ou vis à vis du climat affectif dans lequel vous baignez. Cela peut vous conférer une certaine fragilité. Vous devez donc apprendre, tout en étant en relation avec autrui, à prendre soin de vous-même en fonction de vos besoins à vous.

Parce que votre charme, votre désir de beauté et de plaisir, votre sens esthétique et relationnel tendent à se manifester entre autre dans le cadre du foyer, cela vous donne le besoin et les moyens d'embellir votre foyer, de le décorer avec amour, avec tendresse et avec des objets d'art et d'y accueillir vos nombreuses relations. Vous pouvez ainsi jouir d'une habitation agréable, vous plaire chez vous, y vivre dans une ambiance joyeuse, harmonieuse, douce et équilibrante, en recevant ceux qui font partie de votre cercle d'intimes avec sourires et plaisir, en étant accueillant et chaleureux. La Lune en Balance est souvent synonyme de chance au foyer ou en ce qui concerne l'immobilier, peut être parce que vos goûts sont accordés à votre nature intime et parce que vous savez vous laisser porter d'instinct vers la réalisation de vos désirs. Vous êtes aussi prédisposé à bénéficier d'un climat affectueux au sein de la cellule familiale et à être sensible à la tendresse dont font preuve les parents et la mère en particulier. La mère ou votre environnement familial peuvent jouer un rôle important dans le développement de votre vie sentimentale, de votre vie relationnelle, de vos capacités artistiques ou de votre aptitude à jouer un rôle dans la civilisation.

La Lune en Balance peut faire de la femme une partenaire ou collaboratrice idéale et adorable, capable de s'investir affectivement dans une relation harmonieuse, de créer un climat d'entente, de préserver la continuité de la relation et d'assumer à la fois sa vie de femme, d'épouse et de mère de famille. Elle tend parfois à abandonner l'initiative à l'homme, à s'abriter derrière lui et à faire l'expérience d'elle-même à travers son union. Elle a parfois un coté enfant fragile, une tendance à l'indécision, un coté émotif mais aussi un charme naturel et des facilités pour savoir comment toucher l'autre à travers l'émotion. Elle peut aussi avoir le don d'inspirer l'autre dans toute activité créatrice. La Lune en Balance permet à l'homme d'intégrer les valeurs féminines dans ce qu'elles ont de plus positif. Il lui donne un coté féminin et lui confère cette part de sensibilité, d'émotivité, de douceur et de galanterie qui fait le bonheur des dames. Il lui permet de comprendre ce dont une femme a besoin pour être heureuse et d'adopter les comportements en conséquence.

Sa bonne image de la femme et sa complicité naturelle avec elles lui permettent souvent de bénéficier des faveurs des femmes. Vous pouvez avoir des goûts, des aptitudes et des talents naturels pour accueillir et recevoir, pour créer des liens, pour faire se rencontrer des personnes pour que la relation apporte un plus à chacun, pour concilier, décorer, harmoniser, équilibrer, embellir, maquiller, pour les activités juridiques, pour les activités de loisirs, pour la danse, l'art, la photo, la mode, la parfumerie, la décoration, pour utiliser votre sens artistique et esthétique, pour tout ce qui permet de rendre la vie plus agréable et pour tout ce qui permet à la civilisation d'exister. Votre image de la féminité est celle d'une belle âme, d'une femme raffinée, gracieuse, élégante, agréable, douce, conciliante, équilibrée et dotée d'une intelligence relationnelle.

LA LUNE EN SCORPION

Vous avez besoin, pour vous sentir bien et pour vous ressourcer, de passion, d'exprimer vos pulsions, d'être authentique, d'être sous tension, de vous engager dans un combat, de contrôler la situation et d'expérimenter une forme d'initiation afin d'aller vers votre vérité profonde. Votre sensibilité tend à être reliée à vos instincts, à l'invisible, à l'astral, au monde des causes, aux mondes souterrains et à la dimension cachée de la réalité qui est au-delà des mots et des cultures, des sens et des apparences. Cela vous confère une intuition lucide, aiguisée et perçante. Votre sensibilité et vos émotions sont alimentées par un feu intérieur, par des pulsions violentes et par des passions intenses, ce qui vous donne une intensité émotionnelle, du caractère, une authenticité naturelle, et un coté volcanique qui n'est pas toujours compatible avec votre besoin de quiétude mais qui peut rendre votre vie riche et passionnante.

Votre flair et votre subtilité peuvent vous permettre d'aller explorer les profondeurs de votre inconscient, de décortiquer ce que vous ressentez ou les émotions que vous éprouvez, de localiser " l'aiguille dans la botte de foin ", de focaliser sur un détail que personne n'avait remarqué, d'être sensible aux multiples transformations qui se produisent dans votre monde intime et dans le monde mais aussi à la complexité des choses ou des êtres, et d'être réceptif à des signaux subtils qui passent inaperçu aux yeux de la majorité. Vous vous compliquez parfois la vie en accordant une grande importance à des détails insignifiants et en étant peu sensible aux évidences ou à tout ce qui est extérieur à votre propre monde. Un petit rien peut vous procurer un bien être intense ou au contraire un malaise profond.

Vous pouvez avoir des facilités pour voir derrière les formes et les apparences, pour saisir le sens caché des événements, pour ressentir les non-dits, les émotions et les craintes non exprimées, les rapports de force et les enjeux présents dans toute situation, pour déceler les tentatives de manipulation et ceux qui tirent les ficelles, pour décoder les signes et les symboles, pour comprendre le langage de la nature ou la justice divine, pour capter les indices et pour tirer des conclusions à partir du moindre indice.

Vous avez parfois des facultés de voyance ou des dons occultes, et pouvez vivre des rêves initiatiques. Vous faites partie des personnes qui n'ont pas besoin d'explications, de justifications et de longs discours pour comprendre et pouvez être apte à vivre avec autrui une totale communion des âmes. Rien ne vous échappe et vous vivez une sorte d'échange médiumnique avec votre milieu. Vous avez des facilités pour vous familiariser et pour vous sentir à l'aise avec l'occulte ou l'invisible, pour trouver les relations sexuelles, l'occulte, le mystère et le paranormal, naturels, banaux et normaux mais parfois aussi pour vous habituer à ce qui est anormal, malsain, morbide et négatif. Vous pouvez être superstitieux et croire aux esprits. Vous pouvez être capable de vivre des crises et transformations avec naturel, sans que cela perturbe votre bien être. Vous avez tendance à prendre du recul vis à vis de votre vie, de votre milieu natal, de la société et de ces cultures, des idées reçues et des gens, à voir votre propre vie de très loin, un peu comme une pièce de théâtre dont vous seriez l'auteur, le spectateur ou le pantin.

Vous pouvez avoir l'impression de venir d'un autre monde, d'un autre état de conscience et pressentir que votre existence terrestre n'est qu'une toute petite partie de votre existence éternelle. Vous pouvez avoir l'impression qu'il existe une vie après la mort.

Vous pouvez être très sensible à ce qui ne va pas, aux mauvais cotés des choses, aux problèmes de l'existence et à vos propres problèmes, aux pertes et aux sacrifices plutôt qu'aux gains et aux bénéfices, à tous les défauts potentiels de la nature humaine et aux manipulations, oppressions, abus de pouvoir, injustices, hypocrisies et lâchetés qui sévissent sur la planète Terre, et notamment en ce qui concerne les domaines propres à la Lune (enfants, logements, alimentation).

Cela peut vous conférer un intérêt pour les problèmes de logements, pour les enfants maltraités ou ayant des problèmes ou pour les exclus et les personnes défavorisées. Vous êtes très sensible aux questions d'insécurité ou de sécurité, et vous savez assurer la sécurité que votre monde intime. Ceux qui franchissent le seuil de votre porte ou de votre univers intime sont parfois testés ou tout au moins préalablement sélectionnés. Si votre sensibilité vous permet de trouver les failles, les imperfections, les défaillances et les gens susceptibles de menacer votre sécurité, ou de transpercer les masques et les cuirasses, elle peut aussi vous donner une tendance à dramatiser, à voir tout en noir, à entretenir des images négatives, à être assujetti par certaines croyances, à râler, ou plus couramment à être d'un naturel méfiant et sceptique. Mais vous avez en fait choisi de naître avec la Lune en Scorpion pour transformer, éliminer, purifier et dépasser les conditionnements du passé et de l'enfance, les émotions toxiques et vos peurs.

Votre sensibilité médiumnique peut parfois vous donner l'impression qu'il existe dans ses mondes invisibles qui échappent aux sens et à la logique, ou dans votre inconscient, des forces, des créatures, vos propres démons qui peuvent vous influencer voire vous manipuler de façon subtile mais implacable, en faisant entre autre ressortir vos cotés négatifs et en vous incitant à croire des choses inexactes. Vous ressentez parfois, surtout dans votre début de vie, d'un coté la tentation de vous laisser entraîner vers la corruption et la déchéance mais plus tard, vous ressentez un appel vers l'évolution spirituelle et vers la lumière. Lorsque vous arrivez à développer de façon naturelle les forces de votre âme, votre volonté, vos capacités de résistance à la tentation, votre capacité de régénération, votre capacité de transmutation de l'énergie et votre combativité par la vie et l'action, à maîtriser votre ego et à tendre vers une évolution spirituelle, vous pouvez parvenir à maîtriser vos puissances intérieures, à conquérir votre âme et à percer les secrets de la vie et de la mort.

Comme vous prenez en général l'habitude de dominer votre personnalité, vos angoisses et vos émotions, vous pouvez avoir tendance à vouloir à dominer celles des autres et à ne vous sentir bien que lorsque vous influencez subtilement le cours des événements. Vous pouvez ainsi être doué pour utiliser le pouvoir de l'émotion pour satisfaire vos besoins personnels. La Lune en Scorpion peut déboucher sur une puissante évolution intérieure. Vous pouvez ainsi être amené à initier d'autres personnes sur le chemin de la lumière ou à révéler à un groupe des secrets et des techniques inconnues. Vous pouvez être attiré par des clans et cercles qui vivent en marge de la société, en fonction d'autres repères, d'autres lois et d'autres valeurs.

Votre sensibilité et vos intuitions ne sont pas forcément toujours aisées à gérer parce qu'elles vous portent vers le chemin de l'initiation. Leur rôle est un rôle initiatique dans le sens où elles ont pour but de vous faire prendre conscience de ce que vous avez à travailler pour évoluer, c'est à dire les vieux démons et les déchets psychologiques qu'il faut purifier et évacuer, les problèmes qu'il vous faut résoudre, les failles qu'il vous faut combler, le vide qu'il vous faut remplir, les dettes karmiques qu'il vous faut payer et les pertes, sacrifices et dépossessions qui sont nécessaires à votre évolution.

Vous pouvez avoir des facilités pour transformer vos émotions, vos croyances, vos réflexes, vos habitudes ou votre personnalité, pour digérer les énergies négatives (un peu comme un chat noir) et pour vous régénérer en renaissant de vos cendres de façon à éprouver un mieux être et à trouver un nouvel équilibre. Vous supportez difficilement toute pression sociale, toute interdiction ou toute contrainte ainsi que toute volonté extérieure cherchant à vous influencer. Vous tendez à n'admettre que vos propres lois, des lois souvent très personnelles, et à fonctionner d'après une logique qui vous est propre. Vous pouvez avoir tendance à ne vous sentir bien et à ne pouvoir vivre l'intimité que dans l'intensité et l'authenticité, qu'à travers des liens intimes puissants, que lorsque vous exprimez vos pulsions et votre volonté profonde, que dans le combat ou dans des situations difficiles, ou que lorsque vous vous transformez ou êtes vous-même transformé. Vous aimez les émotions fortes. Une certitude que toute relation émotionnelle intime perdure par delà la mort du corps terrestre, peut donner à votre vie intime une dimension tout à fait inhabituelle et une capacité à vivre les relations de groupe ou les relations avec les enfants et la famille de façon intense et authentique. Vous pouvez parfois être amené(e) à ressentir de fortes vibrations dans votre corps puis faire des sorties hors du corps et explorer les mondes invisibles.

Votre sphère familiale a pu être une source d'initiation aux forces secrètes de la nature. Elle a pu vous apprendre à intégrer l'expérience de la mort et de l'au-delà (décès marquant d'une femme ou d'un membre de votre famille, héritage familial), vous permettre de développer vos capacités de résistance aux pressions, votre discernement, votre authenticité, votre aptitude à gérer le pouvoir, vous apporter des révélations, développer votre capacité à faire face aux crises et aux problèmes et à être bien armé pour faire face à la vie. Lorsque vous vous inquiétez, c'est souvent parce que vous avez peur d'être manipulé ou trahi. Côté nourriture, vous aimez manger épicé et devez veiller à vous nourrir sainement. Vous pouvez avoir des goûts, des aptitudes et des talents naturels pour transformer, régénérer, de percer les secrets de la vie et de la mort, diagnostiquer, surveiller, garder, sécuriser, utiliser des dons occultes ou des facultés psychiques, évacuer, pour gérer les crises et les conflits et pour vous occuper de difficultés ou de personnes en difficultés. Votre image de la féminité est celle d'une femme authentique, ayant du caractère et de la puissance, passionnée, combative, mystérieuse, secrète, fascinante, envoûtante et dotée d'un fort magnétisme sexuel.

LA LUNE EN SAGITTAIRE

Les grands voyages du corps et de l'esprit, les voyages en groupe, les voyages imaginaires, la culture, la philosophie, l'ésotérisme, l'élargissement de vos horizons, les règles, les normes, les lois et les conventions, la vie professionnelle et la vie en société peuvent être vos nourritures, vos valeurs refuge et constituer les éléments indispensables à votre bien être.

Vous avez des facilités pour vous créer, parallèlement à votre vie extérieure, un foyer, un univers intime ou une bulle dans lesquels vous pouvez vous réfugier et grâce auxquels vous vous ressourcez. Cela vous permet d'accomplir vos obligations professionnelles ou de satisfaire votre besoin d'élargir vos horizons sans que soient perturbées votre vie privée, votre vie familiale ou votre bien être. Cela vous permet également de vous sentir porté par la vie et par la société. Vous vous sentez facilement impliqué dans le monde qui vous entoure, dans la société et vous pouvez être très réceptif aux mouvements économiques, politiques, sociaux, idéologiques ou religieux. Vous avez l'impression d'être intimement lié au contexte qui vous entoure, à votre pays, à votre civilisation où à l'humanité en général. Votre notion de clan ou de famille tend à s'élargir pour englober la société et le monde entier.

Vous pouvez avoir tendance à voir le monde extérieur et ses lois, la société et ses cultures, les voyages et les découvertes d'une façon personnelle et parfois assez subjective, d'après les souvenirs qu'ils laissent, en fonction de votre ressenti ou de l'impact émotionnel qu'ils ont sur vous. Vous pouvez être très sensible au qu'en dira-t-on et à l'image sociale que vous donnez. Vous avez besoin de préserver une certaine honorabilité.

Lorsque vous êtes en famille, entre intimes, en groupe, en réunion, en collectivité ou en public, vous savez faire preuve d'autorité et de maturité, de bon sens et d'un bon jugement, d'optimisme et d'opportunisme. Vous savez voir le bon coté des événements et des gens et faire preuve de tolérance et de compréhension envers autrui. Vous savez utiliser les règles du jeu, les normes et les lois pour le bien être de l'ensemble ou pour faire la loi. Vous savez susciter la sympathie de votre entourage par votre gentillesse, votre optimisme, votre enthousiasme, votre autorité rassurante, votre bonté, votre gaîté, votre chaleur humaine, votre sociabilité, votre facilité à partager et par votre capacité à inspirer confiance grâce à votre bonne moralité. Il se dégage de vous un charme certain et une joie de vivre qui vous rendent d'une compagnie agréable et qui vous permettent d'établir un ensemble de relations utiles qui vous facilitent la vie. Votre faiblesse est parfois de croire que tout va bien même quand rien ne va.

L'ensemble de ces capacités vous confère de grandes facilités d'adaptation au monde extérieur ou à la société qui est la vôtre. Elles peuvent vous prédisposer à connaître une certaine popularité dans votre cadre professionnel ou dans votre environnement social. Vous pouvez ainsi vous sentir particulièrement à l'aise dans les fêtes, les grandes réunions, les salons et dans les manifestations culturelles ou religieuses. Vous n'aimez en général pas la solitude et avez besoin de monde autour de vous.

La Lune en Sagittaire facilite également l'épanouissement émotionnel, la création d'une vie de famille et les rapports avec un public, un clan ou un cercle d'intimes. Votre intuition, votre ressenti et votre sensibilité peuvent vous servir de guide dans le monde extérieur. Votre imagination fertile peut vous permettre d'imaginer les événements, de créer des circonstances, de diminuer les efforts nécessaires pour vous exprimer et donc vous faciliter la vie. Elle peut aussi vous donner une tendance à exagérer ou vous faire transformer en événement officiel d'une grande importance une anecdote ou un détail insignifiant.

Vous pouvez être doué pour ressentir intuitivement le sens, la raison d'être ou l'utilité de toutes choses, pour donner un sens à votre vie quotidienne, pour intégrer dans votre vie quotidienne les valeurs, les idéologies, les normes et les lois de votre espace temps, pour sentir puis saisir les opportunités présentes en toutes situations, pour optimiser et rentabiliser, et pour évaluer en toute occasion les sacrifices nécessaires et les bénéfices pouvant être escomptés.

Etre civilisé, philosophe, optimiste, généreux, dynamique et opportuniste fait partie de votre seconde nature. Et vous pouvez être naturellement chanceux parce que vous savez vous accorder à la chance et saisir les opportunités quand elles se présentent. Vous pouvez avoir tendance à rechercher une vie tranquille rythmée par les habitudes ou à l'inverse une vie itinérante avec des changements fréquents de lieu de travail et des voyages. Vous savez gérer votre vie quotidienne de telle sorte à ce qu'elle soit toujours le plus confortable possible. Vous appréciez le confort matériel et êtes le plus souvent un bon vivant sachant profiter des plaisirs de la vie. Vous aimez la cuisine internationale mais vous devez veiller à vous nourrir sainement car toutes les nourritures du monde ne sont pas saines. Votre sensualité et votre sensorialité sont puissantes mais vécues sainement et joyeusement, en respectant les codes en vigueur dans votre contexte socioculturel. Vous pouvez avoir besoin d'un foyer spacieux et confortable. Votre foyer peut être classique et conforme aux normes et coutumes véhiculées par notre société ou être un lieu d'aventure, un lieu de culture et d'échanges d'idées ouvert au monde extérieur.

D'après la tradition, votre foyer d'origine a pu être une grande maison reflétant une certaine aisance matérielle. Vous pouvez faire preuve d'un remarquable sens de l'hospitalité et d'une grande disponibilité vis à vis de tout ce qui vous est étranger. Vous pouvez avoir des goûts, des aptitudes et des talents nature légaliser, légiférer, représenter, organiser, administrer, pour vous insérer socialement et aider d'autres à le faire, pour vous cultiver, voyager, éduquer, philosopher, coordonner, pour découvrir le monde, pour organiser des transports ou expéditions, avoir des liens avec l'étranger, négocier et faire des affaires. Votre image de la féminité est celle d'une femme généreuse, sociable, bonne vivante, conventionnelle ou aventurière, voyageuse, ouverte d'esprit et ouverte au monde, mondaine, cultivée et bien insérée socialement.

LA LUNE EN CAPRICORNE

Vous avez besoin, pour vous sentir bien, pour vous ressourcer et pour exprimer vos émotions de silence, d'ordre, de respect, de sécurité, de sérénité, de simplicité et de temps. Votre environnement familial a pu être très exigent et vous inculquer des valeurs traditionnelles voire ancestrales fortes ; des valeurs qui vous permettant à votre tour de construire une vie familiale solide parce que bien structurée, organisée et fondée sur des principes vertueux tel le respect, l'effort, le travail, l'accomplissement des devoirs, la simplicité et la bonne moralité. Vous pouvez dans ce cas être attaché voire fixé à votre milieu natal, à des traditions, à votre mère ou à votre famille qui incarnent l'ordre et la sécurité. Coté foyer, les bâtiments anciens et rustiques, les maisons campagnardes, les chalets, les résidences situées en lieu calme et à l'écart de l'agitation extérieure, la décoration avec des objets ayant une valeur historique et des meubles massifs, les lieux où il fait frais peuvent faire partie de votre style.

Des biens immobiliers peuvent constituer pour vous une sécurité. Vous avez besoin d'un foyer propre et bien ordonné où chaque chose à sa place. Vous avez vos habitudes au foyer et gare à ceux qui viennent mettre du désordre ! Votre seconde nature tend à être celle d'un être introverti, réservé, distant et parfois timide. Vos émotions, votre sensibilité, vos habitudes, vos réflexes conditionnés et les multitudes de forces qui composent votre personnalité tendent à être disciplinés, encadrés, structurés, intériorisés, peu exprimés et parfois refoulés.

Vous vous permettez difficilement des caprices ou des sautes d'humeur et pouvez avoir une grande maîtrise de votre personnalité au point de faire parfois preuve d'une retenue excessive. Vous êtes également secondaire dans le sens où ce que vous ressentez et pressentez met un certain temps avant de parvenir jusqu'à votre conscience et avant de produire des effets. Il vous faut du temps et une période d'incubation pour que l'inspiration, vos émotions et vos intuitions émergent. Vous savez dans l'immédiat ne rien montrer, rester calme, être détaché, afficher une certaine distance et garder votre sans froid, mais ce que vous ressentez vous touche au plus profond de vous-même. Cela peut vous permettre de faire face à des situations difficiles. Votre insensibilité apparente cache souvent une hypersensibilité.

Vous êtes naturellement capable de vous concentrer, de questionner, de chercher, de remettre en question, de faire face aux difficultés et à l'adversité, de tenir compte des contraintes ou obstacles se trouvant sur votre chemin, de voir les problèmes en face et de prendre vos responsabilités avec une grande détermination.

Vous pouvez être très sensible au froid, aux différents cycles de la nature et pouvez avoir une relation intime avec le temps. Vous savez tenir compte du temps, être patient et prévoyant et prendre le temps de vivre. Votre vie quotidienne et vos cycles de vie tendent à être rythmés par le temps qui passe. Votre sensibilité peut vous permettre de ressentir intuitivement l'architecture de la vie, les structures du monde, les profondeurs de votre âme, les vérités universelles et les lois éternelles qui gouvernent le monde. Vous pouvez pressentir qu'il y a une grande différence entre les lois éternelles, les lois de la nature et les lois du monde extérieur, sentir que le monde extérieur ne peut à lui seul apporter le bien être et la paix de l'âme. Vous organisez ainsi votre vie privée de façon à ne pas être perturbé par le monde extérieur. Vous avez une facilité naturelle à vous isoler au point que vous n'êtes pas toujours disponible parce que vous avez besoin d'être tranquille.

Vous pouvez être particulièrement sensible à l'amnésie spirituelle qui règne sur cette planète, à vos propres imperfections, à ce qui ne va pas dans votre vie ou dans celle des autres. Cela peut induire chez vous un réflexe naturel de prudence, de scepticisme, de méfiance, de pessimisme et d'austérité vis à vis de ce qui est extérieur à votre monde intime. Vous abordez tout ce qui vous approche avec une attitude critique et acceptez rarement les choses telles qu'elles apparaissent. Vous êtes particulièrement sensible aux questions de sécurité. Vous avez besoin de sécurité et de garanties pour vous sentir bien.

Vous pouvez avoir tendance à mépriser les satisfactions faciles, la comédie humaine, l'hypocrisie et le mensonge, les paroles creuses, les discussions de bistrots, les gestes superficiels et l'agitation du monde extérieur qui peut vous paraître stérile. Vous pouvez avoir tendance à prendre du recul vis à vis du monde extérieur ou avoir besoin de vous retirer du monde de temps à autres.

Dans le but de préserver votre bien être et votre équilibre naturel et afin de construire votre personnalité, vous avez tendance à filtrer tout ce qui pénètre votre univers intime, à le restreindre, à réduire le nombre d'individus faisant partie de votre univers et parfois à vous enfermer dans votre monde. Vous n'aimez donc pas les foules et les lieux bruyants. Vous pouvez par contre vous sentir à l'aise dans les groupes de recherche.

L'isolement, la solitude, le silence, l'introspection, la méditation, la recherche des vérités éternelles, la recherche tout court, l'expérimentation, les découvertes, l'ésotérisme et la spiritualité, l'étude et la réflexion, le besoin d'évoluer et de construire quelque chose de solide et de durable, l'organisation, la nature, le travail et les responsabilités peuvent être vos nourritures, vos valeurs refuges et constituer les éléments indispensables à votre bien être ou à votre quiétude émotionnelle. Vous n'êtes parfois bien qu'avec vous-même ! Vous avez facilement besoin de responsabilités, d'obligations et de difficultés pour vous sentir bien, et lorsque la vie ne se charge pas de vous les apporter, vous faites le nécessaire pour en trouver vous-même, par habitude. Votre capacité à vous isoler dans le silence, votre sens de l'observation et de l'introspection, votre capacité à pratiquer une forme de recherche et à effectuer un travail sur vous-même peuvent vous ouvrir la voie aux richesses de votre inconscient, devenir un pilier de votre évolution, vous conférer une certaine sagesse et vous permettre d'accéder à la sérénité de l'âme.

Vous vous posez beaucoup de questions. Ces multiples questions peuvent vous pousser à faire des recherches, à approfondir et contribuer à votre évolution. Comment trouver le bien-être et la paix intérieure sont les défis inhérents à cette facette de votre personnalité. Les règles et principes tendent à avoir une grande importance dans votre vie quotidienne. Votre sens moral très développé tend à vous préserver de la corruption et des dangers de l'existence. Vous êtes sensible à la qualité des choses. Vous pouvez être perfectionniste, exigeant et difficilement satisfait car votre juge moral et votre code de lois ne vous permettent de vous sentir bien que lorsque ce que vous faites est bien fait.

Votre sensibilité peut vous permettre de créer des relations profondes et durables avec votre mère, avec les enfants, avec votre famille, avec un cercle d'intime ou avec un public. Ces personnes ont pu nourrir votre capacité à élaborer des objectifs à long terme, à vous fixer des buts et des étapes, à faire des plans et à les exécuter sans vous laisser détourner de votre chemin. Vous avez le sens de la persévérance et pouvez être particulièrement tenace, acharné voire obstiné vis à vis de tout ce qui fait partie de votre univers personnel, vis à vis de ce qui vous permet de construire votre bien être, celui de votre clan ou un univers personnel et lorsqu'il s'agit d'acquérir ou de préserver votre sécurité. Votre vie privée tend à se construire et à se stabiliser avec le temps, et l'univers intime que vous vous construisez tend à alimenter votre sentiment de sécurité. Si vous n'êtes pas particulièrement démonstratif, vous êtes en revanche intègre, honnête, sérieux, responsable et digne de confiance.

Le réalisme, le pragmatisme et le sens pratique peuvent être développés chez vous. Vous pouvez être très sensible à l'utilité, au sens, à la valeur morale et à la solidité de toute chose.

Votre sensibilité vous prédispose à vous alimenter sainement, à prendre le temps de mastiquer, à mener une existence équilibrée ainsi qu'une bonne hygiène de vie. Les céréales, les légumes, les fruits et les produits de la terre vous sont conseillés. Vous n'avez pas une grande vitalité, mais bénéficiez en général d'une bonne santé et d'une bonne résistance à la maladie. Vous tombez difficilement malade mais pouvez mettre un certain temps avant de vous remettre lorsque cela arrive.

Vos faiblesses peuvent provenir d'une tendance à vouloir tout contrôler et d'une difficulté à lâcher prise, d'une tendance au fanatisme ou à la rigidité, d'une tendance à n'accorder votre foi qu'à ce qui est matériel ou inversement à refuser de vous investir dans le monde matériel, d'une tendance à vous enfermer dans votre monde, dans votre tour d'ivoire et à avoir des difficultés pour vous extérioriser. Vous pouvez aussi être égocentriste, égoïste, complètement indifférent à ce qui ne vous concerne pas directement ou avoir tendance à vivre dans un monde de théories et de spéculations.

Votre enfance, votre vie familiale, votre vie quotidienne ou votre vie au foyer peuvent ou ont pu être marquées par la solitude, par un besoin de vous isoler pour partir à la recherche de vous-même ou des vérités éternelles, par une séparation de relations émotionnelles importantes pour vous (d'un parent ou d'un membre de votre famille) ; par des difficultés ou des épreuves et par des débuts difficiles. Enfant, vous avez pu vous sentir responsable d'un de vos parents ou avoir eu à faire face à des responsabilités qui ont pu être plus ou moins lourdes à porter. La vie a pu vous apprendre que rien n'était gratuit, que rien n'arrivait d'emblée sur un plateau et que le bien être est surtout le résultat du travail et de l'effort.

Ces événements ont pu alimenter un besoin et une capacité à construire votre vie par vos propres moyens et une tendance à ne pas accepter facilement l'aide d'autrui, au point de passer quelquefois à coté de certaines opportunités et de vous rendre la vie plus compliquée. Sensible aux insuffisances de votre milieu natal et familial, vous avez pu ressentir le besoin de prendre une certaine distance vis à vis de votre milieu d'origine pour parcourir votre propre chemin et pour découvrir vos propres vérités. Votre vie quotidienne peut alors ressembler à une recherche permanente pouvant déboucher sur une certaine maturité, sur une sérénité intérieure et sur une élévation lente et progressive par l'effort, le travail et le mérite personnel.

Vous pouvez avoir des goûts, des aptitudes et des talents naturels pour structurer, bâtir, construire, gérer, organiser, contrôler, analyser, prohiber, fixer des limites, administrer, réfléchir, chercher, gérer le temps et tenir compte du temps, travailler la terre ou la pierre et pour apporter sagesse et vérité là où vous êtes. Votre image de la féminité est celle d'une femme sécurisante, profonde, organisée, calme, responsable, respectueuse, mûre et sage.

LA LUNE EN VERSEAU

Vous avez besoin, pour vous sentir bien et pour exprimer vos émotions, de vous sentir libre, autonome et indépendant mais aussi de vous insérer dans le monde moderne et d'utiliser la technologie. Vous pouvez avoir des facilités pour utiliser les sciences, les techniques et les outils de communication modernes. Vous avez besoin d'évoluer psychologiquement et vous pouvez être doué(e) pour aidez autrui à évoluer psychologiquement en les libérant de leurs peurs et de leurs croyances.

 Vous pouvez aimer participer à un mouvement idéologique, à une organisation syndicale ou à une action de groupe. Vous partagez du temps avec vos amis et vivez parfois en communauté. Vous avez besoin de vous disciplinez, de maîtriser votre vie et de focalisez toutes vos énergies vers un but spécifique. Vous affirmez au quotidien vos convictions, votre spécificité et vos différences et vous vivez parfois comme un avion à réaction. Vous faites des projets ou vous projetez sans arrêt dans l'avenir. Vous êtes naturellement une personne originale, fraternelle, humaine, démocratique, amicale et intelligente.

Et vous savez, dans ces situations, respecter vos habitudes ou celles des autres, préserver votre équilibre et votre bien être, vous sentir bien, tenir compte de l'ambiance et des différents courants de sensibilité, être proche des gens, véhiculer des émotions ou gérer celles qui sont présentes dans la situation, être naturel, détendu et familier, et mettre autrui à l'aise par votre coté sympathique. Vous savez donc trouver un certain équilibre entre tension et détente, être indépendant dans la dépendance, vous sentir bien dans l'extraordinaire et le merveilleux ou être naturellement adapté à l'imprévu et à l'inconnu. Et vous pouvez être capable d'avoir des habitudes et une stabilité qui laisse de la place à la nouveauté et à l'imprévu. Une certaine idée de ce que doit être votre vie et des conceptions sont à l'origine de vos habitudes et de votre vie privée.

Vous pouvez être paradoxal dans le sens où vous pouvez d'une part être ouvert à la nouveauté et avoir besoin de changements tandis que vous pouvez d'autre part avoir des habitudes fixes dont vous vous défaites difficilement. Par contre, lorsque votre indépendance et votre liberté vous paraissent menacées, c'est votre bien être qui est atteint et vous pouvez alors être capable de changer d'une façon radicale vos habitudes et vos comportements. Vous avez en effet besoin, dans votre vie quotidienne, pour vous sentir bien, pour vous nourrir ou pour trouver votre équilibre, d'ordre, de logique et de cohérence, de surprises, d'imprévus et de variété, d'autonomie et d'indépendance, d'espoir, de vous projeter dans l'avenir et d'avoir des projets, de vous dépasser pour progresser, de ne pas être comme tout le monde, d'affirmer vos convictions ou votre spécificité tout en étant sociable, humain et fraternel et de vous maîtriser.

Tout ce qui est uranien, c'est à dire par exemple la psychologie et l'astrologie, les techniques modernes de développement personnel, les sciences et techniques, les appareils domestiques ou les moyens de communication modernes, l'informatique, l'électronique, la logistique, l'aviation et les sports aériens, la science fiction, la vie moderne, le progrès et l'humanitaire peuvent être vos nourritures, vos valeurs refuges et constituer les éléments indispensables à votre bien être. Vos émotions, votre sensibilité, vos habitudes, vos réflexes conditionnés et l'ensemble des forces qui composent votre personnalité tendent à être encadrés, disciplinés, maîtrisés mais aussi parfois aussi extériorisés de façon soudaine, brusque et imprévisible. Vous pouvez avoir une grande maîtrise de votre personnalité, de votre émotionnel.

Vos croyances, votre sensibilité et votre imaginaire tendent à être influencée par des idées, par une idéologie, par des valeurs spirituelles ou par un désir d'évolution psychologique, par des certitudes et des convictions, par votre vision de l'avenir mais aussi par les forces spirituelles de l'univers ou par des énergies cosmiques à haute tension provenant de l'inconscient collectif. On peut parler de sensibilité électrique ou survoltée.

 De par un lien étroit entre vos convictions, vos principes, votre idéologie, vos valeurs spirituelles et votre ressenti, vous êtes souvent totalement sûr et convaincu de ce que vous ressentez ou pressentez. Vous pouvez prendre votre ressenti pour la vérité suprême.

Vous acceptez parfois difficilement que d'autres ressentent d'autres choses que vous et qu'il y a d'autres vérités que celles que vous ressentez intimement. Vos intuitions peuvent néanmoins être d'une exactitude étonnante.

Vous pouvez également être particulièrement doué pour être, comme on le dit familièrement, "sur la même longueur d'onde qu'autrui " mais aussi pour ressentir les énergies des lieux, les ondes électromagnétiques et les courants cosmiques ou telluriques. Vous êtes parfois sensible à la présence d'êtres invisibles qui vous montrent le chemin, comme à l'aide d'une torche, pour parvenir à votre liberté individuelle et pour faire ce qu'il y a de mieux à faire en toute circonstance. Cela peut faciliter votre réussite et vous conférer une certaine chance.

Vous pouvez être intimement convaincu que le ciel vous aidera si vous vous aidez vous-même. Vous pouvez facilement vous sentir responsable de ce qui vous arrive parce que vous sentez que ce que chacun porte en soi engendre les événements équivalents dans le monde extérieur. Vous ne croyez donc en général pas au " hasard " et tendez à rendre chacun responsable de ce qui leur arrive. Cela vous rend parfois dur, exigeant et intransigeant. Cette sensibilité peut vous permettre de ressentir le plan divin, les coïncidences ou les signes du hasard et votre vocation, d'être en harmonie avec les lois cosmiques, d'entrevoir un monde nouveau et meilleur. Elle peut vous rendre très sensible à tout ce qui est synonyme d'espoir vous permettre de purifier et de nettoyer votre âme et d'être en avance sur votre époque par vos conceptions ou par votre capacité à anticiper et à voir l'avenir. Votre sensibilité peut quelquefois vous faire passer pour un extra terrestre aux yeux du commun des mortels !

Elle peut aussi vous permettre de ressentir les états psychologiques des personnes qui vous sont proches ou des ambiances dans lesquelles vous êtes, les vérités éternelles et les lois cosmiques. Vos lois personnelles peuvent être en parfait accord avec les lois cosmiques, ce qui peut vous permettre d'obtenir des résultats surprenants d'une façon apparemment naturelle et décontractée.

Votre sensibilité et votre imagination peuvent ainsi vous aider à trouver des solutions adaptées aux problèmes techniques ou humains, à améliorer les conditions de vie de vos concitoyens, à trouver des issues de secours et des portes de sorties et à aider autrui. Vous vous situez facilement en sauveur, en dominant tendant la main au dominé dans une attitude d'amitié fraternelle désintéressée. Les émotions, l'imaginaire, la sensibilité, votre foyer, vos relations intimes, vos enfants et des valeurs refuges (la musique, le dessin, l'alimentation) peuvent être pour vous des moyens de créer des relations amicales, de vous libérer, de parvenir à une plus grande maîtrise de vous-même, de vous enrichir idéologiquement, de progresser, de vous projeter dans l'avenir, de créer des projets, d'affirmer votre différence et de vous affirmer dans la société.

Inversement votre intelligence, votre sens de l'organisation et de la discipline, votre capacité à vous affirmer, à avoir de l'espoir et à susciter l'espoir, votre sens psychologique ou votre capacité à effectuer une psychothérapie peut vous aider à trouver le bien être, à créer des relations intimes, à fonder un foyer et une famille ou encore à être populaire. Amitié et fraternité riment chez vous avec sympathie, avec intimité et souvent avec popularité. L'intimité chez vous n'est pas seulement émotionnelle mais aussi psychologique. Vous pouvez avoir tendance à rechercher des amis avec qui vous pouvez vous ressourcer ou vivre des échanges émotionnels riches. Par contre, parce que vous avez besoin d'être détendu quand vous êtes tendu, et tendu quand vous êtes détendu, vous pouvez parfois avoir quelques difficultés pour lâcher prise ou pour trouver le sommeil. Des exigences fortes, une tension intérieure permanente, un besoin d'auto discipline quotidien, un certain perfectionnisme et un besoin constant de se dépasser peuvent diminuer votre naturel et votre spontanéité, ou vous rendre nerveux, excité et complètement survolté.

Coté foyer, vous pouvez habiter une résidence moderne, un gratte-ciel, une tour, un HLM, vivre dans un lieu original et surprenant, avoir besoin d'avoir votre maison personnelle de façon à être totalement indépendant ou avoir besoin d'équiper votre foyer avec tout ce qu'offrent les techniques modernes (gestion de la température sur programme, stores électriques, détoxineurs ioniques, matelas Bemer, rééquilibreurs d'ondes et ioniseurs, informatique, multimédias en plus des appareils électriques devenus d'un usage courant). Vous avez également besoin d'un foyer propre et bien éclairé. Une certaine sensibilité au Feng-Shui, aux courants telluriques et à tout ce qui touche à la géobiologie peut contribuer à votre bien être au foyer. Vous considérez parfois votre famille plus comme des membres de l'humanité que comme des relations personnelles. Vous pouvez donc avoir une tendance naturelle à vous détacher de votre milieu natal, des traditions qu'on vous a inculquées, de votre mère, de votre famille ou de vos intimes pour suivre votre voie personnelle et pour développer un mode de vie qui vous est propre. Vous vous montrez facilement rebelle à toute attitude possessive, à toute tentative d'accaparement ou de manipulation de votre personnalité et avez besoin pour vous sentir bien chez vous, de liberté, d'autonomie et d'indépendance. Vous pouvez avoir des goûts, des aptitudes et des talents naturels pour travailler en groupe, pour organiser des projets, pour coopérer, réformer, nettoyer, être à l'avant garde, vous se consacrer à une cause universelle, pour trouver des solutions, pour libérer et aider autrui, pour soulager des maux physiques et moraux, pour participer au progrès collectif et à la vie moderne, pour vous spécialiser, pour innover ou inventer, pour participer à un mouvement humanitaire, à une grande société ou à une association.

Votre image de la féminité est celle d'une femme dynamique, autonome et indépendante, sociable, amicale, intelligente, très psychologue, libératrice, amicale et ayant des valeurs humaines.

LA LUNE EN POISSONS

Vous avez besoin, pour vous sentir bien, pour vous ressourcer et pour exprimer vos émotions d'avoir la foi en la vie, d'écouter et d'utiliser votre intuition, de communier avec votre environnement et surtout de rêver, de vous évader et d'accéder à la transcendance à travers un chemin spirituel. Vous avez également besoin de vous libérer de vos mémoires généalogiques et de vos mémoires de vie passées, lesquelles peuvent être très présentes dans votre quotidien au point parfois de vous empêcher d'être pleinement vous-même. Votre sensibilité tend à être reliée à des énergies ou des informations provenant de l'inconscient collectif, de vos mémoires ancestrales, de vos vies passées, de l'astral, de l'invisible ou des mondes spirituels. Votre capacité à brancher vos antennes sur l'inconscient collectif tend à se traduire par une hypersensibilité à ce qui se passe autour de vous, par des rêves prémonitoires, par une capacité à deviner le temps qu'il va faire, par des pressentiments qui se révèlent justes et parfois par le don de voyance ou la capacité à prédire l'avenir.

Vous pouvez être doué pour saisir le sens caché des événements et pour pressentir que votre existence terrestre n'est qu'une toute petite partie de votre existence éternelle. Vous pouvez ainsi avoir l'impression de venir à l'origine d'un autre monde, d'un état vibratoire différent, d'un autre état de conscience, d'ailleurs. Cela peut induire une certaine confusion tant que vous n'avez pas appris à mettre de l'ordre dans votre sensibilité et à situer les choses. Vous pouvez être capable de percevoir les vies antérieures de votre âme et avoir l'impression d'avoir déjà vécu à d'autres époques, sous l'habit d'une autre personne. Vous pouvez avoir l'impression que les murs vous parlent, qu'un lieu a une histoire ou qu'il vous rappelle quelque chose alors que vous n'y avez jamais été. Vous pouvez être particulièrement sensible à l'énergie des lieux et aux courants telluriques. Vous avez des facilités pour vous mettre dans la peau de l'autre, pour vibrer à l'unisson avec l'autre, pour éprouver ce que l'autre a dans son cœur, pour percevoir son image astrale, ses humeurs, ses émotions, ses états d'âme et pour communiquer avec autrui par télépathie. Vous faites partie des personnes qui n'ont pas besoin d'explications, de justifications et de longs discours pour comprendre car vous devinez. Tout est pour vous une question de feeling ou de sensibilité. Et l'étrange, le paranormal mais aussi ce qui est anormal peut vous paraître normal, naturel voire banal.

Vous pouvez donner, vu de l'extérieur, l'apparence d'une personne difficile à cerner; une personne que l'on trouve secrète, mystérieuse, étrange, irrationnelle, parfois bizarre, ou qui tout en étant présente est souvent ailleurs, dans un autre monde, sur une longueur d'onde inconnue. Vous tendez à organiser votre vie quotidienne en mettant de coté les conditionnements et les règles de la société afin de vous isoler du monde extérieur et vous tendez à vivre selon votre propre logique. Vous savez vous détendre et vous détacher des réalités terrestres matérielles. Vous avez des facilités pour atteindre ce que l'on appelle en sophrologie " l'état d'esprit alpha " et pour vous créer un univers personnel fondé sur vos aspirations spirituelles.

Lorsque vous vivez l'expérience de l'intimité, vous avez besoin de rêve et d'évasion. Vous avez aussi besoin vivre dans une fusion émotionnelle avec l'autre, d'être captivé, fasciné et parfois emprisonné par mille liens subtils qui exercent une sorte d'emprise psychique hypnotique sur vous ou sur l'autre. Vous n'avez pas forcément besoin d'une présence physique pour qu'une relation intime existe à vos yeux.

Une relation intime peut exister pour vous lorsqu'il y a simplement des échanges émotionnels ou une forme de communication télépathique.
Vous savez, lorsque vous vivez ce genre d'expériences, être en accord avec vous-même et préserver votre bien être. Cela peut vous permettre de vivre des relations intimes particulièrement riches.

Votre tendance à tout capter comme un radar peut vous rendre facilement influencé par autrui, par les modes et les courants collectifs, par les énergies ambiantes, par l'air du temps, par les rumeurs et par les bruits qui courent. L'environnement dans lequel vous vous trouvez a donc une influence importante sur vos humeurs, vos émotions et vos états d'âme. Votre tendance à vous imbiber et à vous imprégner des énergies ambiantes vous permet d'être en communion totale et en symbiose parfaite avec votre milieu environnant, avec le courant des événements, de vous laisser porter par la situation, de vous effacer pour fondre dans l'ensemble et d'être comme une fourmi dans la fourmilière.

Votre hypersensibilité n'est cependant pas toujours facile à assumer, et ce d'autant moins si votre intellect est fortement développé, ou autrement dit si vous réfléchissez beaucoup. Si l'intellect permet de décrire d'une façon réductrice ce que la sensibilité perçoit, de commenter et de classer les informations, il donne la fâcheuse tendance à vouloir comprendre les " informations " des mondes physiques et spirituels invisibles, informations qui demandent à être contemplées, ressenties, éprouvées, conquises puis gérées, et non intellectualiser ou comprises.

Il peut être important, avec la Lune en Poissons, de bien faire la différence entre les émotions, désirs et besoins des autres, mais aussi les mémoires familiales ou les mémoires de la petite enfance, et ce qui vous appartient à vous personnellement, sans quoi cela peut induire une certaine confusion. Etre porté(e) par la force de ces ancêtres est une chose, croire que les mémoires familiales sont ce que vous êtes en est une autre. Il peut également être important pour vous d'apprendre à gérer votre énergie. Vous pouvez parfois avoir des fuites d'énergie ou vous faire pomper votre énergie par autrui, ce qui peut engendrer des états de fatigue persistants. L'expansion de votre sensibilité et votre grandeur d'âme vous rendent très sensible aux souffrances d'autrui, vous permettent de compatir et d'être toujours disponible pour aider autrui. Parmi vos qualités, on peut citer une grande générosité de cœur, le dévouement, la capacité à sacrifier votre ego pour le bien être d'autrui, un sens de la charité et de l'hospitalité, une douceur toute maternelle, la compassion et la capacité à pardonner.

Vous pouvez avoir des dons pour la musique ou pour le chant qui sont de très bon moyen d'exprimer votre émotionnel. La foi peut jouer un rôle important dans votre vie quotidienne et vous pouvez avoir une relation particulière avec votre guide intérieur. Parce que vous êtes habité par « la foi » et parce que votre sensibilité peut s'élargir à l'infini, tout d'après vous est possible, et tout est également relatif. Vous ignorez souvent tout ce qui concerne les limites, les frontières et les règles. Et parce que vous croyez en la présence de forces spirituelles supérieures, votre vie quotidienne, peut être soutenue par une chance inexplicable, par une sorte d'ange gardien qui vous protège et qui vous permet de vivre votre vie à l'abri du besoin. Votre foi peut vous apporter une protection qui fait rarement défaut dans les moments difficiles. Il y a souvent à la base de cette foi des croyances religieuses, une capacité à capter les secrets de l'univers et une connaissance intuitive des lois qui régissent l'univers. Vous pouvez être sensible à des signes imperceptibles, aux coïncidences ou à un plan divin qui vous guide dans votre vie quotidienne. Vous pouvez avoir des facilités pour les sciences psychiques, la psychologie, la religion et pour tout ce qui concerne l'âme humaine. Vous pouvez être capable de créer des événements par la prière et la visualisation créatrice. Votre foi, votre imagination et vos croyances peuvent vous permettre d'être à l'aise là où les autres sont perdus et d'y voir clair là où les autres n'y voient que de la fumée. Elles peuvent parfois vous permettre de faire des miracles. Vous savez plus que tout autre vous laisser aller, lâcher prise, suivre le fil conducteur de vos aspirations secrètes, vous laisser porter par le hasard des événements et naviguer à la boussole ou à l'intuition, sans forcément savoir où vous allez, et sans avoir besoin de repères particuliers.

Le hasard peut jouer un rôle important dans votre vie quotidienne et souvent il fait bien les choses. Votre tendance à vous fier au hasard ou à la providence peut vous inciter à vivre au jour le jour, en fonction de votre ressenti, de vos intuitions et de vos aspirations profondes.

Vous avez besoin dans votre vie quotidienne, pour vous sentir bien ou pour trouver votre équilibre, d'espace et d'un horizon large, de rêve et d'évasion, de merveilleux et de magie, de dépasser ou de transcender les réalités matérielles quotidiennes, d'accéder à des états seconds, à des niveaux de conscience plus élevés ou à des vérités spirituelles, d'émotions mystiques ou religieuses, de religion et de spiritualité, le plus souvent d'isolement dans le silence et la méditation, mais parfois aussi de participer à un mouvement collectif. Vous pouvez avoir des facilités pour vous absenter quand la situation est trop pénible et devez éviter de fuir dès que quelque chose vous perturbe. Vous pouvez être attiré par tout ce qui favorise les états de rêve (l'eau, les îles, les grandes étendues), l'évasion, les voyages imaginaires et le voyage intérieur vers la sérénité. Et vous avez surtout besoin de nourritures de l'âme.

Si votre sensibilité favorise votre développement spirituel, elle ne vous confère en revanche pas un sens pratique très développé et peut poser quelques difficultés d'adaptation à la vie extérieure. Il peut donc être important pour vous d'apprendre à faire preuve de logique, à vous organiser et à vous structurer, à être concret et pragmatique, à lutter pour prendre les choses en mains, à accepter les contraintes, à fournir des efforts, à assumer vos responsabilités et à vous stabiliser. Votre idéalisme et votre tendance à croire que tout est possible peut parfois vous prédisposer à vous faire des illusions qui aboutissent à des déceptions et à des désillusions, d'où l'importance d'équilibrer votre foi avec votre réalisme et avec un minimum de lucidité. Vous pouvez avoir des goûts, des aptitudes et des talents naturels pour explorer l'ailleurs, pour soulager et soigner les souffrances et les misères du monde, pour utiliser votre foi et votre intuition, pour capter et ressentir ce qui se passe, pour inspirer et être inspiré(e), pour être inspiré, pour la poésie ou la photographie, pour rêver et faire rêver, pour vous dévouer, pour utiliser un sens communautaire et humanitaire, pour relaxer et détendre, pour assister, pour explorer l'invisible et l'inconscient, pour sonder, pour participer à une entreprise collective, pour communier, pour faire de la magie à votre façon, pour vous évader et pour communiquer par l'image et les émotions. Votre image de la féminité est celle d'une femme sensible, intuitive, spirituelle, dévouée, capable de compassion, de charité, de sacrifice et d'amour inconditionnel, d'être une fée ou une magicienne.

Mercure en signes :

MERCURE EN BELIER

Votre besoin de savoir, de découvrir, de comprendre, d'explorer l'environnement, de communiquer et d'échanger ainsi que votre curiosité et votre sens de l'adaptation sont particulièrement actifs chez vous. Ils sont étroitement liés à un désir d'affirmation de soi, de combat, d'engagement et d'expérimentation sur le terrain. De ces tendances découlent tout un ensemble de comportements. Vous avez besoin, pour comprendre, pour communiquer et pour vous adapter d'être en prise directe avec les événements, de faits concrets, de rapidité, de vie et d'action, de lutter et d'obtenir des résultats.

Vous avez tendance à communiquer et à vous exprimer avec franchise et spontanéité, d'une façon directe, virile, brusque, parfois violente et avec une voix percutante pouvant proférer un important débit de paroles. Conscient de la force des mots dont vous pouvez vous servir comme une arme, vous savez convaincre en employant les expressions qui frappent et les paroles percutantes qui donnent des résultats. Votre intelligence est instinctive, intuitive, ardente et passionnée, impatiente, éveillée, pénétrante, alerte, improvisatrice, pratique, fonctionnelle mais parfois aussi indisciplinée, provocante et rebelle. Elle est surtout orientée vers une recherche de résultats dans la vie active ou vers la création d'idées nouvelles. Elle est parfois novatrice et avant-gardiste. Ce qui vous parle et suscite votre intérêt, c'est avant tout ce qui peut être prouvé et ce qui est nouveau, c'est à dire les faits, les événements et ce qui n'a pas encore été exprimé. Vous laissez les théories abstraites, les spéculations profondes ou les choses du passé à d'autres.

Vous avez besoin, pour comprendre ou lorsque quelque chose vous intéresse, de vivre l'information dans la pratique, d'expérimenter ce qui suscite votre curiosité, de vous impliquer avec enthousiasme, passion et réalisme puis d'en trouver une utilité pratique dans la vie courante. Vous comprenez vite, apprenez vite et pouvez être doué pour mettre rapidement en application ce que vous avez appris. Vous pouvez aussi être doué pour trouver des applications concrètes et fonctionnelles à toute idée ou découverte, pour bricoler en faisant appel au système D et pour obtenir des résultats avec les moyens du bord. Vous êtes habile et débrouillard avec vos mots et avec vos mains. Votre type d'intelligence peut s'adapter à des activités comme la mécanique, l'entreprise, la menuiserie, le sport, la chimie, la chirurgie, dans tout ce qui nécessite l'utilisation d'outils et de machines, et dans tout ce qui demande une rapidité d'exécution, de la précision et de l'efficacité.

Si vous aimez renouveler vos sujets d'étude et vos centres d'intérêts, parce que vous n'avez pas forcément la patience de vous concentrer longtemps sur le même sujet, vous avez parfois tendance à ne pas toujours assez approfondir dans la mesure où vérifier la validité et l'utilité immédiate de vos connaissances souvent vous suffit. Vous avez parfois un goût et des facilités pour contredire, pour contester, pour critiquer, pour caricaturer, pour débattre, pour argumenter et pour polémiquer. Vous pouvez faire preuve d'une certaine force dans vos écrits ou dans votre verbe. Grâce à votre tendance à vous impliquer totalement dans vos relations, à avoir toujours des choses à dire, à parfois croiser le fer avec vos interlocuteurs pour prouver que vous êtes le plus fort, à provoquer le dialogue et l'échange et à vouloir faire des choses ou vivre des expériences avec ceux qui partagent votre compagnie, on ne s'ennui jamais avec vous et vos relations peuvent être riches, vivantes et passionnantes mais parfois aussi passionnelles et mouvementées.

MERCURE EN TAUREAU

Vous avez besoin, pour comprendre et apprendre, pour communiquer et pour vous adapter, de ressentir l'information, de la goûter, de la digérer, de la conserver, de l'organiser et de la rentabiliser. Il vous faut donc du temps pour apprendre et assimiler, mais lorsque c'est fait, vous avez la mémoire d'éléphant. Vous avez besoin de ressentir les données dans votre corps, de les toucher, de les savourer mais aussi de temps et de sécurité. Il vous faut être certain de la validité des informations qui vous parviennent et de ce que vous assimilez.

Vous optez fréquemment pour une certaine prudence dès que de nouvelles idées vous parviennent, quand vous faîtes une nouvelle rencontre, dans vos relations humaines et dans l'intégration des connaissances. Vous veillez à ce que rien ne menace vos acquis et ne remettre en cause vos certitudes. Vous cherchez naturellement à consolider vos positions avec mesure et bon sens. Vos bases relationnelles sont donc solides et vos amitiés sont durables. Vos centres d'intérêt et vos sujets de curiosité sont patiemment explorés. Comme il est de notoriété publique que vous avez les idées fixes, il serait sans doute judicieux d'apprendre à parfois faire preuve de plus de souplesse, d'ouverture d'esprit et de spontanéité.

Votre intelligence est avant tout concrète, pratique, pragmatique, réaliste, pleine de bon sens et souvent conservatrice. Vous pouvez être doué pour organiser, gérer, exploiter, rentabiliser et utiliser concrètement l'information. Votre attachement aux sens et à la matière vous rend plus doué pour ce qui est concret et utilisable que pour les théories abstraites.

Vous avez une certaine intelligence des formes, des sons, des odeurs, des goûts, des sensations et de la nature. Vous pouvez être doué pour retransmettre l'effet sensoriel que vous fait le monde extérieur ou pour créer des objets avec vos mains avec les matières premières à votre disposition (vêtements, poterie, tannerie, menuiserie, maçonnerie, décoration etc.). Votre intelligence tactile peut également vous rendre doué pour le massage, la kinésithérapie ou la kinésiologie. Vous avez également un sens développé de la précision, de la proportion, de la gestion commerciale et de la valeur des choses.

MERCURE EN GEMEAUX

Vous avez besoin, pour comprendre, pour communiquer et pour vous adapter d'exprimer votre grande curiosité et votre sens de l'humour, de mouvement et de déplacements, de contacts et de vous amuser. Vous avez un côté farceur, espiègle et amusant. Vous aimez souvent les jeux de mots et avez un sens de l'humour naturel. Tout ce qui se trouve dans votre environnement suscite votre curiosité. Vous préférez donc multiplier vos sources d'intérêt que de focaliser votre attention sur des éléments exclusifs, au risque parfois de vous disperser.

Votre adaptation est néanmoins facilitée par une capacité à être toujours disponible à ce qui se présente et à être toujours prêt à élargir vos horizons et vos connaissances. Vous aimez partager vos nombreuses idées et le fruit de vos observations avec les personnes que vous côtoyez à travers de fréquentes discussions et de nombreux échanges. Vous avez de grandes facilités pour transmettre l'information et pouvez être un vrai spécialiste de la communication écrite et orale.

Votre intelligence est vive, souple, rapide et intuitive. Et si elle est plutôt celle du généraliste ou du journaliste que celle du spécialiste, elle est cependant bien ancrée dans la vie quotidienne et sait se nourrir de ses propres expériences. Vous apprenez vite, réfléchissez vite, comprenez vite et assimilez facilement.

Votre sens de l'association vous permet de trouver des liens entre des données ou des personnes complètement opposées. Vous pouvez aussi être doué pour marchander et pour faire du commerce. Mercure en Gémeaux vous apporte mobilité, souplesse, spontanéité, agilité, adresse, un sens développé des contacts et de l'information, un besoin permanent de mouvement, de variété, de diversité, de nouveauté et de changement. On vous dit primesautier et imprévisible et vous êtes à votre façon une personne intelligente, habile et adaptée à votre environnement.

MERCURE EN CANCER

Vous avez besoin, pour comprendre, pour communiquer et pour vous adapter de vous sentir bien, détendu et en sécurité, d'être relié émotionnellement à votre interlocuteur, que les choses soient fluides et de pouvoir visualiser. Votre intellect, votre curiosité, votre sens de la communication et votre langage tendent à être influencés par votre imaginaire, par vos souvenirs, par votre famille, par votre sensibilité, par vos émotions, par vos craintes et par les contenus de votre subconscient. L'âme et l'intellect, le plan mental et la sensibilité, l'intelligence et l'imagination fonctionnent chez vous ensemble et sont indissociables, l'un aidant l'autre à s'exprimer.

Cela peut vous permettre de sentir l'énergie derrière les mots, de saisir ou de véhiculer des émotions lorsque vous utilisez un langage, d'utiliser un langage imagé ou poétique, de commenter, de formuler et de décrire vos intuitions, votre ressenti, les contenus de votre inconscient ou l'ambiance dans laquelle vous baignez mais aussi de comprendre, d'analyser et de trier vos craintes, vos émotions et votre inconscient, en établissant des liens entre les mondes visibles et les mondes invisibles.

Vos comportements sont déterminés par les ambiances et les émotions éprouvées au contact des autres. Vous assimilez à l'aide des sentiments et des images. Si vous avez une excellente mémoire, une intuition qui vous permet de sentir les choses, une imagination qui vous permet de visualiser, ainsi qu'une facilité pour digérer et assimiler l'information, vous devez en revanche faire des efforts pour arriver à prendre du recul, à organiser l'information et à faire preuve d'objectivité et d'une logique rigoureuse.

Vous êtes donc souvent plus doué pour la littérature, la poésie, le folklore, la biologie, la musique et pour comprendre tout ce qui concerne l'être humain que pour les activités techniques ou impersonnelles. On peut dire que vous avez une intelligence avant tout intuitive et émotionnelle. Et vous avez besoin, pour apprendre, de vous sentir bien, d'une ambiance porteuse et d'un soutien émotionnel. Communiquer, c'est d'abord pour vous partager des émotions et des ressentis afin d'être bien. Vous savez vous ressourcer, vous détendre et vous reposer lorsque vous lisez ou écrivez, lorsque vous communiquez avec votre entourage, lorsque vous vous déplacez et explorez votre environnement et lorsque vous vous adaptez à votre environnement. Vous tenez parfois difficilement en place et avez besoin de variété, de changement, de nouveauté, de savoir ce qui se passe, d'être bien informé, de vous sentir adapté, de contacts et de relations pour vous sentir bien.

Vous avez un tempérament extrêmement mobile, spontané, primesautier et parfois bohème. Parce que vous vous nourrissez d'idées et de contacts ou parce qu'ils vous nourrissent, vous vous sentez facilement mal à l'aise lorsque vous êtes seul ou lorsque vous n'obtenez pas les informations dont vous avez besoin. Vous êtes capable, lorsque vous abordez votre entourage, lorsque vous faites des rencontres et lorsque vous communiquez, d'être convivial, naturel, sympathique, détendu et fantaisiste, de respecter le bien être et l'intimité de l'autre, de permettre à autrui d'exprimer ses émotions, de mettre vos interlocuteurs à l'aise en créant un climat d'intimité, d'habiter votre discours et de préserver votre équilibre émotionnel.

Si vous êtes très sensible à ce qui ce passe dans votre environnement et si vous êtes ouvert à toute nouvelle information, à toute nouvelle rencontre et à tout échange, vous avez cependant besoin de vous sentir protégé, d'éprouver du bien être et de la sympathie, de respecter vos rythmes et vos habitudes, de vous sentir porté par l'ambiance et de ne pas être dénaturé lorsque vous communiquez, lorsque vous vous adaptez, lorsque vous vous informez ou lorsque vous vous déplacez. Vous pouvez avoir tendance à être indifférent, à vous réfugiez dans votre monde, à fuir et à ne communiquer que difficilement lorsque l'on perturbe votre bulle ou votre quiétude et lorsque vous vous sentez dérangé. Vous avez initialement besoin d'être rassuré mais lorsque le contact est harmonieusement établi, vous êtes une personne naturelle, sympathique, touchante et très agréable.

MERCURE EN LION

Vos capacités d'apprentissage, votre sens de l'adaptation, votre sens de l'humour et votre intelligence sont mises au service d'un objectif, d'une ambition, d'un besoin de vous exprimer, de crée et de réussir. Vous avez besoin, pour apprendre et comprendre, pour communiquer et pour vous adapter ou pour être ouvert, disponible et spontané d'avoir une vision claire et synthétique de la situation, d'une certaine organisation, de repères précis, d'un cadre de références, d'être en accord avec votre idéal, vos valeurs et votre vision, de maîtriser votre image, de vous fixer des objectifs puis de vous organiser pour les atteindre, d'estime, d'admiration, de marques de reconnaissance, de jouer un rôle central, de dominer la situation et de vous imposer. Vous communiquez de façon parfois théâtrale pour vous mettre en valeur, pour affirmer votre autorité, pour donner une certaine image de vous et pour vous imposer. Vous vous exprimez avec autorité, franchise et puissance, sans détour, de façon catégorique, au risque parfois de heurter votre entourage qui peut vous trouver autoritaire.

Vous avez aussi besoin de sélectionner l'information et les personnes que vous rencontrez. Avec Mercure en Lion, il n'est pas question d'apprendre n'importe quoi, de vous intéressez à n'importe quoi, de fréquenter n'importe qui ou d'aller n'importe où ! Quand vous faîtes de nouvelles rencontres ou quand vous cherchez à faire la lumière sur des informations nouvelles ou sur des situations complexes afin de vous adapter, c'est avant tout pour maîtriser la situation. Il faut donc que les choses soient claires, que l'on vous accorde une certaine qualité d'attention et que vos idées soient lumineuses et reconnues. De même, vous aimez définir et cerner la personnalité de votre interlocuteur afin d'introduire de la clarté dans vos relations. Vous êtes particulièrement sensible à votre image, aux rapports de forces présents dans tout échange, aux compliments et aux blessures d'amour propre.

Votre intelligence tend à être claire et synthétique. Vos idées peuvent être objectives ou lumineuses, nobles et royales mais elles peuvent aussi fortement dépendre de vos valeurs et de vos croyances personnelles et être parfois mégalomanes. Vous acceptez une idée nouvelle que si vous êtes fermement convaincu. Vous êtes prédisposé aux idées fixes ! Vous avez une facilité pour comprendre les symboles et l'aspect symbolique de toute chose mais aussi pour exprimer un sens pédagogique. Vous communiquez parfois de façon majestueuse et théâtrale, en cherchant à convaincre avec chaleur et enthousiasme. Vous pouvez être doué pour utiliser la pensée positive et l'autosuggestion pour améliorer vos conditions de vie grâce à vos idées ou vos connaissances et pour vous imposer dans votre entourage.

Avec vous, une information anecdotique ou simplement intéressante peut soudainement devenir essentielle ; une curiosité ou une découverte anodine peuvent devenir un centre d'intérêt majeur tandis qu'une rencontre banale peut se transformer en une relation essentielle fondée sur la confiance et la loyauté. De même, vos théories deviennent facilement des convictions et vos idées des certitudes.

Vous savez également vous donner les moyens de vous informer, de vous instruire ou de faire entendre ce que vous avez à dire. Votre besoin de maîtriser l'information et la communication, votre capacité d'être autonome ou autodidacte lorsqu'il s'agit de vous instruire et votre capacité à vous engager, à mobiliser votre volonté et votre énergie, à vous organiser et à persévérer jusqu'à ce que vos objectifs soient atteints lorsqu'il s'agit d'apprendre, de vous adapter ou de communiquer vous prédispose au succès dans les études ou dans les activités en rapports avec l'information, les contacts et la communication.

MERCURE EN VIERGE

Votre mental est particulièrement actif! Vous comprenez facilement, assimilez bien, savez organiser vos connaissances puis ensuite retransmettre des informations avec une grande précision. Grâce à votre sens de l'analyse, de la concentration, de la discrimination, de l'observation et du détail, vous êtes capable de décortiquer toutes les données d'une affaire, de les trier, de les classer, d'adopter ce qui est utile et de laisser de coté ce qui ne l'est pas, de les réorganiser selon une autre échelle de valeurs, d'effectuer un diagnostic et d'en trouver des applications pratiques.

Vous accordez cependant parfois une trop grande importance à des détails futiles et avez trop tendance à tout cataloguer. Vous avez une intelligence stratégique, technique, scientifique, débrouillarde, ingénieuse mais aussi sélective, pointilleuse et critique. Vous avez des facilités pour trouver des solutions aux difficultés que vous rencontrez. Vous avez besoin, pour comprendre, pour communiquer et pour vous adapter d'organiser l'information, de vous sentir en sécurité, d'être dans de bonne conditions d'hygiène, d'avoir une stratégie mais aussi d'une certaine discrétion et de cerner les limites d'une information, de vos connaissances ou de vos contacts. Votre mental pratique peut vous permettre, par induction et déduction, par l'expérimentation et la vérification, par la schématisation, l'organisation et l'analyse critique d'être bien adapté aux activités administratives, à la technique et au monde de l'information (écriture, imprimerie, transmissions d'information, médias).

Votre sens de la gestion et du commerce peut vous permettre de vous orienter vers des activités mercantiles. Vous pouvez être doué pour comprendre, concevoir ou pour exploiter des outils qui facilitent l'adaptation à la vie matérielle et pour tout ce qui concerne les plantes, l'hygiène, le bien-être et la santé. Vous avez enfin un profond sens du service et une forte sensibilité aux questions liées à l'environnement.

MERCURE EN BALANCE

Vous avez besoin, pour comprendre, pour communiquer et pour vous adapter de saisir les nuances de toute chose, de voir les liens entre les différentes informations, d'être juste, d'harmonie et d'équilibre, de beauté et de grâce. La communication est l'un de vos points forts. Vous assimilez rapidement les caractéristiques de l'environnement dans lequel vous vous trouvez. La souplesse et la tolérance dont vous faites preuve dans vos jugements et dans vos rapports humains vous donne la réputation d'être une personne particulièrement sociable.

Vous vous efforcez de modérer vos opinions, de longuement peser et mesurer les informations qui vous parviennent avant de les rejeter ou de les intégrer. Vous aimez les nuances et les alternatives. Aussi fermes que puissent être vos prises de position, elles ne sont pas figées et définitives. Votre évolution intellectuelle tend à s'effectuer grâce aux autres, aux associations, à vos relations privilégiées et grâces aux stimulations et opportunités extérieures. Votre intelligence est une intelligence relationnelle, juridique, esthétique et artistique. Vous avez l'esprit ouvert, disponible et profondément humain. Votre mental est apte à comprendre tout ce qui concerne la civilisation, que ce soit l'être humain ou l'ordre administratif, culturel, juridique ou artistique qui permet à une civilisation d'exister.

Vous êtes doué pour comparer, pour établir des liens entres différentes données et pour rapprocher des points de vue opposés. Vous comprenez et apprenez plus facilement ce qui vous plaît et avez souvent besoin d'être stimulé pour apprendre. Votre développement intellectuel peut donc parfois être dépendant des autres. Votre sensibilité, votre sens esthétique, votre sens psychologique, vos capacités d'adaptation, votre intelligence des formes et de la nature humaine peuvent par exemple vous permettre de réussir dans les activités relationnelles ou artistiques. Votre intelligence teintée de sentiments s'exprime avec gentillesse, grâce, délicatesse, galanterie, éloquence, bonté, finesse, nuances et tolérance. Communiquer est pour vous synonyme de plaire, de séduire et de créer des liens affectifs harmonieux allant au-delà du simple échange d'informations. Votre charme s'exprime à travers les mots.

Vous avez besoin d'un climat affectif, des autres ou de pressions extérieures pour apprendre. Comme vous vous sentez concerné voire touché affectivement par tout ce qui se passe dans votre environnement et parce que la communication est synonyme d'équilibre, vous vous sentez inadapté(e) dans la solitude. L'idéal est alors pour les étudiants de travailler à deux et pour les parents d'encadrer, de stimuler et de créer le climat affectif nécessaire à l'apprentissage. Parfois, un certain laissez aller, une difficulté à faire des efforts, des préoccupations amoureuses ou un intérêt excessif pour les loisirs et les plaisirs peuvent gêner les études.

Vous avez le sens des belles paroles, la capacité de mettre les formes et une certaine tendance à voir la vie en rose. Votre capacité à vous accorder naturellement avec l'entourage et avec tout interlocuteur, à respecter les normes sociales et un certain savoir-vivre dans tout échange, à vous montrer à la foi intéressant et séduisant vous permet de nouer rapidement des contacts avec votre entourage et de vous adapter à des milieux très variés.

Parce que toute rencontre peut très vite devenir une relation sociale et parce que tout échange d'information implique aussi un échange de nature affectif, vous êtes un interlocuteur agréable et vous pouvez être très apprécié par votre entourage. Votre sens inné de la communication et de l'échange peuvent vous permettre de réussir dans les métiers de service ou d'accueil et dans les domaines de l'information, de la communication et des relations publiques. Votre capacité à voir les deux faces d'une situation, à donner aux événements la plus belle forme possible quitte à embellir la réalité, à arbitrer, à démêler les situations conflictuelles en évitant de blesser autrui, à peser le pour et le contre, à réconcilier les extrêmes, à être toujours disponible, accessible, souple et ouvert d'esprit ainsi que votre sens inné de la justice et de l'équilibre peuvent faire de vous un fin diplomate ou un fin comédien. Vous n'êtes en revanche pas à l'aise dans les querelles violentes et dans les débats passionnels. Bien gérée, Mercure en Balance permet une parole juste et une adaptation à la société.

MERCURE EN SCORPION

Vous avez besoin, pour comprendre et vous adapter ou lorsque vous communiquez, d'avoir accès à ce qui n'est pas dit, de vibrer, de tenir compte de ce qui est caché, de maîtriser l'envers du décor, d'intensité, de passion, d'authenticité et de vérité. Il faut que ce que vous dîtes correspondent à votre réalité profonde, et vous dîtes parfois ce que vous dîtes parce que c'est plus fort que vous, parce qu'une pulsion ou une nécessité impérieuse vous pousse à le dire, même si ça fait mal. Vous avez parfois tendance à déstabiliser vos interlocuteurs, à vouloir toujours avoir raison, à vouloir toujours avoir le dernier mot et à vouloir maintenir votre façon de voir et vos vérités même si les plus criantes évidences vont dans le sens contraire. Vous aimez tester l'autre et mettre à l'épreuve les idées qui vous sont présentées pour en vérifier la validité et l'authenticité. Vous êtes sensible à ce qui ne vas pas et aux problèmes existants dans votre environnement, dans votre vie et dans celles des autres. Cela vous confère un sens critique extrêmement développé et parfois une tendance à broyer du noir. Vous vous gênez rarement pour critiquer votre entourage, pour briser les masques, pour démonter les arguments dénués de vérité et pour démystifier les idées reçues. Vos écarts de langage et votre coté parfois blessant peuvent néanmoins susciter chez autrui des réactions virulentes. Vous avez une perception aiguë de votre entourage et avez naturellement tendance à sélectionner parmi votre cercle de relations celles qui sont les plus authentiques. Vous aimez quelquefois faire monter la pression, la tension, l'angoisse et le suspens lorsque vous communiquez, mais aussi impressionner, dominer, influencer et transformer votre entourage.

Dans toutes vos communications entrent en jeu votre sensibilité à l'envers du décor. Cela vous permet de ressentir les états émotionnels inconscients d'autrui et de les traduire en paroles, de ressentir et de formuler les émotions non exprimés et de donc de savoir gérer les émotions qui sous tendent tout échange verbal. Cela vous permet de ressentir les rapports de force sous-jacents, les non dits, les angoisses et les mécanismes occultes qui sous tendent toute communication, et donc de comprendre les personnes, les choses et les événements avec une profondeur particulière.

Vous êtes doté d'une intelligence intuitive, instinctive, émotionnelle, lucide, profonde, pénétrante, aiguisée, tranchante et perspicace mais aussi d'une intense curiosité. Et quand quelque chose excite votre curiosité, c'est plus fort que vous. Il faut que vous alliez investiguer, sonder, fouiner et explorer. Votre intelligence est à la foi capable de d'aller en profondeur dans l'intensité du moment présent et de prendre du recul et de la hauteur. Vous avez tendance à trier les informations que vous communiquez et à ne dévoiler que ce que vous avez préalablement décidé de révéler. Vous pouvez avoir un coté très secret et parfois un peu manipulateur. Votre intelligence est secondée par beaucoup de flair. Vous avez une mentalité de chercheur, de détective et de psychanalyste capable de déceler les motivations, les intentions et les besoins derrière les paroles, les actes et les comportements.

Vous êtes capable de lire entre les signes, de comprendre l'envers du décor et les causes qui engendrent les événements et d'arriver à tirer des conclusions à partir du moindre indice. Vous pouvez aussi avoir des facilités pour décoder les symboles, pour décrypter les signes ou les messages codés, pour trouver les failles, les faiblesses ou les dysfonctionnements d'un objet, d'une personne ou d'une situation, et pour transpercer les défauts des cuirasses, pour localiser l'aiguille dans la botte de foin, pour tirer des conclusions à partir du moindre indice et pour résoudre les énigmes. Vous pouvez donc être apte à percer puis à arracher les secrets les mieux gardés, à élucider les énigmes et les mystères qui échappent aux autres et à décortiquer puis résoudre des problèmes complexes. Votre goût pour l'investigation et la dissection, votre flair et la nature de votre curiosité vous rendent facilement attiré par les mystères et peuvent vous permettre de percer les secrets de l'homme et de la nature.

Vous êtes particulièrement capable de faire preuve d'intelligence, de compréhension, de souplesse et d'ingéniosité, de ruser et de vous adapter lorsque vous êtes face à une situation difficile, à des crises, à des problèmes ou à des obstacles, à des pressions occultes ou à des tentatives de manipulation, lorsque votre sécurité et votre survie sont en jeu, lorsqu'il faut déjouer un piège, lorsque vous êtes en temps de guerre ou face à l'ennemi, lorsqu'il s'agit d'influencer les autres ou le cours des événements ou lorsqu'il s'agit de parcourir les différentes étapes de l'initiation.

Vous avez les idées fixes, défendez farouchement vos convictions et reconnaissez difficilement que vous avez tort. Face à une idée ou une rencontre nouvelle, votre première réaction est naturellement de la méfiance et de la résistance. Vous savez que les apparences et les discours cachent toujours quelque chose, avez quelque part conscience du côté obscur de la nature humaine et cherchez à en savoir plus avant de vous positionner. Vous avez parfois l'esprit tortueux dans le sens où vous cherchez à faire compliqué quand tout pourrait être simple. Vous changez assez difficilement d'idées mais lorsque vous le faites, c'est souvent suite à une remise en question totale ou à des révélations bouleversantes. Malgré votre scepticisme naturel, vous êtes capable de vous rendre disponible mais vous triez le grain de l'ivraie afin d'accéder à l'essentiel. Vous savez également ne pas vous laisser distraire de votre ligne de conduite par des informations hors sujet. Cela vous permet de fixer votre attention vers un domaine bien précis. Une intelligence exclusive pourrait-on dire. Vous pouvez faire preuve d'un puissant pouvoir de concentration lorsque quelque chose ou quelqu'un vous intéresse, à un tel point d'être parfois complètement indifférent à ce qui se situe en dehors de votre champ de concentration. Vous pouvez aussi avoir tendance à prendre la poudre d'escampette quand la situation devient trop compliquée ou trop tendue. Votre facilité à vous concentrer facilite en tout cas vos études.

Votre médiumnité intellectuelle fait qu'un mot, une phrase, un objet, un indice peut prendre chez vous une importance toute particulière. Si vos analyses et vos raisonnements peuvent être redoutablement lucides et perspicaces, vous pouvez aussi commettre de grosses erreurs d'interprétation parce que vous focalisez sur un détail insignifiant et restez aveugle à ce qui est le plus important ou parce que vous partez sur de mauvaises bases. Vous communiquez selon une logique qui vous est propre et qui n'est pas toujours accessible au plus grand nombre. Vous avez parfois tendance à parler par énigmes ou dans un langage codé pour que seuls comprennent ceux qui doivent comprendre ou ceux qui ont le décodeur approprié. Et parce que communiquez parfois plus par le non dit que par les mots, vous pouvez avoir du mal à vous faire comprendre et à communiquez avec autrui dans la mesure où tout le monde n'est pas télépathe. Bien géré, Mercure en Scorpion vous permet de comprendre comment fonctionnent les lois de la vie et ce qui se passe dans l'au-delà, de vous adapter aux processus d'initiation et de transformation et de permettre à autrui de se transformer grâce à une parole juste, précise, chirurgicale et pertinente.

MERCURE EN SAGITTAIRE

Vous avez besoin, pour comprendre, communiquer et vous adapter d'avoir votre espace vital, de gérer l'espace, d'avoir une vision globale de la situation, de tenir compte du contexte et de prendre en considération les règles et les lois qui sont en jeu. Vous bénéficiez d'un bon jugement et d'une bonne organisation des idées. Vous êtes capable d'assimiler de vastes connaissances. Vous avez des facilités pour comprendre les mécanismes du monde extérieur, pour maîtriser le langage et les langues étrangères ainsi qu'un sens de la pédagogie. Vos connaissances sont plutôt générales et globales que profondes et précises. Vous êtes particulièrement doué pour manier les symboles, les représentations imagées, les mythes et les métaphores. La communication est pour vous un outil d'intégration sociale.

Vous n'avez pas forcément l'aspect futé, rusé et malin des Gémeaux, ni le sens du détail et de la critique qu'à la Vierge mais vous avez une envergure intellectuelle teintée d'autorité et d'envergure. Ce qui vous intéresse doit avoir une utilité et être partagé. Vous aimez ainsi faire partager votre savoir. Vous vous lancez parfois dans la propagande, le missionnariat ou l'enseignement. Vous avez besoin de donner un sens aux informations et vous êtes souvent attiré par la culture, la philosophie, l'ethnologie, la métaphysique ou par l'ésotérisme.

Votre intelligence, votre besoin de savoir et votre sens de l'adaptation tendent à être influencés par votre culture, par les normes et les valeurs véhiculées par votre société, par un idéal religieux, philosophique ou spirituel, par votre autorité, par un besoin d'être utile, par une conscience des conséquences de ce que vous dites sur l'entourage et parfois par un besoin d'aventure et d'exploration. Cela vous permet d'orienter de façon constructive votre intelligence, votre sens des contacts et votre sens de la communication vers des objectifs d'insertion professionnelle, vers un élargissement de vos horizons, vers le voyage et l'aventure ou vers votre propre épanouissement. Vous êtes particulièrement doué pour situer une information dans son contexte. Lorsqu'un sujet vous intéresse, vous cherchez à élargir vos connaissances, à vous documenter et à voir ce qui se dit ailleurs. Parce que vous avez confiance en vos facultés intellectuelles, en votre sens de l'échange et de la communication, vous pouvez faire preuve d'une certaine éloquence, avoir de grandes facilités relationnelles et être un professionnel de la communication. Votre largesse d'esprit, votre sens de globalisation, votre bon jugement et la clarté de vos conceptions peuvent vous permettre d'acquérir une vaste culture et souvent de poursuivre des études supérieures.

Vous aimez sans cesse élargir vos horizons intellectuels, culturels et relationnels et pouvez vous intéresser à tout ce qui ouvre l'esprit, c'est à dire aux religions, aux philosophies, aux différentes cultures, à la métaphysique, à l'économie et à ce qui se passe dans le monde. Vous avez plus que tout autre besoin d'être informé, mais aussi d'espace verbal et d'envergure intellectuelle. Vous pouvez avoir un sens pédagogique développé. Vous aimez diversifier vos connaissances et vos relations et vous intéressez autant à ce qui fait partie de votre environnement proche qu'à ce qui est éloigné. Vous aimez autant communiquer avec le monde, avec la société dans son ensemble qu'au sein de relations personnelles, d'individu à individu.

Vous avez souvent une certaine chance dans vos études parce que vous savez dire ce qu'on attend de vous et parce que votre mental peut rassembler et organiser de grandes quantités d'informations. Si vous avez souvent juste ce qu'il faut pour réussir vos examens, vous pourriez avoir d'excellentes notes si vous faisiez un peu plus d'efforts et si vous faisiez un peu moins la fête. Vous êtes toujours disponible pour établir des contacts, avez une grande capacité d'écoute, êtes capable d'élargir votre cadre de référence de façon à utiliser des mots que l'autre comprendra et vous savez faire preuve d'une certaine dose de souplesse, de stratégie et de ruse dans vos échanges et vos affaires.

Vous avez aussi des facilités pour vous exprimer avec autorité en adaptant votre langage en fonction de votre interlocuteur, pour argumenter, pour négocier habilement et pour convaincre en tenant compte de l'ensemble des intérêts en jeu. Lorsque vous communiquez, vous le faites dans la joie et la bonne humeur, avec énergie, avec enthousiasme et dynamisme, avec fougue et passion, avec chaleur et générosité mais aussi avec habileté et diplomatie. Vous pouvez être doué, par la puissance de votre verbe, pour entraîner les autres dans vos aventures ou avoir un intérêt pour les récits d'aventures.

Votre capacité à comprendre et à jongler avec les mécanismes du jeu social, avec les lois, les règles, les normes et le langage peut vous permettre de vous adapter à des milieux très variés. Vous pouvez être expert dans l'art de faire des acrobaties avec les règles et les principes dans le but de trouver les réponses ou les solutions qui vous arrangent, dans l'art de trouver les arguments susceptibles de faire tourner la conversation à votre avantage et d'orienter votre discours dans le sens du vent, mais aussi pour adopter de nombreux masques et singer différents personnages. Votre discours et votre langage sont alors parfois assez circonstanciels et vous êtes parfois sans gène.

Vous avez l'intelligence des situations, c'est à dire que vous savez comprendre le sens, l'utilité et les exigences de toute situation. Vous savez évaluer les concessions nécessaires par rapport aux bénéfices pouvant être escomptés, être bien informé et optimiser ou rentabiliser vos informations. Vous êtes également doué pour détecter les opportunités, pour en créer et pour les exploiter afin d'en tirer profit. Votre grande curiosité sans cesse en expansion est très sensible aux liens qui peuvent exister entre les personnes et les choses, entre ce qu'une personne a dans sa tête et ce qu'elle vit dans le monde, entre un événement et son contexte culturel, économique, géographique et historique. Vous savez que rien dans notre univers n'est isolé du reste et que tout est lié. Vous utilisez donc votre intelligence pour prendre votre place dans le monde, pour jouer un rôle économique et pour vous épanouir.

MERCURE EN CAPRICORNE

Vous avez besoin, pour comprendre, communiquer et vous adapter de saisir les structures de l'information et de la situation, de profondeur et de vérité, d'ordre et de temps. Vous êtes logique et rationnel. Votre intelligence est profonde, concentrée, rigoureuse, objective, bien structurée et souvent conservatrice. Vous mettez un certain temps pour comprendre et assimiler les donnés car vous avez tendance à résister à l'information. Vous ne croyez en général ce qu'on vous dit qu'après avoir examiné les données avec précision et après les avoir vérifiées à travers l'expérience concrète.

Comme vous êtes profondément curieux et naturellement insatisfait de votre savoir, vous avez un penchant naturel pour la recherche. Vous êtes doué pour comprendre la géométrie et les structures du monde extérieur, des objets et de l'univers, pour résoudre des problèmes complexes, pour réduire en symboles, formules, équations et proverbes ce que vous percevez en vous et autour de vous, pour tirer des leçons des choses et en extraire l'essence et pour comprendre tout ce qui touche à l'ordre de l'univers, à l'organisation, à l'histoire, à la nature, aux structures, aux plans et aux chiffres.

Vous pouvez être à l'aise dans l'abstrait comme dans le concret mais vous avez parfois tendance à théoriser excessivement au détriment de la pratique. Vous avez l'intelligence de l'agriculteur, de l'architecte, du scientifique, du chercheur, du philosophe, du sage, de l'inventeur, du gestionnaire, du technicien ou de l'ingénieur. Vous réussissez vos études grâce à votre excellente organisation, à votre mémoire d'éléphant, à votre concentration et à la quantité de travail effectuée.

Sous sa forme d'expression inférieure, Mercure en Capricorne peut indiquer qu'une blessure d'abandon et un sentiment d'insécurité freine ou bloque votre communication et votre adaptation. Il y a alors une certaine rigidité intellectuelle, un pessimisme et parfois un fanatisme dans le sens où lorsque vous avez une idée en tête, vous admettez difficilement qu'elle soit contredite. Vos idées prennent parfois la forme de vérités incontournables et définitives et vous admettez parfois difficilement que vous avez tort, ce qui peut arriver, malgré l'objectivité dont vous savez faire preuve. Vous êtes alors dur, peu influençable et peu disponible pour l'échange. Vous êtes alors très doué pour vous auto-justifier. Parce que l'information et vos idées sont pour vous une source de sécurité, vous pouvez avoir tendance à rester silencieux et à vous accrochez obstinément à vos idées, même si celles ci ne sont pas objectives.

Sous sa forme d'expression normale, Mercure en Capricorne montre que votre besoin d'être informé, de communiquer et de vous adapter sont encadrés, disciplinés, maîtrisés et utilisés pour construire et vous construire, pour prendre conscience de l'ordre et des structures de la vie et de votre vie, pour acquérir un plus grand sentiment de sécurité, pour vous ancrer dans la matière, pour travailler, pour gérer des chantiers et pour évoluer. Vous avez alors tendance à communiquer et à vous exprimer avec calme, sérieux et gravité. Parce que vous êtes conscient du poids des mots et des conséquences de ce que vous pouvez dire ou ne pas dire, vous réfléchissez avant de vous exprimer et vous montrez exigent quant au choix et à la qualité des informations que vous donnez ou que vous recherchez. Vous n'aimez guère parler pour ne rien dire. Votre grande honnêteté intellectuelle vous incite à dire ce que vous pensez, à penser ce que vous dites et à tenir vos engagements lorsque vous donnez votre parole.

Vous pouvez aussi avoir un sens critique développé et une facilité pour remettre en cause les idées reçues. Vous acceptez rarement d'emblée une information ou une idée nouvelle et avez besoin de vérifier la validité, la valeur et la qualité des informations qui vous parviennent. Vous apprenez et comprenez assez lentement, et vous avez une mentalité simple, mais lorsque l'information a été enregistrée, c'est définitif. Vous n'êtes donc pas une personne que l'on peut acheter ou à qui on peut faire " avaler " n'importe quoi, surtout quand il s'agit d'informations fournies par la société. Si vous êtes capable d'écouter et de comprendre, c'est pour mieux prendre du recul. Vous préférez vous informer par vous-même et construire vos raisonnements personnels en fonction de vos propres expériences et en fonction de vos croyances profondes. Vous accordez beaucoup d'importance à la vérité, au respect de l'autre et de vous-même dans tout échange d'informations et dans tout dialogue.

Votre intelligence tend à être secondaire dans le sens ou vous idées s'élaborent lentement et mettent un certain temps avant de s'encrer dans votre conscience. Vous avez tendance à résister à toute idée nouvelle et à ne pouvoir penser qu'à une seule chose à la fois. Vous pouvez être très économe en paroles, réservé et souvent silencieux. Face à une rencontre nouvelle ou un premier contact, vous pouvez être réservé, distant voire méfiant. Vous n'abordez pas facilement une personne inconnue et avez besoin de temps et de confiance pour entrer en contact avec l'autre. Vous devez parfois faire des efforts pour vous extérioriser et pour vous exprimer. Vous avez tendance à être exigent dans le choix de vos relations, à sélectionner vos contacts et à rechercher des relations profondes.

Quand vous réfléchissez et communiquez, vous êtes détaché et présent sans être présent. Cela vous permet d'engager la conversation et de nouer des contacts qui pour vous restent impersonnels parce que vous savez ne pas vous impliquer émotionnellement. Si cela facilite les échanges dans le monde du travail, cela rend cependant plus difficile les contacts personnels où l'échange émotionnel entre en jeu. Par contre, lorsqu'un contact est établi et qu'un dialogue s'installe, vous avez besoin d'aller plus loin, d'expérimenter, d'approfondir, et, lorsqu'il s'agit de contacts personnels, de construire une relation et d'évoluer grâce à cette relation. Votre entourage proche peut ainsi contribuer à votre évolution, à votre maturation, à votre structuration ou à vos recherches. Vous aimez les contacts utiles et savez trouver un sens et une utilité à tout échange ou à toute relation. Bien géré, votre intelligence est mise au service de votre évolution. Elle vous permet d'avoir une parole juste, profonde et sage.

MERCURE EN VERSEAU

Vous avez besoin, pour comprendre, communiquer et vous adapter d'exprimer votre spécificité et vos convictions, d'être en accord avec votre idéologie, d'incarner des valeurs humaines et de vous sentir libre. Votre mental, votre besoin d'être informé, votre sens de l'adaptation et de la communication tendent à être encadrés, disciplinés, maîtrisés et utilisés pour exprimer votre intelligence psychologique ou technologique, pour trouver des solutions, pour générer du progrès, pour aider et donner de l'espoir, pour affirmer votre spécificité, pour vous dépasser afin de progresser, pour vous libérer, pour évoluer psychologiquement, pour faire des projets, pour vous projeter dans l'avenir, pour vous organiser afin de gagner du temps, pour vous adapter au monde moderne, pour vous faire des ami(e)s et pour créer un monde meilleur.

Vous pouvez être doté d'une intelligence et d'un sens de l'adaptation exceptionnels, notamment lorsque vous êtes face à l'inconnu, à l'imprévu et à la nouveauté, lorsqu'il s'agit de trouver des solutions ou d'aider autrui, lorsque vous participez à une activité en réseau ou à un travail en groupe ou encore lorsqu'il s'agit d'élargir votre vision pour accéder à une dimension plus universelle. Comme votre intelligence n'est pas brouillée par des désirs égoïstes, des sentiments malsains, des mauvaises intentions et d'autres interférences, vous êtes capable d'avoir une vision profonde, rationnelle, logique, claire, objective, avant-gardiste et même parfois visionnaire. Tel Prométhée volant, selon la légende, la connaissance aux dieux pour la retransmettre aux hommes afin de les aider, vous pouvez être capable de ressentir, recevoir puis retransmettre des informations et des solutions synonymes de progrès, d'innovation, d'inventions ou de guérison.

Lorsque quelque chose vous intéresse et lorsqu'une information suscite votre curiosité, il vous faut approfondir, améliorer vos connaissances, les organiser d'une façon logique, les expérimenter, rencontrer les personnes susceptibles de vous informer et maîtriser le sujet. Vous avez le besoin et la capacité de maîtriser l'information et vous pouvez devenir un spécialiste de la communication, de l'analyse ou du traitement de données.

Les personnes que vous croisez sur votre chemin, des rencontres inattendues ou ce qui n'est au départ qu'une simple curiosité peut chez vous déboucher sur une vocation, et vous permettre d'acquérir des convictions, des principes et des certitudes. Elles peuvent aussi vous libérer et vous éveiller psychologiquement. Et inversement, votre spécialité, votre vocation, votre spécificité, vos certitudes ou vos convictions peuvent déboucher sur des rencontres intéressantes et sur des expériences nouvelles.

Votre aptitude à vous concentrer, à être sérieux et rigoureux dans votre discours, à focaliser vos énergies dans une direction spécifique et à vous spécialiser ne vous empêche pas d'être disponible, de rester ouvert à l'imprévu, de garder le sourire ou d'être à l'écoute d'autres points de vue. Vous savez imposer vos idées et vos convictions avec humour. Inversement, votre tendance à vous intéresser à des personnes, des sujets ou des expériences diverses et variées ne vous empêchent pas de rester concentré sur la voie que vous vous êtes tracée et sur un projet spécifique. De même, vous savez être disponible pour dialoguer, en adaptant votre langage en fonction de l'autre, en vous synchronisant avec l'autre, sans pour autant mettre de coté vos convictions et votre propre vision des choses.

Vous avez une tendance naturelle à la critique sincère et à éclairer autrui sur leurs propres erreurs en suggérant la solution. Vous n'hésitez pas à bousculer les idées reçues et à démystifier les préjugés rigides pour explorer de nouvelles voies, pour propager des concepts nouveaux et pour faire avancer la connaissance. Vous accordez beaucoup d'importance à la vérité, ce qui vous rend franc et intègre. Vous avez des facilités pour comprendre, intégrer et maîtriser des systèmes d'informations, les médias et des concepts compliqués. De part votre capacité à aller au-delà d'intérêts personnels, la nature vous confère parfois des dons d'invention, une intuition faite de soudaines inspirations et une vision du futur.

En fonction de votre personnalité, vous êtes capable de transmettre une vision réelle ou imaginaire de l'avenir, de comprendre les mécanismes sociaux et universels, de raconter des histoires merveilleuses ou de vous familiariser avec les sciences et techniques, les maths, l'informatique, l'électronique, la logistique, la psychologie et l'astrologie. Paradoxalement, vous pouvez d'un coté prôner la liberté d'expression et avoir des attitudes tout à fait démocratiques tandis que d'un autre coté, vous avez parfois les idées fixes et obstinées (même si vous pouvez faire preuve de brusques revirements d'opinions), que vous imposez comme si elles étaient la parole de Dieu et des vérités universelles incontestables.

Votre intelligence tend à être fondée sur la raison expérimentale mais aussi sur l'intuition. Elle tend à être influencée par des énergies cosmiques à haute tension. Cet apport d'énergie a pour but de vous faire participer au progrès technique, psychologique ou sociale de votre société, de vous permettre de trouver des solutions aux difficultés qui peuvent se présenter dans votre environnement ou de faire évoluer les choses de façon pratique là où vous êtes. Ces énergies cosmiques à haute tension peuvent vous rendre vif, nerveux, survolté, tendu, brusque, instable et imprévisible dans vos réactions, dans vos relations et dans votre discours. Vous pouvez ainsi avoir des irruptions d'informations dans votre mental, des inspirations soudaines et des intuitions providentielles vous permettant de trouver des solutions originales et ingénieuses. Vous pouvez quelquefois devenir un intermédiaire, un messager ou un canal entre l'univers et les Hommes.

Votre mental peut vous permettre de ressentir le plan divin, d'accéder aux mystères et aux lois qui gouvernent l'âme humaine, de percevoir les coïncidences ou les signes du hasard, d'être en harmonie avec les lois cosmiques et d'entrevoir un monde nouveau et meilleur. Il peut vous rendre très sensible à tout ce qui est synonyme d'espoir.

L'influence d'Uranus peut vous permettre de purifier et de nettoyer votre mental, de vous libérer des angoisses et des craintes engendrées par le mental d'être en avance sur votre époque par vos conceptions ou par votre capacité à anticiper et à voir l'avenir. Votre intelligence peut aussi vous permettre de comprendre mentalement les états psychologiques des personnes qui vous sont proches, les vérités éternelles et les lois cosmiques. Ces capacités peuvent faciliter votre adaptation à l'environnement et vous conférer une certaine chance parce que vous savez être au bon endroit au bon moment et parce que vous employez des mots percutants qui donnent le maximum de résultats. Mercure en Verseau facilite les activités en réseau, le commerce qui dépend d'une clientèle, les activités consistant à générer des solutions et l'adaptation au monde moderne.

MERCURE EN POISSONS

Votre intelligence, votre sens de l'adaptation et votre sens de la communication s'expriment en fonction d'une logique irrationnelle qui se situe au-delà des mots et qui vous est propre. Vous vous adaptez en fonction d'informations subtiles perçues par vos antennes, de votre boussole, de votre feeling, de vos émotions, de votre ressenti et de vos radars. Cela peut vous conférer un sens de l'orientation hors du commun lorsque vous vous déplacez. Vous perdez alors difficilement votre chemin parce que vous savez tracer puis suivre de subtils fils invisibles dans l'astral jusqu'à votre destination. Votre conduite au volant peut également être très particulière et si vous savez sentir ce qui se passe dans votre environnement routier, vous devez par contre apprendre à vous concentrer sur la route et éviter d'être ailleurs.

Vous avez besoin, pour comprendre, communiquer et vous adapter, d'être en accord avec votre intuition et votre foi, de vous sentir en communion avec ce qui se trouve dans votre environnement et de tenir compte de votre ressenti. Votre intelligence est influencée par vos émotions, votre imaginaire, votre intuition, par un certain romantisme et par des énergies ou des informations venant de l'inconscient collectif, de l'astral, de l'invisible, parfois de vos mémoires généalogiques ou de vos mémoires de vies passées et suivant les cas par des illusions, de la confusion ou par un état de clairvoyance. Votre foi intervient lorsque vous communiquez, lorsque vous êtes en mouvement et lorsque vous vous adaptez. Vous avez plus de facilités pour deviner que pour raisonner et analyser. Cela vous permet d'utiliser un langage imagé, d'être inspiré dans vos discours, d'avoir parfois des idées géniales et de trouver un équilibre entre la logique et l'irrationnel, entre le langage des mots et le langage de l'émotion, entre l'ordre et le désordre, entre la raison et la foi, entre la science et la religion.

Parce que vous vivez dans une logique du « tout est possible », vous êtes particulièrement disponible pour faire de nouvelles rencontres et pour vivre des expériences inconnues. Et parce que vous vivez aussi dans une logique de « tout est relatif », vous savez faire preuve de souplesse et de plasticité dans vos idées, dans vos discours et dans votre façon de vous adapter. Mercure en Poissons vous confère des facultés d'adaptation quasi illimitées, beaucoup de mobilité et parfois une certaine instabilité. Vous pouvez être capable d'apprendre, de comprendre et d'enregistrer des informations d'une façon inhabituelle et surprenante. Vous apprenez parfois de façon inconsciente et parce que vous savez chercher l'information dans l'inconscient collectif, dans l'air ou lire dans les pensées d'autrui de façon télépathique, vous pouvez savoir ce que vous n'avez jamais appris, de façon presque magique.

Vous êtes extrêmement réceptif à votre environnement et pouvez avoir tendance à capter les idées et les motivations non exprimées des autres, les rumeurs, les bruits de couloir, les informations qu'il y a dans l'air et des données imperceptibles pour autrui. Vous prenez parfois les idées des autres pour vos propres idées ce qui peut induire une certaine confusion. Il peut être important pour vous, lorsque vous avez une idée en tête, d'avoir pleinement conscience de cette idée puis de vous posez la question « cette idée m'est t'elle propre ou l'ai-je captée chez quelqu'un d'autre ou dans l'inconscient collectif ? ». Vous vous sentez en tout cas systématiquement concerné par ce qui se passe dans votre environnement et aimez intervenir, avoir votre mot à dire et mettre votre grain de sel.

Vous donnez l'apparence d'une personne difficile à comprendre et à cerner, ou que l'on trouve étrange, secrète et mystérieuse, ailleurs ou sur une longueur d'onde encore inconnue. Vos discours sont parfois difficiles à suivre parce que vous passez facilement du coq à l'âne ou parce que vous mélangez vos idées avec des informations ou des données auxquelles l'autre n'a pas accès. Votre réceptivité à l'information peut vous rendre impressionnable et parfois vulnérable par rapport aux suggestions d'autrui. Par contre, votre sensibilité et votre intuition peuvent, lorsque vous communiquez, vous permettre de vous mettre à la place de l'autre, de comprendre ce qu'il ressent parce que vous le ressentez aussi, de faire preuve d'empathie et de deviner ce que l'autre a derrière la tête. Lorsque vous avez développé votre discernement, vous savez faire la part des choses entre les informations sans intérêt et les signes du hasard. Cela vous évite de vous embrouiller, de vous illusionner ou vous auto mystifier en interprétant des informations ou des coïncidences sans intérêts comme des révélations des dieux ou comme des signes qui vous seraient destinés.

Vous pouvez être capable d'avoir des idées géniales et des visions universelles qui transcendent la réalité matérielle, de savoir ce que vous n'avez jamais appris en puisant des informations dans l'inconscient collectif, de capter les pensées des autres et d'être télépathe, de traduire les mystères de l'âme, les courants collectifs, les phénomènes inexpliqués et des données irrationnelles en formules explicables, de saisir le sens et l'essence des choses et de la vie ou au contraire de vous noyer dans le flou, dans l'imprécis, dans le bluff et dans la tromperie.

Votre sensibilité aux souffrances et aux misères du monde, aux souffrances de la Terre et à la bêtise humaine vous rend parfois fataliste et défaitiste tant que vous n'avez pas transcendé le monde des illusions. Vous pouvez être capable d'acquérir de vastes connaissances, de comprendre les réalités spirituelles qui régissent la vie et de dégager une vision globale et synthétique à partir de données totalement opposées. Le plus dur pour vous est souvent d'arriver à organiser vos idées en un tout cohérent et de formuler tout ce que vous percevez. Si les sciences exactes ne sont pas votre point fort, vous pouvez en revanche être très à l'aise envers tout ce qui touche à l'émotion, au collectif, à la sociologie, à la psychologie, à l'âme, à la musique, à l'image, à la photographie et à la religion.

Vénus en signes :

VENUS EN BELIER

Vous avez besoin, pour exprimer vos sentiments, pour ressentir du plaisir, pour être attiré et séduit, pour éprouver de la joie et du bonheur, d'être stimulé, de motivation, de passion, de vie et d'action, d'aventure, d'expérimenter sur le terrain et de partager des activités avec votre partenaire.

Sincère, démonstratif, passionné, chaleureux, généreux, impatient, avec un coté enfant qui découvre le monde, vous êtes sujet aux coups de foudre, aux passions ardentes, aux relations « feu de paille » et aux aventures. Vous avez confiance en vos moyens de séduction mais vous avez quand même besoin de prouver que vous pouvez séduire. Quand l'amour est en jeu, vous savez mobiliser vos énergies pour conquérir l'être aimé, pour prendre des raccourcis en brûlant parfois les étapes et pour évincer un éventuel rival. Vous savez faire des sacrifices si nécessaire et faire preuve d'agressivité s'il le faut.

Une absence de retenue, de réflexion et de préméditation dans vos relations affectives vous prédispose aux coups de foudre, aux attractions irrésistibles et dans certains cas aux aventures passagères. La conquête étant un élément important de votre excitation amoureuse, votre défi peut être de garder longtemps la même intensité des sentiments pour une même personne, d'entretenir et de faire durer la fraîcheur d'une nouvelle expérience, de vivre une passion de toute une vie avec la même personne, de vous attacher et dans certains cas de rester fidèle. Vous vous relevez cependant assez vite après un nouvel échec et pouvez repartir avec le même enthousiasme vers de nouvelles aventures.

Vos sentiments amoureux sont francs, passionnés, impulsifs, démonstratifs, tranchés, ardents, conquérants et parfois pressés. Vous suivez d'instinct les sympathies et les antipathies ressenties dans l'immédiat en allant directement vers ce qui vous plaît et ce qui vous attire. Vous exprimez sans retenue ni calcul vos désirs, vos émotions et vos sentiments, en tenant plus ou moins compte de la disponibilité ou de l'accord de l'autre. Vous vous enflammez et vous emballez devant toute manifestation de beauté ou devant une personne capable de susciter en vous désirs et émotions esthétiques. Vous vous impliquez et vous engagez totalement dans vos relations.

Vous vivez vos relations dans l'intensité du présent. Vos désirs font vibrer votre corps tout entier, et ils s'expriment comme des besoins urgents qu'il vous faut satisfaire au moment même où ils surgissent, d'où parfois quelques difficultés à leur résister.

Toute relation doit à vos yeux être méritée comme le résultat d'une entreprise ou comme la victoire d'un combat. Le pouvoir de séduction peut être pour vous une arme dont vous usez pour mesurer votre force, pour alimenter le feu de la passion ou pour rechercher de nouvelles expériences, de nouvelles relations et de nouvelles conquêtes. Et vous êtes capable de séduire par les qualités martiennes que sont le courage, le dynamisme, le sens de l'efficacité la franchise. Vous avez parfois tendance à considérer la vie de couple, les associations et le relationnel comme une entreprise de sidérurgie ou comme un champ de bataille où il y a une personne qui dirige et l'autre qui suit. Vous aimez prendre des initiatives au sein du couple ou de vos relations.

Vous pouvez être doué pour prendre la vie de famille en main, «comme un chef » et pour imposer vos décisions et vos choix à l'autre mais de façon plus ou moins diplomate. Vous aimez avoir raison, avoir le dernier mot, être le chef et le meneur et vous prenez facilement goût à stimuler, à exprimer vos différences, à débattre, à argumenter, mais aussi parfois à provoquer et à faire compétition avec l'autre. Comme vous avez besoin de vie et d'action, vous aimez participer à l'activité de votre partenaire ou le faire participer à ce que vous faites. Vous supportez mal la monotonie et le train-train, avez besoin de renouvellement, de faits nouveaux et de maintenir un certain état de tension. Vous pouvez rencontrer des difficultés si vous persistez à vouloir dominer votre partenaire ou à faire compétition avec lui/elle. Si votre vie relationnelle peut être riche et passionnante, vos comportements peuvent quelquefois aboutir à des conflits et à des ruptures.

La vie à deux et vos relations peuvent donc ressembler à un affrontement aimable, à un duo duel où chacun use de ses armes pour le meilleur ou pour le pire. Il faut que « ça bouge », que « ça chauffe », que « ça soit dynamique », qu'il se passe des choses stimulantes et excitantes et qu'il y ait de la vie et de l'action, de l'aventure et de l'imprévu. Vous êtes cependant capable de faire preuve de tolérance face aux différences qu'il peut y avoir entre vous et les autres, d'arrondir les angles, de soigner la forme quand cela est nécessaire, de vous lier à autrui en respectant les contraintes ou les impératifs de leur situation présente et d'attirer dans votre cercle relationnel des personnes différentes de vous. L'aspect de la conquête et la relation sexuelle sont importantes pour vous et sont vécues comme des besoins naturels. Cela vous permet de provoquer la relation et de montrer explicitement à l'autre qu'il vous plait, quitte parfois à passer pour une personne séductrice.

Parce que vous avez votre fierté, vous supportez mal les blessures d'amour propre et vous aimez être mis en valeur voir être considéré comme un héros. Vous supportez mal la faiblesse, la sensiblerie, l'indécision et la médiocrité qui tendent à provoquer chez vous, jusqu'à ce que vous soyez vraiment dans le cœur, des réactions de mépris.

Votre image de la Femme est celle d'une personne passionnée, dynamique, autonome, défendant farouchement son territoire intime mais qui a parfois des difficultés pour faire une place pour l'autre. Vénus en Bélier peut alors prédisposer à se retrouver seul. Une femme ayant Vénus en Bélier tend à accepter un homme où à se soumettre à lui que si son partenaire est considéré comme supérieure à elle et que s'il suscite une certaine admiration.

En cas de crise, il est nécessaire de faire preuve de franchise, de subtilité, de finesse et d'humour, d'attendre que l'orage passe et que le feu s'éteigne, pour que la situation s'arrange car si l'on vous attaque de front et ouvertement et si l'on attise les flammes, c'est en général vous qui avez le dernier mot et alors ça passe où ça casse. Vous pouvez être très jaloux et piquer des colères sur le coup mais vous n'êtes pas rancunier(e). On peut cependant vous reprocher, du moins lorsque vous n'avez pas trouvé la personne avec qui vous pouvez vous engager dans une relation stable, un manque de tendresse (peut être parce que vous la considérez comme une faiblesse), des préliminaires trop courts et de ne considérer l'autre uniquement comme l'objet de votre conquête. On vous reproche aussi un besoin d'aller trop souvent voir ailleurs, une certaine instabilité et des comportements égoïstes.

Votre défi est de vivre une passion qui dure en renouvelant votre aptitude à conquérir votre partenaire. Lorsque vous êtes engagé dans une relation stable, vous êtes capable de vivre une vie de couple fondé sur les échanges du cœur, de l'âme et du corps et de vivre une relation dynamique, vivante, riche et épanouie.

VENUS EN TAUREAU

Malgré votre gentillesse et l'accueil chaleureux dont vous savez faire preuve, vous ne donnez pas facilement votre confiance et avez besoin que l'autre fasse ses preuves. Mais une fois prise la décision de vous engager, vous allez jusqu'au bout de la relation. Vous vous attachez profondément, dans un amour fidèle, stable et durable. Vous respectez la tradition du mariage ainsi que les rites et les coutumes qui l'accompagnent et vous considérez facilement votre partenaire et vos enfants comme sacrés. Vous êtes capable de travailler avec acharnement pour vous construire un foyer et pour rendre votre petite famille heureuse. Vous êtes un(e) partenaire sur qui l'on peut compter.

Comme votre sensualité, votre volupté, votre sensibilité au toucher, à l'odeur et à la voix de l'autre sont particulièrement développées, il est important pour vous d'être en harmonie physique avec votre partenaire et de pouvoir exprimer votre sensualité naturelle et puissante. Votre coté simple, calme, sain, agréable et paisible, tendre et attentionné, votre charme et votre capacité à dépasser votre ego pour incarner les comportements susceptibles de maintenir une harmonie conjugale et pour faire plaisir à l'autre vous prédispose à un mariage heureux. Cependant, il vaut mieux privilégier avec vous le coté affectif, sensible et sensoriel que le coté intellectuel car de part vos idées fixes et vos préjugés, le dialogue tourne facilement au monologue lorsqu'il y a des différences de point de vue.

Vos lacunes éventuelles sont une certaine paresse, une tendance à faire preuve de possessivité et à considérer l'autre comme votre propriété, une tendance à vouloir démontrer votre amour pour l'autre qu'à travers des choses matérielles (argent, cadeaux, petits plats) ou du plaisir et vos accès de jalousie. Vous ne pardonnez pas et piquez des crises de rage si l'on vous trompe et si vous pardonnez, vous tendrez à le reprochez à l'autre pour le restant de ses jours. Votre attrait pour l'argent peut vous inciter à rechercher un(e) partenaire ayant une situation financière proche de la votre et vous êtes parfois trop intéressé par les biens de l'autre. Vous recherchez un partenaire qui est bien ancré dans la matière, proche de la nature, fidèle et stable.

En cas de crise, la gentillesse et la capacité à laisser faire le temps sont les meilleurs remèdes. La joie de vivre, la maîtrise de vos sens, votre sensualité et les caresses, la création de liens affectifs, les relations privilégiées, la vie de couple ou le mariage, les plaisirs et les loisirs, l'art et la beauté, la création de formes ou d'objets, la nature, l'harmonie, l'argent, la sécurité matérielle et le monde des objets sont pour vous les moyens d'accéder au plaisir et au bonheur.

Votre tendance à aborder les autres à travers vos sentiments et vos sens, à ressentir les choses, les êtres, et les événements sous leurs aspects les plus favorables et voir le monde « tout beau tout gentil » peut vous conférer un coté très agréable à vivre. Mais votre tendance à projeter votre bonté naturelle sur autrui et à ne pas toujours voir derrière les apparences parce que vous mêlez affectif et ressenti peut être synonyme de naïveté ou de crédulité. Vénus en Taureau vous confère une nature douce, gentille et affectueuse, agréable et soucieuse de plaire, gracieuse et charmante, sociable et conciliante.

Vous savez nourrir le couple de petites attentions, accorder vos rythmes naturels à ceux d'autrui, ressentir les besoins et attentes des autres puis y répondre, adapter vos comportements à ceux de l'entourage, faire des concessions pour le bonheur du couple ou de la relation, servir de miroir à l'autre en lui renvoyant une image positive et vous faire accepter et aimer d'emblée.

Vous avez des facilités aussi bien pour créer des relations sociales que des liens intimes. Votre capacité à vous situer en fonction des autres ou de la société vous permet de vous intégrer dans le système socioculturel qui vous entoure et de vivre avec votre temps, en étant bien incarné dans la matière.

Vous pouvez avoir des gouts et des capacités pour le dessin, l'infographie, la musique, l'alimentaire et la cuisine, pour les activités en rapport avec un public, les valeurs familiales, les enfants ou la gestion immobilière ou pour travailler au foyer. Vous pouvez aussi avoir des aptitudes pour la production ou la vente de fleurs, l'art, la photo, la parfumerie, la décoration, pour la création d'objets, le jardinage et le paysagisme, la danse, la coiffure ou la bijouterie, pour toute activité associative, pour tout ce qui concerne les loisirs et pour tout ce qui permet d'agrémenter l'existence de plaisir, de bonheur et de joie de vivre. Votre image de la féminité est celle d'une femme sensuelle, agréable, charmante, douce, sachant gérer la forme et la matière, pleine de vie et de joie de vivre.

VENUS EN GEMEAUX

Vous avez besoin, pour exprimer vos sentiments, pour ressentir du plaisir, pour être attiré et séduit, pour éprouver de la joie et du bonheur, que ça pétille, d'une relation de type frère et sœur, de communiquer, de satisfaire votre curiosité, d'être stimulé intellectuellement, d'être touché par les mots, d'être en mouvement et de vous sentir adapté. Les sens, le plaisir et les sentiments sont un sujet permanent de curiosité, d'apprentissage et de mouvement. Vous avez également tendance à analyser vos émotions, vos sentiments et votre vécu amoureux.

Vos sens, votre sensibilité et vos sentiments tendent à être intellectualisés et à être filtrés par votre mental. Ils peuvent s'orienter vers les frères et sœurs réels ou symboliques, vers les collègues, les voisins et vers l'entourage proche en général. Ils tendent à se dédoubler voire à se démultiplier, d'où parfois la possibilité d'être attiré et séduit par plusieurs personnes à la foi, de multiplier vos contacts ou vos relations sociales et d'élargir vos élans affectifs à l'ensemble de votre entourage. Vous êtes donc particulièrement sociable et fraternel(le).

Vous pouvez séduire par votre fraîcheur sans cesse renouvelée, par votre côté espiègle et printanier, par votre facilité à communiquer et à étonner l'autre, par votre faculté d'adaptation aux besoins et attentes de l'autre et par votre sens de l'humour.

La présence de dialogue et de communication dans votre vie de couple peut contribuer à votre épanouissement affectif. Inversement, vous avez besoin d'affinités intellectuelles, de communication, de fantaisie, de rire, de jouer et de complicité fraternelle pour aimer, pour être séduit(e), pour éprouver de la joie et du plaisir. Vous avez aussi besoin d'air, d'une certaine liberté de mouvement, de nouveauté et d'imprévus dans votre vécu relationnel.

Le dédoublement généré par Mercure peut parfois se traduire dans votre vie par deux mariages réels ou symboliques. Vos préférences, goûts et désirs tendent aussi à se démultiplier et vous êtes plutôt séduit par des détails particuliers que par un ensemble. Vous avez parfois des comportements amoureux de type adolescent où priment l'amour fraternel, la curiosité, le jeu, le flirt, le besoin de faire des découvertes et de vivre des expériences variées. Cela est parfois synonyme d'inconscience, de superficialité, d'instabilité et d'immaturité. Vous pouvez alors avoir des difficultés à vous vous attacher en profondeur et avoir tendance à trouver des excuses pour prendre la poudre d'escampette dès que la situation devient trop contraignante.

Vous avez plus de facilités pour les échanges verbaux que pour exprimer vos désirs et votre sensualité, pour témoigner de la tendresse ou pour accorder une grande importance aux rapports sexuels. Vous pouvez cependant être attiré par les jeux amoureux et les jeux de plaisirs.

Farouche adversaire de la solitude, vous vous plaisez dans les situations d'échanges, dans la diversité des contacts et dans les ambiances relationnelles fraternelles. Des rencontres importantes peuvent se faire pendant les études, lors de déplacements, grâce aux frères et sœurs ou lors d'échanges commerciaux. L'idée d'âme sœur est très présente chez vous et vous passez parfois toute votre vie à la rechercher.

Lorsque vous avez vécu vos expériences, que vous avez fait vos découvertes, que vous avez mûri(e) affectivement et que vous avez rencontré le ou la partenaire avec qui vous partagez une tendre complicité, vous savez être spontané, compréhensif, fraternel et intéressant, instaurer un dialogue, assurer dans la vie pratique, vous adapter à la vie à deux et créer une vie de couple pétillante, pleine de mouvement et de découvertes.

Vous pouvez avoir des goûts et des aptitudes pour la communication, l'écriture, le journalisme, l'automobile, la conduire de véhicules et les petits déplacements, l'enseignement, les contes, les langues et l'interprétariat, le commerce, la gestion du courrier ou des échanges commerciaux, pour faire le clown, pour les activités touchant aux jeunes et aux étudiant(e)s, aux jeux, aux jouets, au rire, au mouvement, à l'acrobatie, aux médias, au marketing, aux livres, aux supports de communication et pour toutes les activités de services. Votre image de la féminité est celle d'une femme pétillante, spontanée, printanière, jeune d'esprit, communicante, intelligente, amusante, mobile, adaptée au monde extérieur et fraternelle.

VENUS EN CANCER

Vous avez besoin, pour exprimer vos sentiments, pour ressentir du plaisir, pour être attiré et séduit, pour éprouver de la joie et du bonheur, de ressentir du bien être et de la tranquillité, d'être ému et touché, de communier émotionnellement, de vous sentir protégé dans une bulle et d'être rassuré, de rêver et de partager votre quotidien dans un cadre intime et douillet. Le monde de l'émotion, la musique, la nourriture, la création d'ambiances intimes, la famille, les enfants, la création d'un foyer sont pour vous une source de plaisir, de bonheur et des moyens pour exprimer vos sentiments. Vous êtes particulièrement sensible aux rythmes de l'autre et de la relation.

Votre tendance à l'inquiétude et votre imaginaire développé font que vous avez besoin, pour être séduit et pour aimer d'une ambiance intime, d'une complicité des âmes, de fusionner émotionnellement avec l'autre, de bien être et de sympathie, de vous sentir rassuré et protégé du monde extérieur à travers la création d'un univers familier, d'un partenaire qui vous fasse rêver et qui vous corresponde parce que sa sensibilité est proche de la vôtre, mais aussi émerveillé, surpris et étonné. Vous avez besoin de votre part de rêve, comme si la vie sentimentale était un conte de fée.

Vous mettez un certain temps avant de vous installer dans une relation intime mais lorsqu'elle est là, vous savez la faire vivre et la faire durer. Il est également important que votre partenaire s'intègre dans votre monde intime et dans votre cercle de relations ou dans votre clan, qu'il sache s'adapter à vos habitudes et à vos humeurs changeantes. Lorsque vous êtes attiré par une personne ou par quelque chose, vous êtes attiré par l'ensemble, par sa globalité, de façon plus ou moins consciente, et sans forcément pouvoir définir avec précision et clarté le détail qui vous a séduit.

Les goûts et les couleurs, ce qui vous attire, vous séduit ou vous déplaît ne dépend pas chez vous de la logique ni de la raison analytique mais de vos émotions, de votre sensibilité et parfois de vos souvenirs. Parce que vous êtes en accord avec vos propres sentiments, vous tendez à attirer dans votre vie des personnes qui vous correspondent, qui vous procurent un certain bien être et avec lesquelles vous avez la possibilité de partager votre vie quotidienne, de vous ressourcer et de vivre des moments de quiétude où vous pouvez vous laissez porter par la vie.

Lorsque vous avez su vous libérer de votre passé, de vos attaches familiales, de vos peurs et d'une éventuelle tendance à la dépendance émotionnelle et quand vous avez appris à gérer et à exprimer votre enfant intérieur pour créer votre bonheur, vous pouvez devenir un(e) partenaire attentionné(e) d'une douceur toute maternelle et être une personne chaleureuse, accueillante, dévouée, fidèle et protectrice, avec un coté romantique, romanesque et fleur bleue. Cela peut vous permettre de vivre une relation simple, fluide et profonde dans un bonheur simple, mais profond et serein, une relation fondée sur une intime communion des âmes. Vous concevez rarement l'amour sans enfants et sans vie commune.

Avec Vénus en Cancer, des rencontres importantes peuvent se faire dans des lieux publics, en musique, lors d'un repas ou un concert, à travers la famille, des enfants ou à travers un cercle d'intimes. Vous pouvez avoir des goûts et des aptitudes pour exprimer vos émotions et permettre aux autres d'exprimer les leurs, pour cuisiner et nourrir, dessiner, materner, protéger, imiter, loger, pour préserver la cohésion d'un groupe, pour ressourcer et vous ressourcer, vous détendre et détendre, pour raconter contes et histoires et pour avoir des contacts avec un public. Votre image de la féminité est celle d'une femme sensible et parfois fragile, douce mais pleine de vie, aimante, maternelle, intimiste, naturelle, aimant la vie, les enfants et la nourriture, qui prend soin d'elle et qui sait prendre soin d'autrui.

VENUS EN LION

Vous avez besoin, pour exprimer vos sentiments, pour ressentir du plaisir, pour être attiré et séduit, pour éprouver de la joie et du bonheur, d'écouter votre cœur, d'aimer et de vous sentir aimé, d'attention et de marques de reconnaissance, d'être en accord avec votre idéal et vos valeurs et d'exprimer votre créativité. Les sentiments et le cœur vont chez vous ensemble. Vous êtes séduit par ce qui est lumineux et par ce qui brille. Vous êtes un idéaliste passionnée aux aspirations élevées. Vous recherchez souvent le prince charmant ou la princesse qu'il faut secourir.

Vous avez besoin d'admirer votre partenaire et de trouvez en lui/elle de la classe, de la noblesse et de la loyauté. Il vous faut un être à votre hauteur et un conte de fée moderne plutôt qu'une histoire simple et banale. Vous faites preuve d'exigence et demandez tout autant que vous pouvez donner. Lorsque l'amour vous illumine et vous enflamme, vous êtes une personne particulièrement démonstrative, généreuse, paternaliste, rassurante, chevaleresque, sincère, loyale et fidèle. L'amour vous incite à exprimer la meilleure version de vous-même et à beaucoup donner.

Vous aimez les enfants et si vous en avez, vous savez très bien les éduquer et jouer votre rôle de parent. Votre principal défaut, en dehors de l'égoïsme, d'un orgueil mal placé et de la tendance à vouloir dominer l'autre, est de trop aimer et de rechercher un partenaire beau, riche et ayant une situation valorisante plutôt que quelqu'un de plus modeste mais avec qui vous pouvez avoir des affinités intérieures. Autrement dit, vous devriez éviter d'attacher trop d'importance à l'image et à la parure. Votre tendance à ne vivre que d'idéaux peut vous exposer à des déceptions face au coté plus terre à terre d'une relation amoureuse.

Vous savez faire preuve de maturité et d'un bon jugement dans vos choix affectifs mais aussi saisir les opportunités qui peuvent se présenter à vous. Vous savez en général clairement ce qui vous plaît ou vous déplaît, et faites de façon nette et précise la différence entre ce qui vous touche et ce qui vous laisse indifférent. Et il faut que ce qui vous plaît, vous attire et vous séduit (que se soit votre partenaire, vos relations ou ce que vous faites avec votre sens esthétique, social et financier) corresponde à votre idéal de vie ou à un idéal tout court, aux grandes lignes directrices que vous vous êtes fixées, à vos convictions, à vos valeurs et à l'image que vous avez de vous-même. Vous êtes donc sélectif et exigent dans ce qui attire votre attention. Vous êtes attiré par les personnes qui sont solaires, lumineuses, créatives, brillantes, qui ont de la classe, qui présentent bien et qui ont réussi.

Vous savez discipliner votre vie affective, maîtriser vos élans émotionnels mais aussi exprimer une large gamme de comportements affectifs. Cela vous confère des aptitudes pour faire du théâtre ou pour vivre une vie sentimentale théâtrale. Vous concevez difficilement l'amour sans passion, sans une élévation d'âme qui vous enflamme et vous rend plus noble. Lorsque vous aimez, vos sentiments sont chaleureux, enthousiastes, démonstratifs, sincères, fidèles et loyaux. Vous savez comprendre les attentes et les demandes de votre partenaire puis y répondre. Vous savez que la vie à deux implique certaines concessions et vous êtes prêt à les faire parce que vous voyez les avantages qui en découlent. Il peut être difficile de vous résister quand vous avez choisi l'élu de votre cœur.

Etant persuadé que tout est possible quand on a la volonté, vous mobilisez toutes vos énergies jusqu'à ce que votre objectif soit atteint, en confondant parfois plaire et éblouir. Votre fierté et votre sens de la dignité vous incitent néanmoins à vérifier la réciprocité de l'attraction avant de passer à la conquête. Vous avez également besoin, pour aimer ou pour être aimé, de respect, d'estime et de confiance. Vous êtes particulièrement sensible aux compliments sincères et aux blessures d'amour propre et n'avez de pire ennemi que l'indifférence, le rejet et la solitude.

Votre grandeur d'âme, votre générosité de cœur, votre fierté naturelle soucieuse de préserver son image et votre aspiration à vivre un amour hors du commun ne vont guère de pair avec la vulgarité, la médiocrité, la mesquinerie, les plaisirs faciles et les goûts de petite vertu. Cet aspect préserve le plus souvent de la corruption. Vous aimez néanmoins vivre votre sensualité sainement mais aussi intensément et passionnément, dans une jouissance corporelle qui grandit l'âme et renforce les liens avec l'autre. Vénus en Lion vous permet de vivre pleinement vos relations affectives, d'adopter des attitudes positives, de donner avec générosité, d'exprimer ce qu'il y a de meilleurs en vous et de concrétiser votre idéal. Parce que vos recherchez à réussir votre vie affective et que vous savez faire ce qu'il faut pour, c'est en général ce que vous obtenez.

L'ensemble de vos capacités peut vous permettre de créer un univers affectif complet, à la foi stable, évolutif et exaltant, ou chacun, tout en ayant sa dimension d'épanouissement personnel et sa part d'indépendance, peut contribuer à alimenter une vie de couple dont les effets servent de tremplin à l'évolution spirituelle. Vous êtes prédisposé dans la majorité des cas à une union heureuse, à un mariage réussi, parfois brillant et qui sert souvent de modèle à d'autres. Votre mariage peut parfois être spectaculaire. Votre rayonnement et votre autorité naturelle vous permettent de créer, de préserver ou de rétablir l'harmonie dans vos relations mais aussi de rassurer l'autre.

Vous pouvez avoir des goûts et des aptitudes pour éclairer, diriger, manager, coacher, présider, encadrer, organiser, éduquer, maîtriser, réussir, vous faire remarquer, être en position centrale, pour briller, être connu, reconnu et mis en valeur, pour reconnaître la valeur des êtres et des choses, pour être indépendant(e) et autonome, pour exprimer des talents artistiques, pour créer des objets, pour faire preuve de clarté, de puissance et de rayonnement, pour être un modèle, pour maquiller, pour faire du spectacle ou pour être une source de vie, d'énergie de chaleur. Votre image de la féminité est celle d'une femme belle, solaire, digne, généreuse, puissante, rayonnante d'amour, créatrice, bref d'une reine ou d'une star.

VENUS EN VIERGE

Vous avez besoin, pour exprimer vos sentiments, pour ressentir du plaisir, pour être attiré et séduit, pour éprouver de la joie et du bonheur, d'être sécurisé et dans de bonnes conditions d'hygiène, de comprendre et de communiquer, d'apprendre, d'une certaine pureté et de vous amuser. Dans vos relations sentimentales et sociales, vous êtes réaliste et pragmatique. Vous tendez à soumettre vos sentiments, vos relations et votre partenaire au philtre de la raison, de l'analyse et de la critique. Vous avez souvent des critères de sélection précis et très personnels auxquels sont subordonnés vos désirs. Vous réfléchissez avant de vous engager et comme les autres signes de Terre, vous avez besoin de temps, de sécurité et d'être rassuré. Vous n'exprimez pas facilement vos émotions et votre sensibilité qui peuvent être inhibées par votre raison.

Des principes moraux vous rendent parfois pudique. Les passions tumultueuses, les aventures passagères et les emballements affectifs ne vous conviennent donc en général pas. Vous aimez discrètement, calmement, profondément, fidèlement, et souvent avec une certaine pureté. Vous avez besoin de communication dans la vie de couple et l'un de vos atouts est la capacité d'instaurer un véritable dialogue dans la relation. Votre sens pratique, votre capacité à gérer les affaires matérielles, à vous intéresser à des domaines très variés, à faire des concessions et votre sens du service et du dévouement peuvent vous permettre de construire une relation stable et de vivre un bonheur tranquille.

Vous cherchez parfois à baser votre relation amoureuse sur une entente intellectuelle ou morale, sur des valeurs de développement personnel, ou à vous orienter vers un mariage de raison où chacun y trouve son intérêt. Entre la Vierge sage et la Vierge folle, l'on retrouve des comportements qui vont du refoulement affectif, en passant par le bonheur simple et serein, jusqu'au libertinage dépourvu de scrupules. Vos lacunes éventuelles peuvent provenir d'une tendance à trop réfléchir, d'une difficulté à vous laisser allez, d'un manque de chaleur, de tendresse et de démonstrativité, d'un coté maniaque, d'une tendance à voir l'autre en fonction de vos propres limites ou de vos critères de sélections personnels et d'une tendance à vouloir ranger votre vie affective et votre partenaire dans un des petits tiroirs d'une vie réglée comme une horloge. Vous pouvez séduire par votre sens du service, par votre facilité à communiquer, par votre faculté d'adaptation aux besoins et attentes de l'autre, par votre sens de l'humour, par votre intelligence technique et votre sens stratégique et par votre aptitude à gérer efficacement les obligations de la vie quotidienne.

La présence de dialogue et de communication dans votre vie de couple contribue à votre épanouissement affectif.

Vous pouvez avoir des goûts et des aptitudes pour utiliser des outils et des techniques permettant de vous adapter au monde matériel, pour tout ce qui demande minutie et précision, pour gérer des activités de sécurité, pour servir, pour limiter, pour contrôler, prévoir, organiser et administrer, compter, comptabiliser, réglementer, analyser, trier, assembler, classer, discipliner, mesurer, collectionner, rendre service, soigner et gérer tout ce qui concerne le bien-être, l'hygiène et la santé, faire du commerce et pour fabriquer des objets avec vos mains. Vous aimez souvent les plantes et les animaux. Votre image de la féminité est celle d'une femme intelligente et pétillante, ayant le sens du service, pratique et pragmatique, travailleuse, discrète, prudente, réservée, fidèle et bien adaptée à la réalité matérielle.

VENUS EN BALANCE

Pour exprimer vos sentiments, pour ressentir du plaisir et de la joie, pour être attiré et séduit et pour éprouver du bonheur, vous avez besoin d'équilibre et d'harmonie, de couleurs et de beauté, de communication et de compréhension psychologique, d'ordre et de vérité et de vie sociale. Sensibilité artistique, amoureuse et esthétique ne font qu'un chez vous. Vous êtes particulièrement sensible à la beauté des êtres et des choses mais aussi à l'ordre naturel qui structure la vie. Vous savez faire preuve d'une grande intelligence relationnelle qui vous permet de vous adapter à la civilisation.

Vénus est naturellement en harmonie avec le signe de la Balance et vous confère un tempérament sentimental qui vous incite très tôt à rechercher la compagnie du pôle complémentaire et à partager votre vie avec la personne de votre choix. Elle vous permet de plaire, de séduire votre entourage et vous rend très sensible aux charmes du sexe opposé. C'est bien souvent à travers la coopération, l'union, les associations, les relations sociales et le sentiment de participer à la civilisation que vous trouverez le bonheur.

Dans les relations, vous avez besoin de communication, d'échanges, de tendresse, de romantisme, de douceur, de justice et d'harmonie. Vous avez horreur de la violence, de la brutalité, des conflits, de la vulgarité. Vous aimez choisir à deux et avez besoin de faire les choses ensemble.

Vous savez faire les efforts nécessaires pour combler votre partenaire et prenez plaisir à faire plaisir. Vous courrez cependant quelquefois le risque de vous lier avec une personne qui ne vous convient pas parce que vous n'avez pas su dire non, de perdre votre identité par une identification excessive à l'autre et de préférer un partenaire beau, riche et ayant une bonne situation à quelqu'un de moins avantagé extérieurement mais plus riche intérieurement.

Comme ce sont parfois les autres qui conditionnent vos comportements, dictent vos goûts et vos désirs, vous pouvez avoir tendance à leur attribuer la responsabilité de votre bonheur ou de votre malheur et cela peut vous prédisposer à vivre dans des situations de dépendance vis à vis des autres, vis à vis du monde où vous vivez, ou vis à vis du climat affectif dans lequel vous baignez. Cela peut vous conférer une certaine fragilité ou vous rendre très influençable. Vous devez donc apprendre, tout en étant en relation avec autrui, à prendre soin de vous-même en fonction de vos besoins, désirs et plaisirs à vous.

Certaines personnes ayant Vénus en Balance peuvent avoir des difficultés à s'engager dans une relation et peuvent être beaucoup plus douées pour parler d'amour que pour le vivre concrètement. Elles ont tendance à être en mode « tango », faisant un pas en avant et deux pas en arrière. Vous pouvez avoir des facilités pour vous ménager sans cesse des portes de sorties, en vous servent d'une vie relationnelle riche et variée, ou d'autre chose, comme votre travail ou vos loisirs, pour éviter tout attachement exclusif. Parfois, une tendance à vivre dans un compromis entre deux personnes peut vous rendre malheureux et aigri.

Heureusement, vous avez un sens de ce qui est juste. Vous êtes capable de céder longtemps mais vous passez très vite du « oui » au « non» et savez tranchez de façon ferme et avec détermination quand votre partenaire en fait trop, quand la limite de l'équilibre est atteinte ou quand vous avez le sentiment que ce qui se passe n'est pas juste. Vous êtes capable de faire preuve d'une souplesse de comportement qui tempère les éventuels accidents de parcours que vous savez relativiser.

Grâce à votre charme, à votre gentillesse, à votre bonté, à votre délicatesse, à votre capacité naturelle à dépasser votre ego pour vous adapter à l'autre, à votre aptitude à vous dévouer au bonheur conjugal et à faire des concessions, vous êtes un(e) partenaire adorable. Vous avez parfois un côté romantique et fleur bleue. Vous avez besoin, pour exprimer vos sentiments, d'un cadre agréable, d'un climat de tendresse et d'harmonie, de vous sentir aimé et d'exister à travers le regard de l'autre. La relation est pour vous synonyme d'équilibre, de complicité, de détente, de soutien moral et de partage des loisirs.

Vous pouvez avoir des goûts, des aptitudes et des talents naturels pour accueillir et recevoir, créer des liens, faire se rencontrer des personnes pour que la relation apporte un plus à chacun, pour concilier, décorer, harmoniser, équilibrer, embellir, maquiller, pour les activités juridiques, pour les activités de loisirs, pour la danse, l'art, la photo, la mode, la parfumerie, la décoration, pour utiliser votre sens artistique et esthétique, pour tout ce qui permet de rendre la vie plus agréable et pour tout ce qui permet à la civilisation d'exister. Votre image de la féminité est celle d'une femme fine, gracieuse, agréable, douce, conciliante, équilibrée et dotée d'une intelligence relationnelle.

VENUS EN SCORPION

La tradition astrologique révèle que Vénus en Scorpion n'est initialement pas très l'aise dans ce signe car les besoins de Vénus et ceux du Scorpion sont totalement opposés. Un travail sur soi est donc souvent nécessaire pour sortir d'un état de misère et pour aller vers un état de joie spirituelle, de communion avec la vie, de maîtrise du monde de la matière et d'abondance. Vos sentiments, vos goûts, vos préférences et vos désirs s'expriment en fonction d'une logique qui vous est propre, une logique qui est au-delà des explications, des modèles, des conventions, des influences extérieures ou de l'éducation.

Parce qu'ils sont influencés par vos instincts primitifs, par des pulsions inconscientes souterraines plus ou moins agressives, par un besoin de combat, par un besoin d'initiation, et parce qu'ils correspondent à vos exigences les plus personnelles, ils tendent à être intenses, passionnels, exigeants, exclusifs, authentiques et parfois excessifs et violents. Aussi pouvez-vous avoir du mal à aimer en deçà d'un certain seuil d'intensité, de passion, de suspens, de mystère ou de subtilité.

Vos préférences et vos désirs prennent facilement la forme d'une nécessité impérieuse, de pulsions qui doivent être satisfaites et d'ordres auxquels les autres doivent se plier. Vous savez vous battre avec acharnement et obstination pour réaliser vos désirs et pour satisfaire vos préférences. Cela peut vous conférer de grandes aptitudes réalisatrices et une capacité à forcer les événements en votre faveur.

Pour exprimer vos sentiments, pour ressentir du plaisir et de la joie, pour être attiré et séduit et pour éprouver du bonheur, vous avez initialement besoin d'explorer vos zones d'ombre, de vous purifier, d'évacuer en vous ce qui n'a plus lieu d'être, de gérer des crises et des difficultés ou d'être vous-même en crise. Vous avez aussi besoin d'une certaine tension intérieure, d'exprimer vos pulsions, de passion et de combat, de vérité et d'authenticité, de transformation et d'initiation.

Vous pouvez initialement avoir besoin de conquérir l'autre et de le dominer en exerçant une sorte d'emprise psychique sur lui, ou de vous mettre dans des situations où l'autre exerce une emprise psychique sur vous. Cela produit alors des rapports pimentés ou la joie peut aller de pair avec la colère et les plaisirs avec les blessures. L'épanouissement sexuel est pour vous essentiel. Vos besoins sexuels sont puissants et de votre équilibre psychologique dépendra souvent la façon dont vous exprimez votre sexualité. Votre vie est parfois centrée sur la sexualité, sur votre forte sensualité et sur une puissante fécondité.

Si votre besoin de guérir de vos blessures et d'évacuer la douleur n'est pas judicieusement canalisé, vous avez alors parfois besoin de faire mal ou d'avoir mal dans vos relations et pouvez apporter à l'autre aussi bien le meilleur que le pire. Vous pouvez parfois tomber dans la perversité et ravager la personnalité de l'autre, provoquer des crises et du désespoir, et jouer un rôle destructeur qui vous retombe automatiquement dessus et entretenir des liens toxiques. Vous devez éviter d'être tout le temps en rapports de force avec l'autre, d'abusez de votre pouvoir personnel, de projeter à l'autre ses défauts à la conscience, de le culpabiliser, d'avoir systématiquement recours au chantage affectif, de confondre amour et sexualité et de vous autodétruire à travers des relations sadomasochistes ou des pratiques sexuelles violentes et malsaines si vous voulez éviter de vivre dans la tourmente et l'angoisse. Vous devez aussi éviter une tendance systématique à dramatiser et à voir tout le temps les choses en noir. Vous devez enfin éviter de nourrir des relations toxiques avec des personnes décédées qui se collent à vous en tant qu'entités. Vous devez alors continuer de vous transformer pour accéder au véritable plaisir et à un bonheur durable.

Vénus en Scorpion est synonyme d'un certain magnétisme, d'une forte sensualité et d'un puissant pouvoir de séduction qui ne s'exprime pas toujours consciemment. Parfois, les événements, ou certains de vos comportements affectifs, vous dépassent. C'est plus fort que vous. Vous pouvez alors avoir du mal à résister à certains de vos désirs ou à ceux d'autrui ou à certaines sollicitations, entre autres celles qui sont d'ordre sexuelles. Dans la mesure où vous avez besoin d'une certaine tension dans votre vie affective, vous ne vous sentez vivre que dans des relations intenses et passionnées, où règne une totale communion du corps et de l'esprit, mais quelques fois aussi ou l'un domine l'autre, tire les ficelles, impose ses choix, use de son pouvoir et manipule en transformant ou en adaptant l'autre à sa propre personnalité.

Lorsque vous vous sentez attiré par quelqu'un ou par quelque chose, lorsque vous aimez ou êtes aimé, vous avez la tendance et le besoin d'être comme fasciné, possédé, envoûté ou à l'inverse de fasciner, de posséder et de tenir l'autre à votre merci.

Vous pouvez avoir une forte emprise émotionnelle sur ceux que vous aimez et le pouvoir que vous donnez à ceux qui vous aiment font que ces personnes peuvent aussi avoir une forte emprise sur vous. Vous avez parfois la curieuse tendance à rejeter l'autre lorsque vous l'aimez et à l'aimer lorsque vous le rejetez ou lorsqu'il qu'il vous rejette. Vous pouvez avoir tendance à associer tendresse et sexualité au point d'aimer l'autre, ou de vous attacher, que si les rapports sexuels sont satisfaisants.

Lorsque vous n'arrivez plus à inspirer la passion ou à être épanoui sexuellement, lorsque vous ne parvenez plus à entretenir une certaine tension ou un certain suspens, lorsque l'autre est trop gentil, que la relation est trop calme, qu'elle n'évolue pas qu'elle et manque de piment, vous faites parfois en sorte de provoquer une crise et faîtes remonter la pression afin de transformer la situation, ou vous allez voir ailleurs, sans complaisance. Vénus en Scorpion pose le défi d'apprendre à aimer de façon vraie et authentique, avec l'esprit, l'âme et le corps. Quand vous arrivez à vous maîtriser et à canaliser vos pulsions, à bien saisir le sens de chaque relation qu'il y a dans votre vie, à être pleinement conscient de votre pouvoir de séduction et à être clair dans vos relations, votre intuition, votre flair ou votre instinct peuvent vous guider vers des relations riches, intenses et passionnantes, vers des relations qui vous grandissent, vous élèvent, vous transforment, vous font renaître et vous ouvrent les portes de l'initiation.

Parce que votre vie affective doit correspondre à votre réalité profonde, vous avez besoin d'une relation authentique et remplie de vérité. On ne triche pas avec vous. Et votre engagement dans la relation est total dès lors que vous avez testé l'autre et que votre scepticisme naturel est surmonté. Comme vous avez facilement peur d'être rejeté ou trahi, vous avez besoin d'être constamment rassuré à ce sujet.

Lorsque vous avez dépassé votre côté obscur, vous pouvez alors vivre une relation amoureuse intense et authentique qui vous purifie, vous élève et vous transforme. L'amour devient alors un parcours initiatique qui vous exalte vers la réalisation de soi. Dans un sens positif, vos facultés psychiques peuvent vous permettre de porter l'autre vers la réussite, de servir de bouclier ou de chien de garde à son âme, de l'aider à triompher des obstacles et des rivalités et d'être la source qui alimente son succès et son chemin initiatique.

De certaines de vos rencontres peuvent naître des liens authentiques qui vous unissent à autrui pour l'éternité. Votre vie affective peut être vécue comme une véritable initiation spirituelle.

Elle se transforme perpétuellement et vous transforme, pour vous emmener vers ce dont au fond vous avez besoin, c'est à dire une vie nouvelle conforme à ce que vous êtes éternellement. Et parce que vous avez du caractère, avec vous, on ne s'ennuie pas. Vous pouvez avoir tendance à attirer ou à être attiré par des personnes ayant de fortes personnalités, par des personnes qui grâce à leur lucidité et leur magnétisme peuvent vous ouvrir les yeux, vous apporter des révélations, vous transformer, jouer un rôle initiatique dans votre vie, vous apporter une protection invisible non dévoilée mais redoutablement efficace, par des personnes mystérieuses, secrètes, subtiles, intenses, authentiques ou par des personnes qui assurent au lit!

Vous êtes quelquefois attiré(e) par des personnes en crise ou qui ont des problèmes, qui n'ont plus beaucoup de temps à vivre parce qu'inconsciemment vous cherchez à prendre conscience qu'il existe une vie dans l'au-delà après la mort du corps physique, ou encore par des exclus, des marginaux, des militaires, des gendarmes ou par des personnes qui incarnent une forme de pouvoir. Vous pouvez être particulièrement lucide dans le domaine des sentiments et du relationnel. Vous savez alors voir derrière les apparences, déceler les besoins, intentions et goûts non exprimés de l'autre. Vous êtes particulièrement sensible aux rapports de force présents dans toute relation. Vous savez disséquer l'autre en perçant ses cuirasses et en faisant ressortir ses points faibles, voir ce qui ne va pas dans la relation en dramatisant parfois et tirer des conclusions à partir du moindre indice ou d'indices imperceptibles pour autrui.

Vous pouvez ainsi purifier vos différentes relations afin de les rendre plus authentiques. Vous êtes parfois plus sensible à ce que l'autre dissimule qu'à ce qu'il révèle et si un détail subtil peut vous séduire, un rien peut aussi tout faire s'écrouler, d'où le fait que vous pouvez donner l'apparence d'une personne compliquée, tortueuse en matière de sentiments, de relations, de goûts et de préférences.

Vous aimez partager les secrets de votre partenaire, savoir un maximum de choses sur vos différentes relations quitte à faire quelques investigations, mais vous avez en revanche souvent besoin de garder vos sentiments, votre vie de couple et votre bonheur secret, et de les défendre farouchement contre tout élément extérieur susceptible de les perturber. Si vous pouvez être particulièrement fidèle envers ceux que vous aimez lorsque vos exigences sont satisfaites, quitte parfois à les défendre jusqu'à la mort, vous pouvez être particulièrement venimeux envers vos ennemis et particulièrement efficace pour servir de bouclier psychique à votre partenaire par la protection que vous lui apportez.

Vous pouvez avoir des goûts, des aptitudes et des talents naturels pour transformer, régénérer, de percer les secrets de la vie et de la mort, diagnostiquer, surveiller, garder, sécuriser et gérer les affaires de sécurité et d'assurance, utiliser des dons occultes ou des facultés psychiques, évacuer, pour gérer les crises et les conflits et pour vous occuper de difficultés ou de personnes en difficultés. Votre image de la féminité est celle d'une femme authentique, ayant du caractère et de la puissance, passionnée, combative, mystérieuse, secrète, fascinante, envoûtante, dotée d'un fort magnétisme sexuel et détentrice du pouvoir d'initier aux mystères de la vie et de l'au-delà.

VENUS EN SAGITTAIRE

Vous avez besoin, pour exprimer vos sentiments, pour ressentir du plaisir, pour être attiré et séduit, pour éprouver de la joie et du bonheur, d'espace vital et d'expansion, d'aventures et de voyages, de sorties et de rencontres, d'être en confiance et de vous sentir épanoui(e). Les sentiments, le plaisir et les désirs sont toujours une forme de découverte, d'exploration, un voyage, une aventure ou un enseignement. Vos atouts se trouvent dans votre capacité à rassurer, à assurer financièrement, à engendrer la confiance, à entraîner l'autre dans une existence riche en événements extérieurs et à lui apporter une certaine joie de vivre. Vous exprimez le meilleur de vous-même à travers la générosité et en vivant une vie de couple fondée sur des valeurs spirituelles. Vous êtes souvent attiré par des êtres ayant une certaine culture, un bon niveau social, des origines étrangères ou un goût prononcé pour les fêtes et les sorties, le voyage et l'aventure.

Vous avez tendance à voir le bon coté des événements et des gens, à faire preuve de tolérance et de compréhension envers autrui, à susciter la sympathie de votre entourage par votre capacité à extérioriser vos sentiments, par votre gentillesse, votre bienveillance, votre bonté, votre gaîté, votre sociabilité et votre facilité à partager. Vous savez prendre comme ils sont et vous adapter au caractère de chacun. Il se dégage de vous un charme certain et une joie de vivre qui vous rend d'une compagnie agréable. Vous savez comprendre les attentes et demandes de votre partenaire puis y répondre tandis que votre sensualité est vécue joyeusement mais sainement, en respectant les codes de bonne conduite. Vous savez que la vie à deux implique certaines concessions et vous êtes prêt à les faire parce que vous voyez les avantages qui en découlent.

Lorsque votre affectivité s'exprime sous son aspect voyageur et aventurier, vos sentiments peuvent alors être fougueux, enthousiastes, démonstratifs, chaleureux et passionnés. Ils ont besoin d'espace et de liberté, de découvrir de nouveaux horizons, de vie, d'action et de relations, d'une certaine envergure et d'aventure pour s'épanouir. Tel un cheval sauvage, vous vous laissez difficilement enfermer dans une relation qui limite votre liberté d'esprit et de mouvement. Vous êtes parfois attiré(e) vers une union où chacun à une certaine indépendance, vers les aventures ou dans un sens moins positif vers la satisfaction de vos besoins instinctifs à travers toutes les formes de plaisirs. Vous avez alors parfois tendance à collectionner les conquêtes et les aventures sentimentales.

Les voyages ont le plus souvent un effet bénéfique sur votre vie de couple. Vous êtes attiré par les aventures qui vous élèvent et par les passions idéalisées, nobles et chevaleresques. Comme les autres signes de Feu, vous êtes sensible aux symboles, vous croyez aux princes, aux princesses et aux contes de fées. Vos sentiments sont démonstratifs, fougueux, enthousiastes, généreux et parfois paternalistes et autoritaires. Vous êtes prédisposé aux emballements et aux coups de foudre.

Jupiter, le maître du signe du Sagittaire, peut aussi induire des rencontres sentimentales sur votre lieu de travail ou dans le cadre de celui ci, à l'étranger, en voyage ou en déplacement, en vacances, lors d'une fête, d'une grande réunion, d'une conférence, d'un salon, d'un stage, d'activités culturelles, religieuses ou spirituelles. Vous pouvez être attiré par certains étrangers et par l'exotisme.

Lorsque votre affectivité s'exprime sous son aspect conformiste, vos sentiments, goûts et désirs tendent à être influencés, gérés et pris en main par des normes sociales, par un idéal culturel ou par des aspirations spirituelles, religieuses ou philosophiques. Vous avez alors le besoin et la capacité de donner un sens ou une utilité à vos goûts, à vos désirs, à vos sentiments et à vos relations, et vous savez les canaliser et les orienter d'une façon constructive vers des objectifs utiles.
De même vous savez vous rendre utile envers ceux qui vous sont cher et exprimer votre affectivité envers ceux qui vous sont utile.

Votre désir d'union est alors souvent associé à un besoin de confort matériel, d'intégration et de reconnaissance sociale ou à un besoin d'élargissement de vos horizons à travers une ouverture culturelle, philosophique, religieuse ou spirituelle.

Si vous faites preuve d'un certain conformisme sentimental, en cherchant, à adapter votre vie affective au contexte socioculturel qui vous entoure, vous avez une tendance naturelle à rechercher le mariage légal et officiel, et à attirer dans votre vie des personnes ayant ce même désir. Vos désirs, vos goûts et vos sentiments sont également en accord avec votre jugement, avec vos aspirations spirituelles et avec votre bon sens, ce qui vous permet d'être raisonnable, de vous satisfaire et d'exploiter de ce que la vie vous offre et de ne pas demander l'impossible.

Lorsqu'il s'agit de plaire, de séduire, de vous enrichir, de créer une vie de couple ou d'établir des relations, vous êtes naturellement capable d'avoir un bon jugement, de convaincre, de faire preuve d'une autorité rassurante et de confiance en vous, et de mettre en œuvre les moyens nécessaires pour atteindre vos objectifs. Vos difficultés en amour peuvent provenir d'une tendance aux excès, d'un conformisme ou d'un besoin de liberté excessif, d'une tendance à faire des promesses que vous ne tenez jamais et d'une tendance à accorder de la valeur aux gens en fonction de leur situation professionnelle ou sociale. Vous pouvez apprécier chez votre partenaire sa capacité à vous apporter un soutien moral et de bons conseils, à vous protéger et à vous rassurer, à introduire dans votre relation vie et aventure, culture, voyage, ouverture d'esprit, à alimenter les finances du couple et à vous combler coté affectif et sensoriel.

Votre partenaire peut ainsi contribuer à élargir vos horizons culturels, géographiques ou spirituels, vous faire découvrir le monde et faciliter par ses conseils, ses relations, son soutien moral et sa protection votre insertion professionnelle. Vous pouvez avoir des goûts, des aptitudes et des talents nature légaliser, légiférer, représenter, organiser, administrer, pour vous insérer socialement et aider d'autres à le faire, pour vous cultiver, voyager, éduquer, philosopher, coordonner, pour découvrir le monde, pour organiser des transports ou expéditions, avoir des liens avec l'étranger, négocier et faire des affaires. Votre image de la féminité est celle d'une femme généreuse, sociable, bonne vivante, conventionnelle ou aventurière, voyageuse, ouverte d'esprit et ouverte au monde, mondaine, cultivée et bien insérée socialement.

VENUS EN CAPRICORNE

Vous avez besoin, pour exprimer vos sentiments, pour ressentir du plaisir, pour être attiré et séduit, pour éprouver de la joie et du bonheur, de saisir les structures de la situation, de contrôler la situation, de profondeur et de vérité, d'ordre et d'organisation, de projets à long terme et de temps, de fidélité et de durée, de sécurité et de sérénité et d'être en accord avec votre vérité profonde et avec vos valeurs morales.

Vous considérez le couple, la vie relationnelle et vos finances avec sérieux et gravité. Vous avez le besoin et la capacité de construire une union ayant des fondements solides, une relation durable et de qualité basée sur le respect mutuel, sur la vertu morale et sur des relations sociales de qualité. Et surtout vous avez besoin de temps. Vous avez besoin d'avoir confiance en l'autre et de vous sentir en sécurité pour aimer.

Vous avez spontanément tendance à discipliner, à contrôler, à maîtriser mais parfois aussi à refouler votre sensibilité, vos désirs charnels ou vos sentiments. Vous avez une tendance naturelle à résister aux sollicitations affectives et sensorielles en élaborant un système de défense fait de principes moraux, de règles, de théories, de revendications, d'exigences et parfois de jugements. Cela débouche alors parfois sur de longues périodes de solitudes mais cela vous permet aussi d'être sélectif (ve) dans vos choix affectifs et de vous protéger vis à vis de tout ce qui ne vous parait pas sain. Si vous n'êtes pas un fanatique des relations charnelles, une sexualité vécue sainement peut néanmoins contribuer à renforcer votre relation et à créer ce qu'au fond vous recherchez, l'union profonde des corps et des âmes dans le cadre d'une relation durable.

Vous avez parfois besoin de perfection ou d'absolu pour aimer, soit en ce qui vous concerne, soit en ce qui concerne l'autre, soit par rapport à la relation. Vous ne tombez donc pas facilement amoureux et tendez à être exigeant. Parce que vous avez besoin de vérité, de profondeur et de sérénité intérieure, vous tendez à rejeter les relations superficielles, les flirts, les aventures passagères, les compromis hasardeux et les sollicitations sensuelles pour rechercher des relations authentiques, calmes, sereines et durables. Vous ne supportez pas que l'on vous manque de respect ou que l'on vous manipule.

Vos sentiments, vos élans affectifs et relationnels sont secondaires dans le sens où ils s'élaborent lentement et mettent un certain temps à parvenir jusqu'à votre conscience, à s'exprimer et à s'installer dans votre vie. Vous avez le besoin et la capacité à prendre votre temps pour choisir un partenaire et pour vous investir dans une relation, car pour vous l'amour se construit, dans le temps, dans le respect, dans la confiance et dans l'engagement mutuel. Vous pouvez avoir tendance à envisager votre vie affective comme un perpétuel chantier, comme un cheminement où domine une part d'inconnu, comme une source d'évolution, comme une cathédrale en construction ou comme une vaste école de formation.

Dans la vie quotidienne, vous ne cherchez pas toujours à séduire, soit parce que vous doutez de votre valeur ou de vos moyens de séduction tant que vous ne les avez pas trouvés, soit parce que vous voulez plaire tel que vous êtes, par votre coté naturel et dépourvu d'artifice, et par la beauté intérieure que vous avez plutôt que par votre aspect extérieur ou soit encore parce que vous avez peur de l'amour, de l'attachement et surtout de l'abandon. Vous avez parfois tendance à intérioriser et à dissimuler vos sentiments qui ne transparaissent pas. Vous pouvez avoir des accès de silence ou d'apparente indifférence et préférer l'échange en profondeur basé sur la certitude émotionnelle et sur la vérité du regard plutôt que sur les grands discours ou le parler pour ne rien dire. Cela peut vous conférer une apparente froideur.

Lorsque vous arrivez à lâcher prise, à abaisser vos défenses et lorsque vous aimez, vous vous attachez, êtes fidèle et aimez en ayant une passion profonde et tranquille, dans la simplicité, avec pureté, profondeur et vérité. Votre charme discret et votre peu de démonstrativité cachent un amour profond. Vous pouvez être alors capable d'assumer les responsabilités qu'impliquent toute relation amoureuse, de construire un couple authentique vivant dans un bonheur profond et durable, un couple qui peut être le pilier ou le champ d'expérience nécessaire à votre évolution et à votre sécurité. Et votre épanouissement affectif peut être favorisé par votre honnêteté, votre intégrité, votre patience, votre bonne volonté, votre capacité à donner un sens profond à vos relations, par votre carrière et vos ambitions, par votre capacité à tirer des leçons des événements et par votre sagesse.

Vous pouvez avoir des facilités pour concrétiser vos désirs, pour gérer l'argent (et la matière en général) et de puissantes capacités de réalisation matérielles. Votre aptitude à gagner de l'argent et à bien le gérer peut alimenter votre sentiment de sécurité. Au niveau relationnel, Vénus en Capricorne vous permet, grâce aux autres, à vos relations ou à votre vie de couple, de vous construire, de mûrir et d'évoluer spirituellement. Vous avez ainsi la possibilité de connaître, d'appliquer et d'incarner les lois éternelles ou les traditions concernant la vie de couple puis d'acquérir une sérénité et une certaine sagesse sentimentale vous permettant d'accéder à la liberté intérieure. Vénus en Capricorne peut vous conférer un coté traditionnel, classique et conservateur ainsi qu'un besoin ou un sens profond de l'ordre et de la justice.

Vous vous montrez exigeant(e), difficile à satisfaire, et peu démonstratif. Les imprévus peuvent perturber votre organisation et vous avez besoin d'être préparé psychologiquement face à une situation inattendue. Vous avez parfois peur d'aimer, ou d'être mal aimé, d'être rejeté(e) ou abandonné(e).

La peur de la rupture vous incite à ne pas vous attacher tandis qu'un égoïsme primaire et un besoin obsessionnel de tout contrôler peut vous empêcher de vivre avec l'autre. Votre sens critique, votre côté moraliste, votre tendance à juger les autres ou à vouloir les changer peuvent vous plomber et ne sont pas supportés par tous. Vous devez apprendre à croire au bonheur, à libérer vos émotions et l'enfant qui se cache en vous, à aller vers les autres et à accepter d'accueillir de l'autre. Il vous faut en général un certain temps avant de vous libérer des blocages qui vous barrent la route. Vous tombez difficilement amoureux, vous liez difficilement à autrui et mettez un certain temps avant de vous installer dans une relation. Il vous faut une confiance solide, du sérieux, des garanties en béton et la sécurité. Vous ne supportez pas qu'on vous manipule ou qu'on vous manque de respect et avez besoin de vos moments de calme et de solitude.

Vous vous mariez parfois pour la sécurité, pour qu'il y ait un ordre dans votre vie ou pour alimenter une certaine image sociale. Parce que vous avez besoin de construire et de part votre coté moraliste, les aventures passagères ne vous conviennent pas. Votre signe compte parmi le plus grand nombre de célibataire ou d'engagements tardifs, c'est à dire à partir de la trentaine. Quand vous arrivez à lâcher prise, à vous laisser aller, à accepter de recevoir et de partager, à abaisser vos défenses, à exprimer vos sentiments, vos émotions et vos instincts, et à aimer, c'est cependant pour la vie. Vous êtes profond, fidèle et sincère. Vous séduisez par votre sagesse, votre maturité, votre profondeur, votre coté sérieux et sécurisant, votre ambition, votre honnêteté, votre intégrité et par votre capacité à assumer les responsabilités qu'impliquent la vie à deux.

Lorsque vous avez trouvé la personne qui vous convient, vous avez tendance à aimer en silence, avec une passion profonde et tranquille, et dans la mesure où vous attachez à l'autre, il est important pour vous de faire le bon choix car s'il y a rupture, vous mettez beaucoup de temps avant de vous en remettre. Comme dans votre travail, vous avez un sens aigu de vos devoirs conjugaux et de vos responsabilités familiales. Vous avez besoin d'une totale confiance en l'autre pour aimer et savez apporter sécurité, stabilité et paix de l'âme à une union. Vos comportements tendent à être assez classiques et si vous vous mariez, vous tendez à le faire en respectant les traditions. Vous pouvez avoir des goûts, des aptitudes et des talents naturels pour structurer, bâtir, construire, gérer, organiser, contrôler, analyser, prohiber, fixer des limites, administrer, réfléchir, faire des recherches, gérer le temps et tenir compte du temps, travailler la terre ou la pierre, pour prendre soin de personnes âgées, pour créer des formes ou des objets et pour apporter sagesse et vérité. Votre image de la féminité est celle d'une femme sécurisante, profonde, organisée, calme, responsable, respectueuse, mûre et sage.

VENUS EN VERSEAU

Vous avez besoin, pour exprimer vos sentiments, pour ressentir du plaisir, pour être attiré et séduit, pour éprouver de la joie et du bonheur, d'espace et de liberté, d'autonomie et d'indépendance, d'imprévus et de surprises, d'être en accord avec votre idéologie et vos valeurs humaines, d'amitié et de partage d'idées, d'expérimenter des activités en groupe ou en réseau, de technologie, de faire des projets, de progresser et de vous libérer de tout ce qui vous entrave.

Vos sentiments s'expriment beaucoup plus facilement à travers une forme d'amitié amoureuse, à travers des causes impersonnelles ou à travers des entreprises collectives dont puissent profiter l'ensemble de l'humanité que vis à vis d'une seule personne, qu'à travers des émotions individuelles ou qu'à travers des attachements exclusifs. Vous donnez plus facilement le meilleur de vous-même à vos amis, à une association, à un projet ou à une entreprise collective.

Vous ressentez initialement des difficultés à vous engager à long terme et à vous attacher à une seule personne parce qu'au fond vous aimez toute l'humanité. Si Vénus en Verseau vous permet et vous demande d'éprouver des sentiments universels envers toute l'humanité, il ne vous demande pas moins de vous investir dans une relation amoureuse exclusive qui intègre les lois universelles afin de parvenir à exprimer en vous de façon équilibrée à la fois votre pôle masculin et votre pôle féminin. Vous êtes également prédisposé à considérer l'argent comme un moyen plutôt que comme une fin et avez parfois initialement tendance à négliger le coté matériel de l'existence jusqu'à ce que vous preniez conscience du rôle de la matière dans l'évolution spirituelle.

Sans doute voyez vous la vie à deux comme synonyme de compagnonnage, d'amitié, d'échanges intellectuels, idéologiques, psychologiques ou spirituels, voire de participation à deux au progrès collectif. Vous pouvez vous montrer partisan d'une certaine indépendance réciproque, d'une relative égalité des sexes, d'une aide mutuelle et d'une bonne dose de démocratie dans la relation. Vous êtes en revanche rarement, du moins avec Vénus en Verseau, un fanatique des rapports sexuels passionnels. Vous avez aussi besoin d'imprévus, de surprises, d'extraordinaire et vous pardonnez parfois difficilement à l'autre d'être ordinaire. Vous vous sentez le plus souvent très loin des passions tumultueuses, des rapports de force, des relations compliquées et des modèles relationnels classiques.

Vous avez facilement tendance au détachement sentimental, en reléguant à l'arrière plan de la relation son aspect sensuel au profit d'un coté plus intellectuel, d'une intellectualisation des processus amoureux, ou d'un goût pour les concepts et les projets permettant de créer un monde meilleur. De part un puissant besoin de préserver votre liberté et votre indépendance au sein d'une relation ou dans vos associations, vous vous montrez facilement rebelle à toute attitude possessive, à toute tentative de manipulation ou d'accaparement de votre personnalité. Vous avez besoin, pour vivre pleinement une relation, de vous affranchir des contraintes sociales, des pressions extérieures, des normes de la légalité, des conditionnements socioculturels ; mais aussi de vous dégager des mythes, des influences du passé et des préjugés sur l'amour afin de vivre une relation libre et authentique.

Vous avez besoin, pour aimer ou pour être séduit, d'être sur la même longueur d'onde que l'autre, d'être émerveillé, de pouvoir faire des projets et envisager l'avenir à deux, d'espoir, d'imprévus, de surprises, de nouveauté, de voir vos relations et vos sentiments évoluer en s'enrichissant par des découvertes, de transparence, de clarté, de propreté morale et de vivre avec l'autre une parfaite communion des âmes dans une indépendance mutuelle respectée. Vous vous contentez donc difficilement d'une relation banale ou ordinaire. Et si vous sentez votre liberté d'action ou votre évolution psychologique menacée, s'il n'y a plus d'espoir ou de nouveauté, vos relations peuvent se terminer par de brusques séparations.

Vous pouvez avoir des facilités pour oublier l'envers du décor, pour idéaliser l'autre et la relation, et pour ne retenir que l'aspect positif et prometteur de toute relation. Si la pureté de vos sentiments, votre intégrité morale, l'amour universel que vous portez en vous et votre gentillesse peuvent vous donner un coté adorable et angélique, un charme puissant et efficace, une touche d'originalité qui plaît et un certain magnétisme, votre idéalisme est parfois synonyme de naïveté et peut aboutir à des désillusions. Vous avez le besoin et la capacité d'y voir clair dans votre cœur et dans votre vie affective ou relationnelle, d'entrer en relation avec autrui d'une façon logique, de garder un certain contrôle sur votre vie émotionnelle et de maîtriser, de discipliner et d'encadrer vos désirs, vos sentiments, vos relations ou vos finances. Vous savez en général bien identifier et formuler les sentiments que vous éprouvez ou ceux que l'on vous porte, et ce qui vous plaît ou vous attire est souvent fonction de critères très personnels. Dans la mesure où vous êtes conscient de vos modèles affectifs parce que vous y avez longuement réfléchi, où vous êtes le plus souvent sûr de ce qui vous plaît ou vous déplaît, et où vous savez ce que vous voulez, vos choix tendent à s'imposer avec la force de l'évidence.

Vos désirs clairement définis deviennent alors facilement synonyme de nécessité. Et lorsque vous êtes attiré ou séduit, c'est souvent le coup de foudre.

Vos relations sociales, vos talents artistiques ou relationnels, votre vie de couple, vos richesses, votre joie de vivre, votre tolérance, votre sens de l'équilibre, votre douceur et votre sens de la séduction peuvent être pour vous des moyens de créer des relations amicales, de vous libérer, de parvenir à une plus grande maîtrise de vous-même, de progresser et d'évoluer, de vous projeter dans l'avenir, de créer des projets, d'affirmer vos idées, vos convictions et votre différence et de vous affirmer dans la société.

Tendresse, partage, couple, plaisir, agrément et relations sociales au sein d'une civilisation riment chez vous avec amitié et fraternité. Vous pouvez avoir tendance à rechercher des amis avec qui vous êtes en parfaite harmonie et avez des facilités à vous créer des relations amicales. Votre idéal amoureux est sans doute l'amitié amoureuse basée sur un partage d'idées, des activités en groupe ou en réseau ou sur un chemin spirituel qui mène à vivre une vie libre et heureuse.

Vénus en Verseau favorise les retrouvailles d'âmes sœurs, les rencontres karmiques, les amitiés féminines, et les amitiés tout court de part la bonté, la tolérance, le charme et la sociabilité dont vous savez faire preuve en milieu amical. Votre coté paradoxal s'explique par le fait que vous êtes d'un coté toujours disposé à être séduit, ému, touché et émerveillé, à expérimenter des façons nouvelles d'exprimer vos sentiments ou d'établir des relations et à vous engager intensément dans ce qui vous plaît tandis que de l'autre coté, vous cherchez à vous préserver des influences extérieures et des attachements encombrants pour garder votre part d'indépendance. Il y a parfois un contraste surprenant entre l'intensité de vos engagements extérieurs et celle de votre détachement intérieur voire de votre indifférence.

Votre sens psychologique peut contribuer à créer des liens entres personnes, à favoriser l'entente au sein de vos différentes relations voire vous permettre de redresser des situations conjugales en difficulté et apparemment sans espoir. Vous pouvez parfois être d'autant plus attiré et séduit que l'autre a besoin d'être conseillé, aidé, secouru et sauvé, ou à l'inverse lorsqu'il peut vous aider et vous libérer psychologiquement.

Vous avez parfois tendance à jouer un rôle de St Bernard en contribuant ainsi à augmenter, à votre niveau, le bonheur de l'humanité. Il est important pour vous de comprendre que vous n'êtes pas là pour sauver l'autre et que dans la vie de couple, l'autre recherche un(e) partenaire et non un(e) « psy ».

Dans la mesure ou vivre une relation doit pour vous être synonyme de libération, de progrès, d'espoir, d'entente intellectuelle, d'évolution psychologique, d'affranchissement des sens, de la peur et de tout ce qui n'est pas vous-même, vous pouvez attirer des personnes qui vous font évoluer et accéder, via votre vie de couple ou des relations sociales, à un bonheur qui peut être une source d'éveil et de dépassement de soi. Votre évolution psychologique, votre besoin de maîtrise et d'affirmation, votre capacité à innover et à faire face à l'inconnu étant cependant liée à votre état affectif, à vos sentiments de plaisir ou à votre porte feuille, vous pouvez avoir du mal à vous affirmer, à évoluer et à vous libérer seul, dans un contexte désagréable ou sans un soutien affectif.

Vous pouvez avoir des goûts, des aptitudes et des talents naturels pour travailler en groupe, pour organiser des projets, pour coopérer, réformer, nettoyer, pour être à l'avant garde, pour vous consacrer à une cause universelle, pour trouver des solutions, pour libérer et aider autrui grâce à l'expression d'une intelligence psychologique ou technologique, pour soulager des maux physiques et moraux, pour participer au progrès collectif et à la vie moderne, pour vous spécialiser, pour innover ou inventer ou encore pour participer à un réseau, à mouvement humanitaire, à une grande société ou à une association.

Vécue sous sa meilleure forme, Vénus en Verseau vous permet d'exprimer tout votre potentiel d'amour sans être attaché, d'aimer librement sans rien attendre en retour et d'accéder à une conscience multidimensionnelle de la réalité et à la connaissance, d'entrer en communion avec les anges, de participer au plan d'évolution de l'humanité et de vivre l'expérience de l'amour cosmique grâce à l'union consciente avec l'étincelle divine issue de la Source de toute vie (Dieu) au centre du cœur, au cœur de l'âme. Votre image de la féminité est celle d'une femme dynamique, autonome et indépendante, sociable, amicale, intelligente, très psychologue, libératrice, amicale et ayant des valeurs humaines.

VENUS EN POISSONS

Avec Vénus en Poissons, vos sentiments, vos goûts, vos préférences et vos désirs s'expriment en fonction d'une logique qui vous est propre, d'une logique qui n'est pas facile à définir ni à communiquer parce qu'elle est irrationnelle et bien au-delà des mots et parce qu'elle fait intervenir d'autres dimensions comme par exemple le souvenir d'un paradis perdu. Ainsi, le fait qu'un objet, qu'une personne, ou qu'un lieu vous émeut, vous touche, vous séduit, vous plaît ou ne vous plaît pas dépend de l'effet vibratoire qu'il vous fait, de l'énergie qu'il dégage, des émotions qu'il suscite au plus profond de vous-même, de ce que vous ressentez à ce moment précis, du temps qu'il fait, ou d'autres raisons très personnelles et quelques fois inconscientes, par exemple parce qu'il évoque une impression de déjà vu, un souvenir d'un lointain passé ou d'une vie antérieure, ou parce qu'il est relié à une mémoire généalogique. Et vous pouvez être amené à rencontrer des personnes que vous avez déjà connues « dans d'autres vies » ou que vous avez rencontrées dans l'invisible, dans l'astral. Vous avez alors l'impression de les retrouver !

Tout ce qui concerne les goûts et les sentiments est pour vous une question de feeling, de sensibilité et comme vous dites, cela ne s'explique pas. D'où votre coté irrationnel, insaisissable et parfois déroutant. Et vous êtes hyper sensible, captant et ressentant dans votre chair tout ce qu'il y a dans l'air du temps, dans l'inconscient collectif et dans le cosmos.

Vivre une relation privilégiée doit être pour vous synonyme de rêve et d'évasion, de relation télépathique, d'ivresse, de fusion à la fois émotionnelle et charnelle, d'accès à des niveaux de conscience plus élevés, à des voyages astraux, à des vérités spirituelles, à des émotions quasi religieuses qui vous permettent de transcender, de dépasser mais parfois aussi de fuir les réalités quotidiennes. Vous avez facilement besoin que vos engagements affectifs ou vos expériences des plaisirs des sens correspondent à des aspirations spirituelles plus profondes ou qu'ils soient soutenus, confirmés, validés par une foi, par la volonté de vos ancêtres, par le hasard, par les Dieux ou par ce en quoi vous croyez. Votre vie sentimentale est en tout cas très liée à vos mémoires ancestrales. Il peut être particulièrement important pour vous de faire votre arbre généalogique afin de ne pas reproduire les schémas affectifs de vos ancêtres !

L'union et votre partenaire peuvent donc avoir pour une connotation sacrée. Peut-être que quelque chose au fond de vous-même, ayant conscience de l'état d'amour qui existait entre vous et votre pôle complémentaire avant d'échouer sur terre, avant de vous incarner dans la matière, cherche à recréer et à revivre ce paradis perdu ?

Votre tendance à idéaliser l'union peut vous prédisposer à trouver les relations affectives classiques et ordinaires décevantes, et parfois vous inciter à fuir l'engagement dans une relation intime. C'est pourtant à travers l'amour inconditionnel, dans le cadre d'une union que vous vous épanouirez affectivement. Vous croyez au septième ciel, au prince charment ou à la princesse de vos rêves, et vous recherchez une relation sublimée, romantique et romanesque, fondée sur une idéalisation de l'autre, sur une recherche de communion des corps et des âmes ou sur une évolution spirituelle. Cela peut vous permettre de dominer les plaisirs terrestres au profit de joies plus spirituelles, et vous apporter une douce folie qui fait votre charme.

Vous n'avez pas forcément besoin d'une présence physique pour qu'une relation sentimentale existe à vos yeux. Une relation affective peut exister pour vous lorsqu'il y a simplement des échanges émotionnels, une forme de communication télépathique ou un engagement spirituel. Vos aspirations et comportements ne sont cependant pas toujours compris par le commun des mortels. L'amour n'a pour vous pas de limites et il peut faire des miracles. Vous pouvez avoir la possibilité de vous unir à une personne ayant comme vous des aspirations spirituelles et étant dans une démarche d'évolution. Quelque part, vous recherchez Dieu à travers votre partenaire !

Si vos aspirations et votre dimension spirituelle peuvent vous permettre de vivre de véritables contes de fée modernes et vous transporter dans un autre monde, elles peuvent vous empêcher de voir la réalité en face, votre réalité ou celle de l'autre. Vos aspirations peuvent vous entraîner dans des situations ambigües et compliquées, et parce que vous ne gérez pas consciemment vos sentiments et votre séduction, parce vous vous faites parfois des illusions ou parce que vous faites preuve de naïveté, vous pouvez être prédisposé aux désillusions, aux déceptions et à la souffrance.

Pour ressentir du plaisir et de la joie, vous avez besoin de ressentir des émotions et de communier, de rêver, d'être ailleurs et de vous évader, de ressentir de l'enchantement et de la transcendance, d'avoir la foi, d'exprimer votre compassion et votre amour inconditionnel, d'être en accord avec vos mémoires ancestrales et avec vos valeurs spirituelles mais aussi parfois de soulager les souffrances et les misères du monde et celles de votre partenaire que vous cherchez alors à sauver. Votre générosité de cœur, votre compassion et votre dévouement font alors de vous un véritable trésor et une source inépuisable d'amour. Vous êtes alors capable d'exprimer et d'incarner un amour inconditionnel rédempteur, qui aime sans rien attendre en retour tout en acceptant avec gratitude l'amour de l'autre. Vous devez quand même faire attention à ne pas vous sacrifier !

Lorsque vous aimez et êtes aimé, vous avez facilement la tendance et le besoin d'être comme fasciné, uni psychiquement avec l'autre, de vous oublier dans une fusion totale avec l'autre et d'être tenu, captivé et parfois emprisonné par mille liens subtils qui exercent une sorte d'emprise psychique hypnotique sur vous ou sur l'autre.

Si cela peut faire partie du conte de fée, vous devez cependant veiller à vivre votre individualité et votre spécificité, à ne pas vous dépersonnaliser et à accepter que le couple n'apporte pas tout, c'est à dire qu'il y a des expériences qui doivent être vécues en dehors du couple. Votre sensibilité à fleur de peau et votre forte émotivité peuvent vous rendre influençable et perméable, non seulement aux sentiments et désirs des autres, mais aussi à des courants et désirs collectifs. Ce que vous ressentez dans votre corps ne vient pas toujours de vous mais d'ailleurs, de votre environnement ou de l'inconscient collectif.

La tendance à faire plaisir en faisant ce que les autres veuillent que vous fassiez peut déboucher sur une grande richesse relationnelle si l'entourage et le contexte sont positifs tout comme elle peut entraîner vers la déchéance si l'entourage est négatif. Cette hypersensibilité peut vous rendre capable de compatir, de vous mettre dans la peau de l'autre et d'avoir, si vous différenciez suffisamment votre ressenti, une clairvoyance parfois surprenante en ce qui concerne les sentiments et la vie affective. Vous n'avez pas besoin de longs discours pour comprendre.

Vous êtes également très sensible aux souffrances des autres et la part de bonté, de charité, de dévouement, de sensibilité, de douceur toute maternelle et de sincérité désintéressée qu'il y a dans votre cœur peut vous inciter à porter secours, à soigner ou assister des personnes qui sont souffrantes ou malades, physiquement ou moralement, ou à vous occuper d'œuvres sociales et philanthropiques. Peut être vivez vous à travers les autres votre part de souffrance ou ressentez vous la nécessité de payer une dette karmique envers la collectivité ? Vénus en Poissons peut aussi vous rendre capable de faire les sacrifices nécessaires dans toute vie de couple, ce qui peut être bénéfique pour le couple si vous n'oubliez pas de vous occuper de vous-même. Et votre capacité à faire rêver, votre sensibilité, vos aspirations spirituelles, votre charme, votre sens du dévouement et de la charité font partie de votre richesse.

En revanche, la diffusion ou la dispersion de votre amour vers l'humanité toute entière peut vous donner des difficultés à concentrer votre amour sur une seule personne et à être capable d'un attachement exclusif. Il peut émaner de vous un charme touchant et étrange, qui se diffuse autour de vous comme un gaz parfumé, tissant de multiples fils invisibles à travers l'espace et le temps, sans efforts conscients de votre volonté, comme si vous séduisiez à distance sans que ce soit vous qui détenez la télécommande. Le charme des sirènes dirons-nous, avec un sourire de Joconde. Vous laissez rarement autrui indifférent et les autres peuvent venir à vous, vous aborder, vous séduire ou tomber amoureux, comme fasciné par quelque chose qui les dépasse et qui vous dépasse souvent aussi.

Votre tendance à attirer et à séduire de façon inconsciente peut vous donner l'impression, et donner l'impression aux autres, que vous n'avez pas décidé et que les choses se sont décidées toutes seules, alors que bien souvent, vous ou les autres n'êtes simplement pas conscient des relations de causes à effets ayant créées une relation. Il ne tient qu'à vous d'apprendre à gérer constructivement ce charme et les éventuelles relations qui peuvent se créer à travers lui, à devenir plus conscient des effets que vous produisez sur autrui, à faire preuve de clarté dans vos relations pour compenser une apparente ambiguïté, à bien saisir le sens de chacune de vos relations, et donc à donner une forme à ce charme qui ne s'exprime pas toujours consciemment.

En effet, votre charme peut parfois être interprété comme une tentative de séduction, comme une invitation au plaisir, ou être plus simplement qualifié de bizarre et d'ambigu. La façon dont sera vécu cet archétype dépendra comme toujours du reste du thème mais aussi de la façon dont vous gérez votre charme et votre hypersensibilité.

Vous savez plus que tout autre, au niveau des sentiments et du relationnel, vous laisser aller, lâcher prise, suivre le fil conducteur de vos aspirations secrètes, vous laisser porter par le hasard des événements, faire confiance à la vie pour naviguer à la boussole ou à l'intuition, sans forcément savoir où vous allez, sans forcément savoir quelle sera l'issue de vos démarches, et sans avoir besoin de repères particuliers. Si vous ne savez pas toujours ce que vous voulez et s'il peut y avoir en vous un certain flou, voire parfois une confusion en matière de sentiments, goûts et désirs, vous savez néanmoins avoir la foi, vous laisser guider par les événements et vous laisser aller dans la relation.

Et bien souvent, le hasard ou le fil conducteur de vos aspirations secrètes font bien les choses et vous portent vers la réalisation de vos désirs, vers un bonheur affectif discret qui peut passer inaperçu mais qui vous grandit l'âme. Votre vie affective peut alors contribuer à votre développement spirituel. Vous pouvez avoir tendance à rechercher la paix, le calme et le recueillement dans l'isolement, et à être aussi secret que discret dans l'expression de vos sentiments. Vous donnez parfois l'impression d'être indifférent, ailleurs, comme dans un état second parce que votre affectivité s'exprime subtilement et discrètement.

Vos faiblesses éventuelles peuvent provenir d'une tendance à la passivité, à la fuite où à le dépendance, d'une tendance à nourrir des illusions ou à être attiré par des relations amoureuses impossibles, d'une difficulté à résister aux sollicitations des autres, d'une difficulté à faire le premier pas vers l'autre ou encore d'une tendance à vivre l'amour dans votre cœur et dans vos fantasmes uniquement, sans oser l'avouer à l'autre, tel un rêve sans réalité. Vous y gagneriez alors à exprimer un peu plus vos sentiments, à agir de façon plus concrète et à accepter que l'autre ne soit pas forcément devin ni télépathe.

Vénus en Poissons rend sensible aux liens qu'il peut y avoir entre plaisir et souffrance, peut donner une tendance à trouver dans la souffrance un certain plaisir ou rendre capable de remplacer la souffrance par la joie et l'amour. Il permet également d'organiser, de gérer, d'incarner et de concrétiser les fantasmes, le besoin de rêve et d'évasion, l'imaginaire, les émotions, les courants collectifs, les idéaux, la foi et les aspirations secrètes. Sous une forme inférieure, cet aspect peut engendrer une hypersensibilité difficile à gérer, une tendance à tourner en rond dans une prison généalogique ou dans des illusions et des chimères, un manque de réalisme et une tendance à croire qu'il faut souffrir ou faire souffrir pour être aimé ou pour être beau / belle, et de ce genre de croyance peut naître de la souffrance dans la vie affective. Si c'est votre cas, il vous faudra alors faire un travail sur vous pour dépasser cela.

Vous pouvez avoir des goûts, des aptitudes et des talents naturels pour explorer l'ailleurs, pour soulager et soigner les souffrances et misères du monde, pour utiliser votre foi et votre intuition, pour capter et ressentir ce qui se passe, pour inspirer et être inspiré(e), pour rêver et faire rêver, pour vous dévouer, pour utiliser un sens communautaire et humanitaire, pour relaxer et détendre, pour assister, pour explorer l'invisible et l'inconscient, pour sonder, pour participer à une entreprise collective, pour communier, pour faire de la magie à votre façon, pour vous évader et pour communiquer par l'image et les émotions.

Votre image de la féminité est celle d'une femme sensible, intuitive, spirituelle, dévoué, capable de compassion, de charité, de sacrifice et d'amour inconditionnel, d'être une fée ou une magicienne.

Vécue sous sa meilleure forme, Vénus en Poissons permet d'accéder à une communion multidimensionnelle avec la vie, d'entrer en communion avec les archanges, de participer au plan d'évolution de l'humanité et de vivre l'expérience de l'amour divin grâce à l'union consciente avec l'étincelle divine issue de la Source de toute vie (Dieu) au centre de son cœur, au cœur de son âme.

Mars en signes :

MARS EN BELIER

Dynamique, émotif et instinctif, volontaire et fonceur, vous avez tendance à vous identifier à votre corps, à ses instincts et aux forces guerrières de votre âme. Vous vous fiez largement à votre instinct et avez une certaine dose de flair. Vous êtes très sensibles aux dualités, aux différences et aux obstacles qu'il y a entre vous et le monde. Vous croyez facilement que la vie est dure, qu'il faut assurer et se battre pour vivre, et qu'il y a toujours entre vous et vos objectifs des défis à relever, des obstacles à franchir, des adversaires ou des ennemis à vaincre.

Vous avez souvent, très tôt dans la vie, par besoin ou par nécessité, cherché à conquérir votre place au soleil, à vous confronter aux réalités du monde extérieur et aux autres, à vivre des expériences en direct et sur le terrain, à développer votre savoir-faire et vos compétences, à vous engager ou à vous investir dans un projet, à vous battre pour réaliser vos objectifs et à mener votre barque de façon autonome. Objectif, stratégie, action résultats sont vos maître-mots.

Vous aimez la force et avez parfois un goût pour les actions héroïques. Vous avez besoin de vivre à un rythme intense, de carburer, d'émotions fortes, d'aventure, de conquêtes, de vous dépenser et de vous défouler, de vie, de passion, d'action, de tension, d'une part de risque et de danger, de défis et souvent aussi de confrontations. L'ivresse de la victoire et la rage de vaincre vous stimulent et la confrontation à des obstacles ou à des adversaires aiguise vos armes. Cela génère parfois des conflits avec les autres et de problèmes relationnels. Le pire des supplices pour vous serait d'être réduit à l'inaction, de ne plus avoir d'adversaires ou d'obstacles en face de vous pour maintenir la tension ou de tomber dans la routine et la monotonie. Parce que vous connaissez vos moyens, vous avez confiance en vous. Et vous vivez en fonction de certitudes émotives. Vous savez parce que vous vivez les choses, parce que vous les voyez, les sentez et les éprouvez.

Vous aimez rarement être servi sur un plateau. Pour vous, tout se gagne et se mérite, toute victoire est l'issu d'un combat et tout résultat ne peut être obtenu que par l'initiative et l'action. Dans la mesure où c'est ce que vous croyez, la vie vous oblige sans cesse à lutter. Vous accordez surtout votre confiance qu'à ce qui a fait ces preuves. Vous préférez expérimenter et vérifier par vous-même plutôt que de tenir compte d'informations extérieures. Vous tendez à croire que l'on est jamais aussi bien servi que par soi-même.

Vous savez donc foncer tête baissée et armes au poing dans le feu de l'action, vous identifier complètement à votre situation présente au point que plus rien d'autre n'existe pour vous, vous donner à fond dans une entreprise, mobiliser toutes vos énergies, faire ce qu'il y a à faire pour atteindre le résultat recherché et vous donner les moyens nécessaires pour être efficace. Vous savez prendre le taureau par les cornes, improviser sur le champ en fonction des nécessités qui s'imposent, surmonter les obstacles et faire face à la réalité. L'échec éventuel ne vous fait pas peur et vous êtes prêt à recommencer autant de fois qu'il le faut pour parvenir à vos fins. Votre capacité rapide de réaction, votre capacité à prendre des décisions rapidement et les moyens dont vous disposez peuvent, en étant bien exploités, déboucher sur de grandes réalisations.

Vigoureux, débordant d'énergie et de vitalité, courageux, intrépide, hardi, vaillant, combatif, audacieux, alerte, vigilant, toujours en éveil, dynamique, conquérant, offensif, percutant, enthousiaste et performant, vous allez au devant des événements, les provoquez, imposez vos désirs et points de vue et cherchez à façonner le monde selon votre vision. Vous êtes direct, franc, allez droit au but quitte à renverser les obstacles sur le passage et n'aimez pas les complications. Vous êtes assez extrémiste, adoptez une politique du tout ou rien, ne faites pas les choses à moitié et n'aimez guère la tiédeur, la médiocrité et les gens mous. Vous n'attendez pas non plus grand chose des discours et spéculations.

Pratique, fonctionnel et opérationnel, il vous faut agir sur les événements, expérimenter, découvrir par vous-même et obtenir des résultats concrets de préférence rapidement. Vous avez besoin de vous affirmer, de vous imposer en faisant usage de la force, d'être le premier, d'être devant les autres à la tête du troupeau, de montrer que vous existez et de montrer que vous êtes le plus fort ou le meilleur. Vous êtes une personne audacieuse et courageuse. Vous pouvez avoir des capacités pour entraîner, pour animer et pour diriger en occupant un rôle de chef.

L'idée de lutte et de compétition est très présente en vous de façon plus ou moins saine. Souvent pressé et brûlant parfois les étapes, vous avez du mal à levez le pied de l'accélérateur et trouvez facilement que les choses ne vont pas assez vite. Votre tendance à vivre dans une course perpétuelle contre la montre fait que les autres n'arrivent pas toujours à vous suivre. Vous aimez les résultats rapides, battre le fer pendant qu'il est chaud et adoptez parfois une politique du tout tout de suite. Un coté parfois imprudent, impulsif et casse-cou peut vous occasionner des blessures, des coupures, des brûlures et laisser des cicatrices. Mais vous vous en remettez rapidement et repartez aussitôt. Vous n'aimez guère vous attarder sur une affaire, aimez quand les choses sont faites et faites efficacement et avez besoin d'un renouvellement permanent.

On vous décrit parfois comme un être primaire parce que les stimuli du monde extérieur produisent sur vous le maximum d'effets dans l'instant même ou ils vous atteignent, mais s'émoussent rapidement, laissent peu de trace et sont sans lendemain. Le sang et des poussées d'adrénaline peuvent vous monter rapidement à la tête, vous transformer en feu de paille, vous faire exploser de colère, vous consumer de passions mais sans que cela dure très longtemps. Un peu plus de réflexion dans l'action vous permettrait d'éviter bien des soucis.

Vous pouvez vous échauffer, vous énerver et vous sentir assez facilement irrité dans la mesure où vous réagissez sur le vif, mais vous oubliez vite et n'êtes pas rancunier. Vous apprenez vite, vivez dans le présent et désapprenez tout aussi vite ce qui vous permet de renouveler avec la même fraîcheur le vécu présent. Si votre mémoire des mots, des idées, des sentiments et des images n'est pas excellente et peut ressembler à une passoire, vous avez en revanche une très bonne mémoire gestuelle et expérimentale.

Votre capacité à saisir le fonctionnement des choses et à les faire fonctionner vous permet d'être efficace et performant, de faire en sorte que les résultats soient au rendez-vous et de dominer la matière. Vous avez une franchise assez crue, appelez un chat un chat et n'hésitez pas à dire à chacun ses quatre vérités quitte à engendrer des réactions hostiles. Vous exprimez vos états d'âme avec une transparence, un naturel et une spontanéité facilement prévisible et parfois enfantine. Vos besoins sexuels et votre sensualité sont forts, vos désirs impérieux et vos passions ardentes, mais vous tirez une bonne partie de votre force d'une sexualité bien maîtrisée.

On vous dit être parfois primitif, fougueux, pas très rationnel, agité et agitateur, indiscipliné, agressif, colérique, grosse gueule et un peu sauvage. Vous êtes très sensible aux rapports de forces et aimez vous positionner en dominant. Vous êtes aussi très sensible aux notions de territoire, pouvez vous montrer particulièrement agressif en cas d'intrusion et devez apprendre à laisser à d'autres une place dans votre territoire personnel.

Malgré votre côté « animal », votre virilité et votre approche parfois assez brute, vous pouvez faire preuve d'une grande générosité de cœur. Vous pouvez avoir des goûts, des aptitudes et des talents naturels pour travailler dans monde de l'entreprise ou du sport, pour toutes les activités nécessitant l'usage du corps physique et du courage, pour les activités liées aux métaux ou nécessitant un maniement d'outils ou d'armes, pour les disciplines de combats, les professions libérales et les métiers où il y a de l'indépendance et parfois pour certaines activités médicales.

Votre image de l'homme est celle d'un homme dynamique, franc et efficace, style sportif et avec qui l'on partage plein d'activités au quotidien.

MARS EN TAUREAU

Avec Mars en Taureau, c'est à travers les autres, les relations, le couple, l'argent, le gestion de ressources, un amour de la nature et le monde de la matière que vous développez le sentiment d'exister, mais aussi votre force, votre combativité, votre courage et vos capacités d'engagement. Vous concevez rarement la vie en solitaire et avez besoin d'une vie de couple ou tout au moins d'une vie sociale active et vivante pour vous sentir exister.

Cependant, vous avez besoin de beaucoup d'indépendance et vous ne laissez pas facilement l'autre entrer dans votre territoire et dans votre vie, ce qui peut vous faire vivre des périodes de solitude plus ou moins longues. Vous êtes particulièrement capable de mobiliser vos énergies, de vous battre, de déployer les grands moyens et d'être offensif ou agressif lorsqu'il s'agit de satisfaire vos désirs, de conquérir votre bonheur, de fonder une famille, de gérer vos affaires matérielles ou d'exprimer votre sens esthétique ou artistique.

Et lorsque vous entrez en action, vous faîtes preuve de constance, persévérance et de force de travail. Vos instincts, votre combativité et vos élans naturels tendent à être influencés, canalisés, gérés et pris en main par un besoin de plaisir et de bonheur, par vos sens, par votre sens esthétique ou artistique. Il vous est alors difficile alors d'être motivé et d'agir en l'absence de joie, de plaisir ou de perspectives financières.

Vous savez provoquer l'association, l'expression et les désirs de l'autre et attirer l'attention de l'autre sexe de part votre forte sensualité, votre besoin de tendresse et votre désir de plaisir. Sans doute avez vous découvert assez tôt l'expérience amoureuse et vous pouvez avoir acquis une certaine expérience en ce domaine. Vous êtes parfois être pressé de vous marier et le passage de la liaison à l'union peut se faire rapidement. Vous suivez d'instinct les sympathies et antipathies ressenties dans l'immédiat en allant directement vers ce qui vous plaît ou vous attire. Vous vous impliquez et vous engagez à fond dans vos relations et exprimez sans retenue ni calcul vos désirs, vos émotions et vos sentiments, en tenant plus ou moins compte de la disponibilité ou de l'accord de l'autre.

Vous avez une force sensorielle ! Vous vous enflammez devant toute manifestation de beauté, lorsque vous avez un désir, lorsque des intérêts financiers sont en jeu ou devant une personne capable de susciter en vous désirs et émotions esthétiques. Vous vivez dans l'intensité du présent en ce qui concerne vos relations, où dès lors qu'il s'agit de traiter des achats, des affaires financières ou d'utiliser votre sens esthétique et artistique. Des pulsions d'achat peuvent vous rendre dépensier tandis qu'une forte gourmandise peut vous prédisposer aux excès de poids ! C'est donc à vous à veiller à votre équilibre !

Vous savez mobiliser vos énergies pour conquérir l'objet de vos désirs, prendre des raccourcis en brûlant parfois les étapes, évincer un(e) éventuel(le) rivale, faire des sacrifices si nécessaire et faire preuve d'agressivité s'il le faut.

Toute relation, tout plaisir, tout objet doit à vos yeux être mérité comme le résultat d'une entreprise ou la victoire d'un combat. Vos désirs font vibrer votre corps tout entier, et ils s'expriment comme des besoins urgents que vous devez satisfaire au moment même où ils surgissent, d'où parfois quelques difficultés à leur résister. Vous aimez prendre des initiatives au sein du couple ou de vos relations et vous êtes capable de prendre les choses en main, de façon plus ou moins diplomate! Vous aimez avoir raison, avoir le dernier mot, être le chef et le meneur et vous prenez facilement goût à stimuler, à exprimer vos différences, à débattre, à argumenter, mais aussi parfois à provoquer et à faire compétition avec l'autre.

Si vous êtes d'un naturel plutôt paisible et si vous recherchez une certaine paix, une certaine tranquillité, vous avez parfois des accès de colère qui, telle une bête furieuse, ravagent tout sur leur passage et déséquilibrent votre foie. Il est important pour vous d'apprendre à gérer vos émotions lorsque vous êtes contrarié.

Si votre vie relationnelle peut être riche et passionnante, vos comportements fixes et parfois obstinés voir bornés peuvent quelquefois aboutir à des conflits et à des ruptures. Vous êtes cependant capable de faire preuve de tolérance face aux différences qu'il peut y avoir entre vous et les autres, d'arrondir les angles, de soigner la forme quand cela est nécessaire, de vous lier à autrui en respectant les contraintes ou les impératifs de leur situation présente et d'attirer dans votre cercle relationnel des personnes différentes de vous.

Votre image de l'homme est celle d'un homme sensuel, gentil, agréable, charmant, doux, sachant gérer la forme et la matière, pleine de vie et de joie de vivre, avec un côté artiste ou un sens esthétique développé.

Vous pouvez avoir des goûts et des aptitudes pour le dessin, la musique, l'alimentaire, le jardinage, les fleurs, la coiffure ou la bijouterie, pour la création d'objets, pour les activités en rapport avec un public, les valeurs familiales et les enfants, l'immobilier et le foyer. Il peut également vous apporter des aptitudes pour l'art, la photo, la parfumerie, la décoration et le paysagisme, la danse, pour toute activité associative, pour tout ce qui concerne les loisirs et pour tout ce qui permet d'agrémenter l'existence de plaisir, de bonheur et de joie de vivre.

MARS EN GEMEAUX

Vous êtes particulièrement capable de vous battre, de vous affirmer, de vous impliquer en mobilisant vos moyens pour obtenir des résultats, d'assurer, d'expérimenter, de faire preuve de courage et d'aller de l'avant dès que quelque chose excite votre curiosité et vous intéresse, lorsqu'il s'agit d'être informé, de comprendre, d'exprimer ou de défendre vos idées, de découvrir l'inconnu, d'explorer l'environnement, d'être en mouvement, de communiquer, de négocier, de faire du commerce, de vous adapter et lorsque vous êtes entre copains ou avec des proches.

Vous avez besoin de savoir, de comprendre et d'être informé en toute situation. Et vous pouvez être doué dans votre vie active pour bien comprendre ce qui se passe autour de vous, c'est à dire les réalités concrètes qui vous entourent, pour analyser le déroulement des événements, pour voir les germes des situations en cours et pour intellectualiser les rapports de forces, les manifestations d'agressivité et les conflits.

Vous savez faire preuve d'une extrême souplesse face aux difficultés et obstacles et plutôt que de foncer tête baissée et de vous acharner aveuglément, vous réfléchissez, rusez s'il le faut, essayez des solutions et possibilités inédites ou ignorées, inventez des outils et des techniques qui peuvent vous aider, envisagez différents angles d'attaques, allez voir ailleurs si vous pouvez obtenir des renseignements sur l'affaire en question et abordez la situation sous tous ses aspects possibles et imaginables.

Bref vous réagissez intelligemment et vous êtes particulièrement polyvalent. Vous êtes habile, astucieux et ingénieux dans l'action. En alerte dès qu'il s'agit de défendre vos idées, vous savez lutter pour marchander ou pour ruser avec vos adversaires potentiels, pour contourner les obstacles en jonglant avec les gens et les événements, pour faire des connaissances et des rencontres intéressantes ou utiles, pour avoir de bonnes idées et pour trouver des solutions aux problèmes d'ordre pratique qui peuvent se présenter à vous.

Vous avez cependant en toutes circonstances besoin de liberté d'action et de mouvement donc vous prenez facilement la poudre d'escampette quand la situation devient trop contraignante. Votre force est de pouvoir passer rapidement de l'idée à l'acte, de savoir expérimenter sur le terrain ce qui suscite votre curiosité, de savoir improviser sur-le-champ en fonction des exigences concrètes du moment et surtout de vous adapter rapidement à toute situation en retombant toujours sur vos pieds. Votre curiosité, votre grande ouverture d'esprit et votre disponibilité font que vous êtes prêt à vivre tout et n'importe quoi parce que tout ce que vous vivez vous intéresse et vous concerne, mais de façon souvent superficielle. Vous savez et aimez multiplier les expériences sans forcément vous disperser.

Le fait d'être engagé dans une entreprise particulière ne vous empêche pas d'être ouvert à d'autres choses et de vous laissez solliciter par d'autres curiosités. Inversement, les écarts de directions ne vous font pas perdre votre fil conducteur. Agité et agitateur, vous tenez difficilement en place, avez besoin de mouvement perpétuel, d'air, de liberté, de variété, de diversité, de nouveauté et de changement permanent, de découvrir ce qui vous est inconnu, de faire des rencontres amusantes et de renouveler vos centres d'intérêts. Vous supportez donc difficilement la routine et les emplois du temps rigides. Une parfaite complicité entre votre force nerveuse et votre énergie vitale, votre capacité à faire travailler ensemble votre intellect et votre corps, votre tête et vos mains ainsi que la maîtrise que vous pouvez avoir sur vos mouvements peut vous conférer des réflexes ultra-rapides et très efficaces, une rapidité de déplacement, une souplesse surprenante et une grande agilité physique, la capacité de faire plein de choses avec vos mains et une vivacité toujours prête à réagir.

Vous pouvez être doué pour incarner différents personnages, pour singer tous les rôles, pour jouer la comédie et pour avoir un coté amusant, comique, farceur et très joueur dans tous les sens du terme. Vous pouvez avoir un sens de l'humour prononcé. Votre adolescence, votre entourage proche, vos frères et sœurs, vos collègues et copains, vos déplacements et vos différents cycles d'études ont sans doute contribué à développer vos capacités à faire face aux réalités du monde extérieur, votre force de frappe, votre combativité, votre dynamisme, votre sens de l'efficacité et de la performance ainsi que vos capacités d'action et de réaction.

Mars en Gémeaux facilite l'insertion dans la société et l'adaptation au monde extérieur. Vous pouvez y avoir un goût pour les sensations fortes, notamment au volant, une certaine impulsivité au volant, une tentation pour les excès de vitesse et un attrait pour les véhicules rapides et sportifs.

Vous pouvez avoir des goûts, des aptitudes et des talents naturels pour la communication, l'écriture, le journalisme, l'automobile, la conduire de véhicules et les petits déplacements, l'enseignement, le conte, les langues et l'interprétariat, le commerce, la gestion du courrier ou des échanges commerciaux, les activités touchants aux jeunes et aux étudiant(e)s, aux jeux et aux jouets, au rire, au mouvement, à l'acrobatie, au cirque, aux médias, au marketing, aux livres et supports de communication et pour toutes les activités de services.

Vous détestez la routine et la monotonie, pouvez exercer au moins deux métiers en mêmes temps ou avez besoin de variété et de changement dans vos activités. Votre image de l'homme est celle d'un homme pétillant, spontané, printanier, jeune d'esprit, communicant, intelligent, amusant, mobil, adapté et fraternel.

MARS EN CANCER

Le monde de l'émotion, la musique, la nourriture, la création d'ambiances intimes et conviviales, la famille, les enfants, la création d'un foyer sont pour vous une source de force et des moyens pour vous sentir exister, vous affirmer et exprimer votre combativité. Vous êtes particulièrement sensible à ce qui se passe autour de vous, aux réalités qui vous entourent, au déroulement des événements mais aussi aux manifestation d'agressivité, aux combats, aux rapports de force, aux ordres et aux différences qu'il y a entre vous et le reste du monde.

Votre tendance à ressentir les choses de façon entière, nette, directe, brusque et rapide vous font réagir au moindre stimulus et au moindre changement d'atmosphère. Vous êtes un modèle de spontanéité et vous fonctionnez avec vos émotions. Vous vous enflammez facilement, pouvez vivre des passions émotionnelles qui vous font parfois surchauffer et avoir un coté « soupe au lait ». Votre sensibilité, votre mémoire, votre capacité à croire et à imaginer sont étroitement liées à votre activité, à vos engagements et à vos combats.

Cela vous permet d'utiliser votre imagination pour créer des événements en visualisant ce que vous voulez faire, de matérialiser ce qui traverse votre sensibilité, de réaliser vos rêves de façon spontanée, d'être inspiré dans vos initiatives en sentant ce qu'il faut faire et en faisant comme vous le sentez, de provoquer l'inspiration chez autrui et de croire en vos moyens.

Votre foi et votre nature dynamique vous incite à créer une vie quotidienne pleine d'événements, une vie quotidienne bien remplie, parfois mouvementée et qui résulte avant tout de vos décisions et initiatives.

L'engagement dans une entreprise, la mobilisation de vos énergies pour vous affirmer, la lutte pour obtenir des résultats, le besoin de faire face aux réalités du monde extérieur, de vivre des moments forts, de vous frotter à la vie, de prouver que vous existez, bref l'action et la réaction font donc partie de vos comportements quotidiens et peuvent être chez vous comme une seconde nature.

En effet, parce que vous savez vivre en parfaite complicité avec les événements qui font partie de votre univers quotidien, être complètement identifié au présent et à ce que vous faites mais aussi être détendu dans l'action, l'influence des obstacles, des différences, des dualités et donc des efforts nécessaires à la réalisation de vos entreprises est amoindrie.

Et si vous savez accorder vos rythmes naturels aux réalités qui vous entourent, c'est parce qu'en toutes circonstances vous vivez une intimité totale avec votre corps et vos instincts en ne faisant qu'un avec eux. Cela peut vous conférer une certaine force musculaire ou tout au moins une excellente vitalité, une rapidité de réflexes, une surprenante souplesse physique ainsi qu'un coté instinctif, animal et parfois un peu sauvage. Vous pouvez par contre être à tel point absorbé par votre vécu que le reste, c'est à dire ce qui ne vous concerne pas ou ce qui ne fait pas partie de votre univers, peut vous laisser totalement indifférent. Cela peut parfois être synonyme d'égocentrisme.

Vous pouvez avoir quelques difficultés à vous reposer, à vous détendre et à rester inactif parce que quelque chose en vous vous appelle systématiquement à l'action. Vous pouvez avoir besoin que de très peu de sommeil et avoir tendance à ne dormir que d'un œil parce que vous vous rechargez vite et parce que vous restez actif et vigilant dans la détente. Inversement, vos moyens d'action peuvent dans certains cas être amoindris en puissance par l'influence de la Lune parce que vous pouvez avoir besoin, dans votre vie active, de toujours préserver votre bien être, d'être en sécurité dans votre bulle et de vous protéger contre tout ce qui est extérieur à votre réalité.

Il est donc essentiel pour vous d'équilibrer activité et repos. Vous avez parfois tendance à résister aux événements, à aborder les réalités du monde qui vous entoure à travers une attitude d'auto défense, à ignorer ce qui ne semble pas vous correspondre ou ce qui vous fait peur et à vous replier dans votre coquille dès qu'il y a de la confrontation dans l'air, dès que les événements ne se déroulent pas d'une façon fluide et naturelle ou dès que la réalité devient trop dure. Vous pouvez donc ressentir des difficultés à être efficace en dehors de ce qui vous est familier.

Par contre vous êtes particulièrement capable de vous battre, de conquérir, de vous affirmer, de vous engager, de mobiliser vos énergies, de déployer les grands moyens, de faire usage de la force et s'il le faut de l'agressivité lorsqu'il s'agit de créer votre univers intime, un foyer, une famille ou un clan, lorsqu'il s'agit d'acquérir, de préserver ou de défendre votre cadre de vie, votre bien être, votre équilibre personnel ou votre progéniture et dès qu'il s'agit de protéger les personnes que vous aimez et de prendre soin d'autrui. Vous pouvez également être particulièrement dynamique lorsque vous êtes dans un univers familier avec des frontières bien délimitées (au sein d'un groupe, d'un clan, d'une collectivité ou d'une entreprise familiale par exemple), lorsque vous vivez vos valeurs refuges, lorsque vous êtes dans un climat d'intimité où l'ambiance est sympathique et bon-enfant, bref lorsque vous vous sentez comme chez vous et que vous éprouvez du bien être.

Vous connaissez la force des émotions et savez les utiliser pour vous affirmer. Votre force peut justement être de savoir en toute situation créer un climat d'intimité, une ambiance familière, de vous mettre rapidement dans le bain en faisant partie des événements, mais aussi de pouvoir maîtriser et utiliser activement votre sensibilité, l'émotion, l'image et les valeurs refuges. Cela peut vous conférer des aptitudes pour diriger un groupe ou une collectivité, pour faire de la musique, du dessin, de la cuisine, pour reproduire, refléter et imiter mais aussi pour des activités en rapports avec le public, la famille, les enfants et la maternité, le foyer, l'immobilier, la biologie, l'alimentation, l'utilisation de l'eau et le passé. Le sport peut être un moyen pour vous de vous ressourcer ou de vous sentir bien. Si vous êtes une femme, votre image de l'homme est celle d'un homme doux mais plein de vie, aimant, maternel, intimiste, naturel, un peu poète ou musicien, aimant la vie, les enfants et la nourriture.

MARS EN LION

Vous êtes particulièrement capable de faire preuve d'audace et de courage, vous battre, d'entreprendre, de conquérir, de vous affirmer, de vous engager, de mobiliser vos énergies, de déployer les grands moyens, de faire usage de la force et s'il le faut de l'agressivité lorsqu'il s'agit de réaliser vos objectifs, d'incarner votre vision des choses et votre idéal, d'exprimer votre créativité, de vous mettre en valeur, de vous imposer, de diriger, de réussir, quand quelque chose vous tient à cœur ou lorsque l'Amour est en jeu. Vous savez ce que vous voulez et croyez que quand on veut on se donne les moyens. Une parfaite complicité entre votre cœur, votre conscience, votre esprit et votre énergie vitale vous permet d'exploiter votre énergie, de la maîtriser et de la canaliser efficacement. Cela peut être synonyme de grande vitalité, d'une abondante réserve d'énergie sans cesse renouvelée, de force musculaire, de vigueur physique, de puissance agressive et de fortes capacités réalisatrices car vous savez vous donner les moyens de réaliser vos ambitions et vous êtes passionné.

Vous avez besoin de vous dépenser pour éprouver des sensations fortes et d'entretenir en permanence une certaine tension. Votre force consiste à savoir orienter constructivement votre énergie sexuelle vers la création, à vivre intensément dans le présent en fonction des événements immédiats et à improviser sur-le-champ en toute spontanéité en fonction des nécessités concrètes du moment. Vous savez vous engager corps et âme dans toute situation en mobilisant vos énergies pour atteindre vos objectifs, en étant prêt à recommencer autant de fois qu'il le faut pour arriver à vos fins, sans vous laisser décourager par les efforts à fournir et les obstacles à franchir. Vous savez également rester vous-même dans le feu de l'action, sans que la pression des événements vous détourne de vos objectifs, de vos idéaux ou de vos valeurs.

Vous savez avoir une vision claire de la situation, du déroulement des événements et des rapports de force existant. Vous avez comme on dit " le coup d'œil ", une vision large, un sens de la synthèse et une capacité de réaction rapide. Vous avez besoin, en toute situation, dans les expériences que vous vivez et dans la vie active d'être mis en valeur et de respecter vos valeurs, de recevoir des marques de reconnaissance, de jouer un rôle central, de créer, de vous montrer, d'être sur les devants de la scène, d'incarner une certaine classe, d'avoir un certain prestige/panache, d'aimer ce que vous faîtes et de faire ce que vous aimez. Et si ce n'est pas le cas, vous allez en général voir ailleurs ou faites autre chose. Inversement, vous jouez un rôle central et acceptez des marques de reconnaissance, du prestige voire la couronne que si cela ne vous apporte de nouvelles possibilités d'action, que si cela ne vous permet d'avoir une emprise plus sûre sur les réalités extérieures ou que si vous estimez l'avoir mérité. Votre réussite, votre image de marque, votre valeur et votre prestige éventuel doivent être fondés sur des faits, des résultats et de l'efficacité et mérités comme la victoire d'un combat. Vous pouvez avoir des goûts et des aptitudes pour éclairer, diriger, manager, coacher, présider, encadrer, organiser, éduquer, maîtriser, réussir, vous faire remarquer, être en position centrale, de briller, être connu, reconnu et mis en valeur, pour reconnaître la valeur des êtres et des choses, pour être indépendant(e) et autonome, et pour faire preuve de clarté, de puissance et de rayonnement, pour être un modèle, pour maquiller, pour faire du spectacle et du théâtre, ou pour être une source de vie, de lumière, d'énergie de chaleur. Votre image de l'homme est celle d'un héros, d'un homme beau, solaire, digne, généreux, puissant, brillant, rayonnant d'amour, créateur, bref d'un roi ou d'une star dont vous pouvez être fier(e).

MARS EN VIERGE

Vous êtes particulièrement capable de faire preuve d'audace et de courage, de vous battre, d'entreprendre, de conquérir, de vous affirmer, de vous engager, de mobiliser vos énergies, de déployer les grands moyens, de faire usage de la force et s'il le faut de l'agressivité lorsqu'il s'agit d'être en sécurité, de vous organiser, de gérer des dossiers, de vous adapter, de répéter afin de développer une expertise, de servir, d'être utilise, d'aider des personnes humbles, de maitriser des informations, d'utiliser des systèmes d'information, d'effectuer des échanges commerciaux ou d'atteindre une certaine perfection dans l'action. Vous vous affirmez en utilisant votre intelligence, votre sens de la stratégie ou vos capacités manuelles, en réfléchissant, en calculant, en analysant la situation, en vous organisant, en adoptant une tactique et en faisant preuve de sens pratique, de précision, d'adresse, de débrouillardise et d'ingéniosité. Vous recherchez des résultats concrets voire chiffrables. Vous savez vous servir de votre intelligence et de la critique comme une arme. Votre force est une force nerveuse, analytique, stratégique.

Lorsque vous êtes en action, vous êtes réaliste et pragmatique. Vous tendez à soumettre vos instincts au philtre de la raison, de l'analyse et de la critique. Vous avez souvent des critères de sélections précis et très personnels auxquels sont subordonnés vos désirs. Vous réfléchissez avant de vous engager et comme les autres signes de Terre, vous avez besoin de temps, de sécurité et d'être rassuré(e) pour pouvoir vous investir et vous affirmer. Vous n'exprimez pas facilement vos instincts qui peuvent parfois être inhibées par votre raison. Il est donc important pour vous de savoir situer votre mental à sa juste place. Lorsque vous êtes sur le terrain, vous cherchez à organiser les différents éléments qui sont présents. Si le désordre extérieur à la situation présente ne vous touche en rien, tout ce qui concerne l'ici maintenant doit être en ordre. Aussi êtes-vous d'un naturel perfectionniste mais inquiet et méticuleux jusqu'à l'excès. Vous aimez discuter les détails de toutes choses, quitte parfois à couper les cheveux en quatre. Vous avez besoin de garder la maîtrise de votre univers. Vous avez parfois des goûts et des aptitudes pour utiliser des outils et des techniques permettant de vous adapter au monde matériel, pour gérer des systèmes d'information, pour tout ce qui demande minutie et précision, pour gérer des activités de sécurité, pour servir, pour limiter, pour contrôler, prévoir, organiser et administrer, compter, comptabiliser, réglementer, analyser, trier, assembler, classer, discipliner, mesurer, collectionner, rendre service, soigner et gérer tout ce qui concerne le bien-être, l'hygiène et la santé, faire du commerce et pour fabriquer des objets avec vos mains.

Votre image de l'homme est celle d'un homme intelligent, ayant le sens du service, parfois d'origine modeste, pratique et pragmatique, travailleur, discret, prudent et réservé et bien adapté à la réalité matérielle.

MARS EN BALANCE

Vous êtes particulièrement capable de faire preuve d'audace et de courage, de vous battre, d'entreprendre, de conquérir, de vous affirmer, de vous engager, de mobiliser vos énergies, de déployer les grands moyens, de faire usage de la force et s'il le faut de l'agressivité dès lors que la situation est harmonieuse et agréable, lorsqu'il s'agit de trouver votre équilibre ou de préserver votre tranquillité, de créer des liens, de construire des relations sociales, de fonder un couple, d'exprimer votre sens esthétique, artistique ou juridique et lorsqu'il s'agit de coopérer et de participer à la civilisation. En dehors de cela, comme votre combativité est liée à votre désir d'harmonie et de justice, vous n'aimez ni les conflits, ni vous imposer, ce qui amoindri votre force de frappe. Vous préférez les traités et la négociation à l'amiable plutôt que les confrontations. Le guerrier a rangé ces armes au profit de la civilisation. Vous aimez l'élégance et la délicatesse. Avec Mars en Balance, c'est à travers les autres, les relations, le couple, l'art, la beauté, la justice et la civilisation que vous développez le sentiment d'exister, mais aussi votre force, votre combativité et vos capacités d'engagement. Vous concevez rarement la vie en solitaire et avez besoin d'une vie de couple ou tout au moins d'une certaine activité relationnelle et d'une vie sociale active et vivante pour vous sentir exister.

Vous vous enflammez devant toute manifestation de beauté, lors que vous ressentez de la joie, lorsqu'une injustice est commise, ou devant une personne capable de susciter en vous des émotions esthétiques.
Si votre vie relationnelle peut être riche et passionnante, vos comportements un peu sauvages peuvent quelquefois aboutir à des conflits et à des ruptures. Vous êtes particulièrement tranchant dès lors qu'il y a une rupture d'équilibre ou que vous ressentez les choses comme injustes. Et vous ne supportez pas la violence Vous savez cependant faire preuve de tolérance face aux différences qu'il peut y avoir entre vous et les autres, arrondir les angles, pardonner, soigner les formes quand cela est nécessaire, vous lier à autrui en respectant les contraintes ou les impératifs de leur situation présente et attirer dans votre cercle relationnel des personnes différentes de vous. Lorsque vous êtes sur le terrain, en situation, vous percevez avec finesse les différentes possibilités, les différentes facettes de la situation et les différentes nuances de chaque facette, comme si chaque situation était un tableau à multiples couleurs.

Vous pouvez donc avoir besoin de peser le pour et le contre avant d'agir, ce qui nécessite un certain temps. Cela peut donner une apparence d'hésitation. Par contre, quand votre choix est fait, vous tranchez ! Votre force est de savoir être juste dans l'action mais aussi de savoir constituer un réseau relationnel. Car vous savez vous affirmer et agir avec grâce, avec douceur et gentillesse, avec finesse, avec élégance, d'une façon harmonieuse, en respectant les différences individuelles et faisant preuve d'une intelligence relationnelle. Vous recherchez en général une vie agréable et paisible, agrémentée par des loisirs qui tendent à jouer un rôle important dans votre vie. Vous pouvez réussir grâce à votre sens social, vos capacités d'accueil, votre bonté naturelle, votre charme et votre capacité à vous accorder aux situations. Vous bénéficiez en général d'une certaine chance et de circonstances favorables. Votre réussite professionnelle est souvent liée à vos relations ou à votre vie affective. Vous vous adaptez très bien au travail d'équipe et pouvez vous épanouir au sein d'une association ou d'une entreprise.

Vous savez vous entendre avec tout le monde et êtes toujours prêt à rendre service. Mais parce que vous avez besoin d'une certaine liberté d'action, vous n'aimez pas les activités trop contraignantes ou une discipline trop rigide. Vous n'êtes en général pas fait pour assumer de grosses responsabilités, pour effectuer des taches salissantes, désagréables, ou nécessitant un effort physique intense. Votre constitution physique est en effet souvent délicate. Votre existence peut parfois être dépendante des autres dans la mesure où vous avez du mal à lutter pour vous tailler la part du Lion et pour écarter les obstacles qui vous barrent la route.

Vous pouvez avoir des goûts, des aptitudes et des talents naturels pour accueillir et recevoir, créer des liens, faire se rencontrer des personnes pour que la relation apporte un plus à chacun, pour concilier, décorer, harmoniser, équilibrer, embellir, maquiller, pour les activités juridiques, pour les activités de loisirs, pour la danse, l'art, la photo, la mode, la parfumerie, la décoration, pour utiliser votre sens artistique et esthétique, pour tout ce qui permet de rendre la vie plus agréable et pour tout ce qui permet à la civilisation d'exister. Votre image de l'homme est celle d'un homme fin, gracieux, agréable, doux, conciliant, équilibré et doté d'une intelligence relationnelle.

MARS EN SCORPION

Vous êtes particulièrement capable en toutes circonstances de faire preuve d'audace et de courage, de vous battre, d'entreprendre, de conquérir, de vous affirmer, de vous engager, de mobiliser vos énergies, de déployer les grands moyens, de faire usage de la force et s'il le faut de l'agressivité et d'un certain mordant.

Votre force, vos initiatives, vos décisions tendent à s'exprimer en fonction d'une logique instinctive qui vous est propre ; une logique qui est au-delà des explications, des modèles, des conventions, des influences extérieures ou de l'éducation. Comme vos initiatives sont influencées par vos instincts primitifs, par des pulsions inconscientes souterraines, par un besoin de combat et par un besoin d'initiation, et parce qu'elles correspondent à vos exigences les plus personnelles et à ce qui vibre pour vous, elles tendent à être intenses, passionnelles, exigeantes, exclusives, authentiques et souvent excessives. Aussi pouvez-vous avoir du mal à vous affirmer et à exister en deçà d'un certain seuil d'intensité, de passion, de suspens, de mystère et de subtilité mais parfois aussi s'il n'y a pas de problèmes ou de crises à gérer. Cela peut parfois rendre votre vie compliqué ou passionnante.

Vos désirs prennent facilement la forme d'une nécessité impérieuse, de pulsions qui doivent être satisfaites et d'ordres auxquels les autres doivent se plier. Vous savez vous battre avec acharnement et obstination pour réaliser vos désirs et pour aller au bout de vos décisions. Cela peut vous conférer de grandes aptitudes réalisatrices et une capacité à forcer les événements en votre faveur. Vous pouvez être particulièrement lucide dès lors que vous allez sur le terrain et que vous êtes en action. Vous savez alors voir derrière les apparences, déceler les besoins, intentions et goûts non exprimés de l'autre. Vous êtes particulièrement sensible aux rapports de force présents dans toute relation. Vous savez disséquer l'autre en perçant ses cuirasses et en faisant ressortir ses points faibles, voir ce qui ne va pas dans la situation en dramatisant parfois et tirer des conclusions à partir du moindre indice ou d'indices imperceptibles pour autrui.

Vous pouvez ainsi purifier et transformer chaque situation afin de la rendre plus authentiques. Vous êtes parfois plus sensible à ce que les faits dissimulent qu'à ce qu'ils révèlent et si un détail subtil peut vous paraître percutant, un rien peut aussi tout faire s'écrouler, d'où le fait que vous puissiez donner l'apparence d'une personne compliquée et tortueuse dans l'action. L'épanouissement sexuel est pour vous essentiel. Vos besoins sexuels sont puissants et de votre équilibre psychologique dépendra souvent la façon dont vous exprimez votre sexualité. Votre vie est souvent centrée sur la sexualité, sur votre forte sensualité et sur une puissante fécondité. Vous disposez souvent d'une énorme réserve d'énergie que vous puisez dans les profondeurs de votre inconscient. Cette énergie peut vous rendre capable de grandes réalisations et vous conférer de puissantes capacités de travail et une force de récupération hors du commun. Vous tirez votre force de votre énergie sexuelle, avez le plus souvent des besoins sexuels puissants et pouvez parfois avoir du mal à résister aux sollicitations qui peuvent se présenter.

Un intense magnétisme souvent du à cette excellente maîtrise de votre sexualité peut vous permettre de produire des influences à distance et de transformer l'état énergétique de votre corps. Elle peut vous rendre doué dans tout ce qui est « guerres psychologiques» grâce à un système de missiles à têtes chercheuses que vous envoyez sur l'adversaire. Votre puissante agressivité et l'énergie occulte dont vous disposez peuvent vous conférer des facilités pour agir et lutter dans l'astral, pour quitter votre corps et pour faire des voyages astraux.

Votre capacité à exercer des pressions, à résister à de fortes pressions et à vous régénérer rapidement après une expérience pénible ou des efforts épuisants vous confèrent un coté « increvable » et vous permettent de faire face à des situations difficiles. Une volonté puissante, une ténacité dans vos décisions et un besoin compulsif et parfois obsessionnel d'être vainqueur vous permet de vous fixer des objectifs et de poursuivre votre voie sans défaillances, jusqu'aux résultats et à la victoire, quitte à écarter tout ce qui pourrait vous contrarier ou à éliminer la concurrence avant qu'elle ne devienne dangereuse. La fin pour vous justifie les moyens.

Vos réactions peuvent être dures envers vous-même comme envers autrui. Elles peuvent manquer de tendresse, de pitié, de diplomatie et de bonté au point d'être parfois sadiques et machiavéliques. Vous ne vous embarrassez guère des sentiments d'autrui et méprisez facilement la médiocrité. Vous avez tendance à vivre en temps de guerre et êtes plutôt taillé psychiquement pour la guerre, pour l'initiation, pour le Grand Combat que pour la paix et pour une vie tranquille. Il peut cependant être important pour vous de cultiver la patience, d'apprendre à accepter vos échecs et votre vulnérabilité tout en vous transformant pour évoluer.

Vous êtes particulièrement capable de lutter avec audace lorsque vous êtes face à une situation difficile, à des crises ou des obstacles, à des pressions occultes, à des manipulations insidieuses ou des magouilles, lorsque votre sécurité et votre survie sont en jeu, lorsque vous êtes en temps de guerre ou face à l'ennemi, lorsqu'il s'agit d'élucider un mystère, d'influencer le cours des événements ou de parcourir les différentes étapes de l'initiation. Votre force peut être de faire preuve d'un courage qui ne tremble devant rien. Vous pouvez être attiré par des activités comportant des combats, des risques et des dangers, procurant des sensations fortes ou pouvant vous permettre de vaincre la peur et de défier la mort. Un lien étroit et une parfaite complicité entre d'une part votre énergie vitale, votre corps, vos décisions, vos engagements, votre agressivité et d'autres part vos instincts primitifs, vos pulsions inconscientes, vos exigences personnelles et votre volonté profonde vous donne une tendance à agir en fonction de motivations qui vous sont propres et en fonction d'une logique secrète et indéfinissable que vous-même n'arrivez pas toujours à expliquer ou à partager.

Il faut que ce que vous faites correspondent à votre réalité profonde. Vous n'êtes cependant pas toujours très conscient de votre force et des motivations qui vous poussent à agir. Vous faites parfois ce que vous faites parce que c'est plus fort que vous, parce qu'une nécessité impérieuse et irrésistible vous pousse à le faire. On peut appeler cela la force de l'instinct.

Une tendance à n'en faire qu'à votre tête, à résister aux opinions des autres et aux événements, à suivre votre logique et votre voie sans autre considération, à faire preuve d'individualisme et parfois d'égoïsme font que vous agissez beaucoup mieux en solo qu'en groupe et que vos efforts ne sont pas toujours appuyés par la chance malgré l'intensité de l'activité dont vous pouvez faire preuve. Votre logique et vos repères peuvent vous être tellement personnels qu'ils peuvent vous marginaliser.

Vous avez parfois le besoin irrésistible de dominer, d'imposer vos décisions de façon impérieuses, de manipuler votre entourage en tirant les ficelles dans l'ombre, de faire monter de suspens et la pression, d'impressionner, de fasciner, de captiver, de transformer ou de détruire pour recréer. Cela peut vous permettre de jouer le rôle d'un agent de transformation dans la société. Mars en Scorpion vous confère une grande lucidité dans vos engagements, dans vos combats et dans votre vie active. Votre flair, qui est particulièrement fonctionnel parce que tenant compte des faits concrets, peut parfois prendre la forme d'un don de voyance.

Vous devez éviter d'être tout le temps en rapports de force avec l'autre, d'abusez de votre pouvoir personnel, de projeter à l'autre ses défauts à la conscience, de le culpabiliser, d'avoir systématiquement recours au chantage, de confondre amour et sexualité et de vous autodétruire à travers des pratiques sexuelles violentes et malsaines si vous voulez éviter de vivre dans la tourmente et l'angoisse.

Vous avez parfois besoin de faire mal ou d'avoir mal, ce qui vous retombe automatiquement dessus. Vous devez aussi éviter une tendance systématique à dramatiser et à voir tout le temps les choses en noir. En mettant votre force de transformation au service de la vie, vous pouvez devenir un agent de sécurité, de transformation ou d'initiation.

Mais lorsque vous avez dépassé votre côté obscur, vous pouvez alors vivre une vie intense et authentique qui vous purifie, vous élève et vous transforme. Votre vie devient alors un parcours initiatique qui vous exalte vers la réalisation de soi.

Vous pouvez alors apprendre à effectuer des sorties fors du corps, à explorer l'invisible et à lutter pour retrouver en vous la lumière de votre corps spirituel. Vous devenez alors comme un aigle. Vos facultés psychiques et votre force peuvent vous porter vers la réussite, servir de bouclier ou de chien de garde à votre âme, vous l'aider à triompher des obstacles et des rivalités et d'être la source qui alimente votre succès et votre chemin initiatique. Votre image de l'homme est celle d'un homme authentique, ayant du caractère et de la puissance, passionné, combatif, mystérieux, secret, fascinant, envoûtant, doté d'un fort magnétisme sexuel et détenteur du pouvoir d'initier aux mystères de la vie et de l'au-delà. Vous pouvez avoir des goûts, des aptitudes et des talents naturels pour transformer et régénérer, pour percer les secrets de la vie et de la mort, pour diagnostiquer, surveiller, garder, sécuriser et gérer les affaires de sécurité et d'assurance, pour utiliser des dons occultes ou des facultés psychiques, pour détoxiner et évacuer, pour gérer les crises et les conflits et pour vous occuper de difficultés ou de personnes en difficultés.

MARS EN SAGITTAIRE

Agir, vivre des expériences, vous affirmer dans la vie, mobiliser vos énergies pour obtenir des résultats, vous imposer en faisant usage de la force ou vous engager dans un combat est pour vous synonyme de voyage, d'exploration et d'aventure, d'insertion dans la société, de gestion de projets ayant une certaine envergure, de lutte pour faire respecter un certain environnement législatif en incarnant une forme d'autorité, d'opportunité de vous épanouir ou d'élargissement de vos horizons (soit à travers des voyages, des expéditions et des explorations, soit à travers la participation au sein d'une entreprise internationale, soit à travers une recherche culturelle, philosophique ou spirituelle). Vous abordez le monde avec enthousiasme !

Vous êtes particulièrement capable de faire preuve d'audace et de courage, de vous battre, de vous mobiliser et vous engager, de déployer les grands moyens et d'être offensif, agressif, opérationnel et performant lorsqu'il s'agit lorsqu'il s'agit d'exploiter une opportunité ou de provoquer la chance, de conquérir votre place dans la société et de faire des affaires, lorsque vous exercez votre activité professionnelle, lorsqu'il s'agit d'acquérir un certain confort matériel ou de vous insérer dans un groupe ayant des objectifs communs, lorsqu'il vous faut négocier, convaincre, faire des affaires, imposer vos idées ou votre philosophie de vie, lorsque vous exprimez votre sens pédagogique, quand vous participez à un travail d'équipe où dès lors qu'il s'agit de diffuser ou défendre votre philosophie, votre médecine ou votre religion.

Il en est de même lorsqu'il vous faut propager, nationaliser ou internationaliser une culture, un idéal, un marché, des normes, des codes, des règles officielles, des enseignements ou des produits et services ayant une valeur marchande, ou lorsqu'il s'agit de légiférer, de représenter, d'organiser, de coordonner, de gérer, d'administrer, de distribuer, d'éduquer, de conseiller, de guider, d'affirmer votre autorité ou de vous rendre utile.

L'euphorie de la victoire et la grisaille de la défaite vous motivent dans la lutte pour le pouvoir, pour la domination, pour la réussite professionnelle ou pour la propagation de vos croyances. Vos instincts, votre combativité et vos élans naturels tendent à être influencés, canalisés, gérés et pris en main par des normes sociales, par un idéal philosophique, religieux, culturel ou spirituel et par une conscience des conséquences de vos actes sur l'entourage. Cela vous permet le plus souvent d'orienter de façon constructive votre dynamisme vers des objectifs sociaux, utiles et d'intérêt collectif. Les faits démontrent souvent que vous êtes chanceux et sans doute croyez-vous à la chance parce que l'expérience vécue vous en a fourni la preuve.

Mais le plus souvent, le ciel vous aide parce que vous savez vous aider vous-même. Si la vie vous apporte des bonnes cartes de départ et certaines choses sur un plateau, vous êtes souvent obligé de lutter pour parvenir à vos fins et réussissez avant tout par la force du poignet, par votre courage, votre dynamisme et votre sens de l'initiative. Vous êtes doué pour percevoir les bons cotés d'une situation mais aussi les opportunités et contraintes qu'elle renferme, pour saisir les occasions au vol puis pour les exploiter afin d'en tirer un profit, pour évaluer si vos moyens correspondent à vos ambitions, pour adapter vos ambitions à vos capacités, pour vous donner les moyens de les réaliser et pour partager avec autrui les résultats obtenus et les acquis de vos expériences.

Vous avez à la foi le besoin et les capacités de comprendre le sens et les exigences de toute situation, pour évaluer les sacrifices nécessaires par rapport aux bénéfices escomptés dans vos engagements, pour rentabiliser et optimiser, pour donner ou trouver un sens, une signification et une utilité à ce que vous faites, pour mettre en pratique, appliquer, utiliser des codes, des normes et des lois en vigueur et pour assumer vos responsabilités. Vous savez, face à tout événement, faire preuve d'autorité et de maturité, de bon sens et d'un bon jugement et tenir compte du contexte environnant au sens large du terme.

Vous avez une capacité à globaliser, à généraliser et à comparer ce qui est comparable avec les normes et avec ce qui se fait ailleurs de façon semblable ou différente. Vous faîtes le nécessaire pour être dans la course, pour gérer la compétition, pour dominer les événements, pour vous adapter et pour vous faire conseiller judicieusement lorsque cela vous semble utile et profitable. Vous disposez en général d'une puissante vitalité, d'une vigueur musculaire, d'une certaine force physique, d'une impressionnante réserve d'énergie et d'appétits sexuels forts mais sains. Vous avez des facilités pour extérioriser votre énergie, vos instincts, votre dynamisme, vos élans de conquêtes et votre combativité. Cette facilité à vous extérioriser provient souvent d'une influence bénéfique du père ou d'une personne s'étant montré généreuse, chaleureuse, protectrice, stimulante et encourageante, d'un soutien familial et matériel, d'une approbation voire de récompenses de votre environnement social, d'une ouverture culturelle ou de l'influence bénéfique de voyages et de l'étranger.

Mars en Sagittaire vous confère une nature qui peut être d'une part optimiste, généreuse, chaleureuse, joviale, boute en train, enthousiaste, entraînante, expansionniste voire colonialiste, parfois classique et conventionnelle, parfois aventurière, indépendante, voyageuse, exploratrice et d'autre part courageuse, dynamique, passionnée, fougueuse, franche et directe, offensive et conquérante, pratique et fonctionnelle, réaliste et orientée vers une recherche de performance, d'efficacité et de résultats. Vous avez souvent besoin d'espace, d'envergure et de grandeur pour vous exprimer. Cet ensemble de capacités vous confère de puissantes aptitudes réalisatrices, une force de frappe considérable, des moyens pour vaincre et convaincre, pour franchir les obstacles et pour forcer les événements, pour vous imposer, commander, diriger et manager, pour couronner vos entreprises de succès, pour jouer un rôle important dans le monde extérieur et pour atteindre une position sociale élevée à partir de la trentaine. Votre destinée tend le plus souvent à suivre une courbe ascendante et à être particulièrement riche en événements. Vous pouvez avoir des goûts, des aptitudes et des talents pour légaliser, légiférer, représenter, organiser, administrer, pour vous insérer socialement et aider d'autres à le faire, pour vous cultiver, voyager, enseigner, éduquer, philosopher, coordonner, pour découvrir le monde, pour organiser des transports ou des expéditions, avoir des liens avec l'étranger, pour la logistique et l'import-export et enfin pour négocier et faire des affaires. Votre image de la l'homme est celle d'un homme généreux, sociable, bon vivante, conventionnel ou aventurier, voyageur, ouvert d'esprit et ouvert au monde, mondain, ayant un lien avec l'étranger, cultivé et bien inséré socialement.

MARS EN CAPRICORNE

Vous considérez les événements, votre vie et ce que vous faîtes avec sérieux, gravité et en fonction d'une vision à long terme et de vos convictions profondes. Vous avez besoin d'avoir confiance en votre force et de vous sentir en sécurité pour vous affirmer. Vous avez spontanément tendance à discipliner, à vous contrôler et à maîtriser vos instincts. Vous avez une tendance naturelle à résister aux sollicitations sensorielles en élaborant un système de défense fait de principes moraux, de règles, de théories, de revendications, d'exigences et parfois de jugements. Cela vous permet d'être sélectif dans vos décisions, de vous protéger vis à vis de tout ce qui ne vous parait pas sain et de sécuriser votre parcours. Vous êtes parfois calculateur et intéressé. Et surtout vous avez besoin de temps.

Vous êtes particulièrement capable de faire preuve d'audace et de courage, de vous battre, de vous motiver, de déployer les grands moyens dans une recherche de résultats, d'être offensif voir agressif lorsqu'il s'agit d'assumer des responsabilités, lorsque l'essentiel est en jeu, lorsqu'il s'agit d'acquérir ou de préserver une certaine sécurité, lorsque vous êtes face à des difficultés, lorsqu'il s'agit de mettre de l'ordre, de structurer ou de vous imposer une certaine discipline, lorsque vous abordez l'inconnu ou entreprenez une recherche, une quête ou une étude, lorsqu'il s'agit de parcourir les différentes étapes de l'évolution spirituelle et dès lors qu'il s'agit d'atteindre un objectif à long terme et de gérer un chantier, le chantier de votre vie.

Votre sens de l'organisation et de la précision, des systèmes et des structures, votre sens de l'effort et vos capacités à construire, votre sens pratique, votre réalisme, votre logique et votre sens de l'expérimentation peuvent vous conférer de puissantes aptitudes réalisatrices et une capacité à abattre une quantité impressionnante voire titanesque de travail. Vous pouvez être à la fois un excellent théoricien parce que pratique et fonctionnel et un excellent homme de terrain de part votre bon sens, votre pragmatisme organisé, votre rigueur et votre sérieux. Vous pouvez être doué pour saisir le fonctionnement des théories, des hypothèses, des structures et des systèmes organisés, pour manier des chiffres, des plans et des schémas, pour trouver des applications concrètes et une utilité pratique à toute théorie, à toute recherche, à toute formule mathématique ou à toute découverte. Inversement, toute recherche, toute théorie, toute découverte, toute organisation ou tout principe doit fournir la preuve de sa validité par l'expérience vécue, servir à quelque chose et permettre d'obtenir des résultats. Vous croyez donc avant tout ce que vous vivez, éprouvez, voyez et pouvez vérifier.

Vous avez tendance à envisager votre existence comme un perpétuel chantier, comme un cheminement où domine une part d'inconnu, comme une perpétuelle évolution, comme une œuvre en construction ou comme une vaste école de formation. Votre sens de l'initiative, votre dynamisme, vos actes, votre besoin de gagner et d'être efficace tendent à être mis au service de vos ambitions, de votre besoin de construire quelque chose, de votre besoin de sécurité et de la nécessité de gérer de l'adversité. Les qualités que vous apporte la planète Saturne font votre force.

Vivre des expériences, vous affirmer dans la vie, mobiliser vos énergies pour obtenir des résultats, vous engager dans un combat ou vous imposer en faisant usage de la force tend à être pour vous synonyme, d'apprentissage, de recherche, de construction, de découverte, de perfectionnement ou d'évolution vers une maîtrise de votre être, de votre corps et de votre vie. Ces différentes activités peuvent vous passionner.

Face à une situation concrète ou à une expérience quelconque, vous savez vous engager tout en prenant du recul, être présent tout en étant détaché intérieurement, observer avec détail et précision, poser les vraies questions et cherchez les bonnes réponses, voir les problèmes en face et faire le nécessaire pour réagir efficacement, apprendre sur le tas à travers vos différentes expériences et dégager des leçons, des principes, une stratégie ou une morale des événements vécus en organisant les faits dans votre tête. Vous êtes ainsi capable de vous perfectionner par la vie et l'action et d'acquérir maturité et expérience.

Une secondarité dans l'action fait que vous êtes parfois lent à démarrer parce qu'il vous faut analyser, réfléchir, vous organiser et assurer vos arrières avant d'aller de l'avant. Vous pouvez avoir besoin de calme, de tranquillité, de confiance, de recueillement et de solitude pour agir ou pour être efficace. Cette secondarité vous permet de garder votre sang froid dans les situations conflictuelles. L'important pour vous n'est pas d'avancer lentement mais d'avancer tout de même, à votre rythme et selon vos propres convictions, quitte parfois à faire preuve d'égoïsme. La relation particulière que vous avez avec le temps, qui est votre allié, vous rend doué pour les entreprises à long terme. Il est donc important pour vous de prendre les bonnes décisions dès le départ car vous revenez ensuite difficilement en arrière. Par contre, lorsque vous vous engagez, lorsque vous êtes lancé, vous savez faire la différence entre ce qui est prioritaire et ce qui est secondaire. Vous savez préparer longtemps à l'avance ce que vous voulez faire, vous fixer des objectifs à long terme et des étapes, élaborer des plans et des méthodes d'exécution, agir de façon stratégique, méthodique, précise et en profondeur, vous discipliner, fournir des efforts prolongés, travailler dur et contrôler les situations auxquelles vous êtes confronté.

Votre vision à long terme, votre faculté de concentration, votre fermeté, une certaine dureté, votre détermination et votre ténacité opiniâtre et votre persévérance dans l'action tournent parfois à l'obstination, à l'acharnement et à l'obsession mais elles peuvent vous permettre d'aller loin et d'aller jusqu'au bout. Votre volonté inflexible parfois rigide vous empêche de vous laisser distraire ou détourner du résultat recherché, vous permet de recommencer si vos entreprises ont été malencontreusement interrompues et de mener des entreprises longues et difficiles jusqu'à leur aboutissement.

Votre juge moral tend à être particulièrement fort et à jouer un rôle actif dans votre vie. Il vous incite à agir en utilisant un ensemble de principes, de règles ou de lois morales et il peut vous culpabiliser lorsque vous ne faîtes pas de votre mieux. Votre besoin que les choses soient bien faîtes vous incite à vous montrer perfectionniste, exigent et parfois dur tant envers vous-même qu'envers les autres, mais aussi à faire preuve d'honnêteté, de droiture, de sérieux et d'une grande conscience professionnelle. Parce que vous savez agir de votre mieux ou agir de façon à avoir la conscience tranquille, vous pouvez acquérir à partir d'un certain âge une certaine sérénité intérieure. Et il est important pour vous d'agir de façon à avoir la conscience tranquille et de ne pas avancer trop vite dans la vie.

Vos principes et vos convictions tendent à être, ou devraient être, pratiques et fonctionnels, fondés sur les faits et l'expérience vécue. Ils tendent à être, au fur et à mesure que les années passent, fondées sur les valeurs martiennes d'action, de vie, d'engagement, de lutte pour obtenir des résultats, d'initiatives personnelles d'efficacité, de dynamisme, d'improvisation et de renouvellement. Avec Mars en Capricorne, vos besoins et comportements sexuels tendent à être intériorisés, contrôlés ou exprimés de façon plutôt sobre, sans grandes démonstrations d'affection. Les moments difficiles que vous avez vécus et les dures leçon de l'existence vous ont permis de développer une grande robustesse, de solides réflexes défensifs, de vous barricader face aux agressions, de résister à de fortes pressions, de vous remettre en question quand cela vous parait nécessaire, de faire face avec courage et endurance aux situations difficiles sans perdre votre sang froid, de lutter contre l'adversité sans lui céder le pas et de devenir une personne coriace à la peau dure.

Vous avez tendance à choisir et à trier ce qui vous semble bon à vivre ou à expérimenter et à écarter vigoureusement tout ce qui est extérieur à l'expérience du moment.

Vous agissez souvent avec une certaine prudence, que lorsque vous possédez des garanties nécessaires que si vous estimez être à la hauteur de la tache. Si cela limite parfois votre champs d'expériences, vous enlève une part de spontanéité et de souplesse ou vous retarde dans vos initiatives, vous reculez pour mieux sauter, attendez patiemment le bon moment d'agir et gagnez en profondeur et en perfection.

Lorsque votre vie est orientée vers l'évolution intérieure, ces tendances peuvent, grâce au travail que vous pouvez faire pour évoluer et pour vous structurer, vous permettre d'expérimenter votre vérité profonde et d'acquérir une force morale ou spirituelle et une certaine sagesse. Si votre volonté et votre vie sont orientées vers l'extérieur, Mars en Capricorne peut vous permettre d'atteindre un statut social élevé dans votre domaine d'activité. Vous pouvez avoir des goûts, des aptitudes et des talents naturels pour structurer, bâtir, construire, gérer, organiser, contrôler, analyser, prohiber, fixer des limites, administrer, réfléchir, chercher, gérer le temps et tenir compte du temps, travailler la terre ou la pierre, agir au sein d'une structure administrative ou dans de domaine de la recherche d'emploi, pour créer des objets et pour apporter sagesse et vérité. Votre image de l'homme est celle d'un homme sécurisant, profond, organisé, calme, responsable, respectueux, mûr et sage.

MARS EN VERSEAU

Vous êtes particulièrement capable de faire preuve d'audace et de courage, de vous motiver, de vous battre, de vous mobiliser et vous engager et d'être offensif, agressif, opérationnel et performant lorsqu'il de vous adapter au monde moderne, d'acquérir ou de préserver la liberté d'action dont vous avez besoin, de gérer ou concrétiser des projets, de gérer l'inconnu ou d'explorer de nouveaux horizons ou lorsqu'il s'agit d'apporter de l'aide, de trouver des solutions, de réparer des gens ou des situation, d'innover et d'inventer, de faire des réformes visant à améliorer les situations, de mener des actions collectives ou d'organiser des activités en groupe, de générer des changements de structures et de contribuer à créer un monde meilleur.

Vous savez vous mobiliser pour vous affranchir des contraintes sociales, des pressions extérieures et des tentatives de manipulation et pour vous détacher intérieurement des mythes, des préjugés, des rumeurs, des influences de l'entourage et du passé. Vos puissantes capacités réalisatrices, votre force de frappe et votre action foudroyante sont alimentées par une vive intelligence et par un certain génie, par une capacité à prendre rapidement les bonnes décisions, par un courage peu banal et par un dynamisme percutant et redoutablement efficace.

Votre fonctionnement peut paraitre paradoxal car malgré votre tendance à être détaché intérieurement des événements et à intellectualiser ou analyser toute situation dans chacune de ses dimensions, vous n'entendez pas moins participer activement au monde extérieur et vous savez vous engager totalement dans chaque situation. Vif, nerveux et souvent sous tension, vous savez focaliser toutes vos forces sur le résultat à atteindre et agir comme il le faut, au bon moment et au bon endroit.

Cela vous permet d'avoir un puissant contrôle sur votre vie. Vous êtes souvent totalement sûr et convaincu de ce qu'il faut faire et vous acceptez alors parfois difficilement qu'il puisse exister d'autres moyens, d'autres angles d'attaques et d'autres possibilités pour parvenir aux mêmes résultats. Vous faites également preuve d'une certaine fixité dans vos initiatives et dans vos combats, c'est à dire qu'une fois lancé, vous savez vous battre avec acharnement jusqu'aux résultats, jusqu'à ce que vous ayez fait le maximum, jusqu'à ce que vous ayez pris les choses en main et dominé la situation. Vous permettez rarement aux événements de modifier votre trajectoire ou vos convictions et avez une remarquable capacité à franchir les obstacles. Vous avez tendance à prendre votre vie en main et à imposer votre empreinte sur les événements plutôt que de les subir.

Agir, réagir, vous affirmer et vous engager dans un combat tendent à être pour vous synonyme d'expression de votre individualité et de vos convictions, de dépassement de soi pour progresser et d'évolution vers une maîtrise de vous-même dans le but d'atteindre un état de liberté, d'indépendance et d'autonomie. Vous rêvez peut-être secrètement d'avoir juste à appuyer sur un bouton pour que tout fonctionne tout seul afin que vous puissiez ensuite faire ce dont vous avez envie ! Vous avez besoin de beaucoup de liberté pour agir et être pleinement efficace.

Votre capacité à intellectualiser les événements, à comprendre leur cause et leur sens, à saisir comment ce que chacun porte à l'intérieur de son être engendre les événements équivalents dans le monde extérieur ne vous font en général guère croire au hasard. Vous tendez à avoir la certitude que le ciel vous aidera si vous vous aidez vous-même. Et souvent, vos initiatives sont secondées par des appuis, par des relations amicales et par des personnes rencontrées sur le chemin de votre vie. Vous vous sentez néanmoins responsable de ce qui vous arrive et rendez facilement responsable autrui de ce qui leur arrive. Cela vous rend parfois dur, exigent et intransigeant tant envers vous-même qu'envers autrui.

Malgré la transparence de vos réactions, de vos intentions et de votre état d'esprit, vous avez à votre disposition une puissante agressivité qui peut prendre la forme d'une capacité à lutter dans l'invisible grâce à un système de missiles téléguidés que vous envoyez sur l'adversaire. Cela peut vous permettre d'être victorieux dans les guerres psychologiques ou dans les situations complexes. Vous avez de toute façon un impact psychologique fort sur les autres. Vous avez souvent une façon très personnelle d'agir.

Vous aimez sortir des sentiers battus, suivre votre voie personnelle et ne pas faire comme les autres. Un autre paradoxe chez vous est que, malgré votre individualisme, votre dynamisme s'exprime plus facilement à travers des causes impersonnelles dont puissent profiter l'ensemble de l'humanité, au sein d'un groupe, d'une association, d'une grande entreprise voire d'une multinationale qu'à travers des initiatives égoïstes et individuelles. Cela explique peut-être pourquoi la tradition attribuait un manque d'efficacité personnelle à Mars en Verseau car l'efficacité potentielle de cette position planétaire renferme a souvent besoin, pour se révéler d'une action de groupe, d'un cadre organisé, d'une culture d'entreprise, d'une idéologie, de principes spirituels ou humanitaires, des autres et des valeurs ou objets du monde moderne qui n'existent que depuis un peu plus de deux siècles. De nos jours Mars en Verseau permet une adaptation efficace au monde moderne.

L'espoir est une force qui vous fait vivre. Vous pouvez vous sentir exister lorsqu'il s'agit de provoquer chez autrui l'espoir, lorsque vous défendez des valeurs humanitaires ou démocratiques, une idéologie, les droits de l'homme ou les droits du travail et lorsque vous aidez autrui en leur apportant une vie meilleure ou en les libérant de leurs difficultés. Vous assumez parfois un rôle de sauveur, de St Bernard, de Zorro, de libérateur ou d'Ange gardien, en vous positionnant en dominant tendant la main au dominé. Vous pouvez croire aux Anges parce que vous avez des preuves concrètes qu'ils existent suite à vos expériences vécues et parce que vous sentez leur influence dans votre existence. Vous pouvez cependant avoir tendance à vouloir aider les autres et à ne pas assez vous occupez de vous-même et de votre vie privée. Vos actes et vos décisions sont influencées voire dictées par des idées, par une idéologie, par des valeurs spirituelles, par des intuitions claires, par des certitudes, des convictions et par un besoin d'évolution, de nouveauté et de progrès. Inversement, votre idéologie, vos valeurs spirituelles, vos projets, vos activités en groupe, vos convictions et vos certitudes sont fondées sur les valeurs martiennes de vie et d'action, d'engagement, de lutte pour obtenir des résultats, d'initiatives personnelles, d'efficacité, de dynamisme, d'improvisation et de renouvellement.

Ils se veulent pratique et fonctionnels, orientés vers une recherche de performance et ils s'imposent souvent avec la force de l'évidence dans la mesure où ils sont éprouvés, vécus, expérimentés et approuvés.

Votre corps, votre énergie vitale, vos actes et vos décisions tendent à être influencés par des énergies cosmiques à haute tension venant de l'inconscient collectif. Cet apport d'énergie à pour but de vous faire participer au progrès technique, psychologique ou sociale de la société, de vous donner les moyens de faire évoluer les choses dans votre situation ou d'aider autrui d'une façon ou d'une autre. Cet apport d'énergie peut vous conférer une tendance à être survolté, brusque et imprévisible dans vos réactions, un goût pour la vitesse, une impatience à vouloir obtenir rapidement des résultats, un besoin de vivre comme un avion à réaction et parfois un magnétisme capable de guérir autrui. Vous pouvez être doué pour maîtriser des systèmes d'information complexes, pour saisir le fonctionnement des théories, des principes scientifiques, mécaniques ou techniques, des mécanismes psychologiques et sociologiques et pour trouver une utilité pratique ou des applications concrètes à toute théorie, formule, idée, découverte ou invention.

Si vous pouvez être un théoricien ou un idéologue percutant parce que pratique, fonctionnel et proche des réalités concrètes, vous pouvez aussi être un excellent homme de terrain de part votre sens de l'expérimentation, votre capacité à être logique et rationnel, votre rigueur, votre discipline, vos capacités techniques ou psychologiques, votre sens du progrès et de l'innovation mais aussi de part votre volonté de maîtriser tout ce qui vous tombe sur la main. Vous pouvez avoir des facilités pour trouver des solutions pratiques et efficaces aux problèmes qui peuvent se présenter et certaines personnes ayant dans leur thème astral Mars en Verseau ont des dons d'inventeur.

Vous pouvez aussi être doué pour réagir efficacement et pour improviser face à l'inconnu ou à des événements inattendus, imprévus et indépendant de votre volonté, ou découvrir votre force face à ce genre d'événements. Un autre paradoxe dans votre façon de vivre est que si les événements de votre vie peuvent être programmés et se dérouler comme sur des rails, vous avez néanmoins besoin d'imprévus, de surprise et de nouveauté pour vous sentir réellement exister. La routine, le train-train ou une existence ordinaire, monotone et répétitive ne vous conviennent en général pas. Votre faiblesse est parfois de passer trop facilement à quelque chose de nouveau dès que vous avez fait le tour d'une situation ou dès que s'installent des habitudes ou une impression de déjà vu. Cela peut générer de l'instabilité ou de brisques revirements de situations.

Votre sens de l'organisation et de la stratégie, votre coté humain, mais aussi votre capacité à vous projeter dans l'avenir facilite la concrétisation de vos projets. Présent et avenir peuvent être chez vous étroitement liés. Vous croyez à la force de l'amitié et votre vie active est souvent jalonnée par de nombreuses relations amicales. L'échange amical est chez vous vécu sur le mode de la franchise, de l'enthousiasme et de l'action. Vous aimez faire des choses avec vos amis, vous dépenser avec eux et parfois vous affirmer grâce à eux.

Cela vous donne tendance à lier des relations amicales avec des personnes fortes ou qui ont des idées bien tranchée, sportives, dynamiques, viriles, franches et qui assurent dans ce qu'elles font. Vous pouvez avoir des goûts, des aptitudes et des talents naturels pour travailler en groupe, pour organiser des projets, pour coopérer, réformer, nettoyer, être à l'avant garde, vous se consacrer à une cause universelle, pour trouver des solutions, pour libérer et aider autrui, pour soulager des maux physiques et moraux, pour participer au progrès collectif et à la vie moderne, pour vous spécialiser, pour innover ou inventer, pour participer à un mouvement humanitaire, à une grande société ou à une association. Votre image de l'homme est celle d'un homme dynamique, autonome et indépendant, sociable, amical, ayant des valeurs humaines, intelligent, très psychologue et libérateur.

MARS EN POISSONS

Si vous avez cet archétype dans votre structure psychologique, alors vos décisions, votre besoin d'action et d'affirmation de soi tendent s'exprimer en fonction de votre sensibilité, en fonction d'une logique qui vous est propre et qui n'est pas facile à définir ou à communiquer parce qu'elle est irrationnelle, bien au-delà des mots et parce qu'elle fait intervenir d'autres dimensions.

Plus précisément, le fait que vous soyez motivé pour vous engager dépendra de l'effet vibratoire de la situation, de l'énergie qui en émane, des émotions qu'elle suscite au plus profond de vous-même, de ce que vous ressentez à ce moment précis, du temps qu'il fait, ou d'autres raisons très personnelles et quelques fois inconscientes, par exemple parce que la situation évoque une impression de déjà vu, un souvenir d'un lointain passé ou d'une vie antérieure ou parce qu'elle est en résonance avec une mémoire généalogique. Et vous pouvez être amené à revisiter des situations que vous avez déjà connues « dans d'autres vies ». Tout ce qui concerne la vie active est pour vous une question de feeling, de sensibilité et comme vous dites, cela ne s'explique pas. D'où votre coté irrationnel, insaisissable et parfois déroutant(e).

Et vous êtes hyper-sensible, captant et ressentant dans votre chair tout ce qu'il y a dans l'air du temps, dans l'inconscient collectif et dans le cosmos. Mobiliser votre énergie, vous motiver et lutter doit avoir du sens, être synonyme de rêve et d'évasion, d'enchantement ou d'ivresse, de communion avec la situation/avec la vie et d'accès à des niveaux de conscience plus élevés, à des voyages astraux, à des expériences spirituelles, à des émotions quasi religieuses qui vous permettent de transcender, de dépasser mais parfois aussi de fuir les réalités quotidiennes. Vous savez alors vous montrer particulièrement entreprenant, dynamique et combatif.

Vous avez facilement besoin que vos engagements ou vos expériences correspondent à des aspirations spirituelles plus profondes ou qu'ils soient soutenus, confirmés, validés par une foi, par la volonté de vos ancêtres, par le hasard, par les Dieux ou par ce en quoi vous croyez. Votre vie est en tout cas très liée à vos mémoires ancestrales. Il peut être particulièrement important pour vous de faire votre arbre généalogique afin de ne pas reproduire les schémas de vos ancêtres et surtout afin de vivre votre vie à vous! Mars en Poissons n'a pas toujours une bonne réputation, car quand les énergies du signes des Poissons ne sont pas gérées de façon constructive, elles peuvent générer des illusions, des malentendus, de la confusion et du chaos, des galères et des situations génératrices de souffrances, des attitudes et des comportements qui diluent l'affirmation de soi, l'engagement, la combativité, l'expression des instincts et l'efficacité.

Par contre, quand les énergies du signe des Poissons sont bien intégrées à la personnalité, l'énorme potentiel qu'elles peuvent apporter peut être une source de possibilités d'action quasi illimitées, de génie voire de miracles. Mars en Poissons peut vous rendre capable de réaliser tous vos rêves et aspirations secrètes parce que vous savez vous donner les moyens qu'il en soit ainsi de façon réaliste. Pour vivre pleinement cette position de Mars, il est important de comprendre qu'elle correspond à une partie de votre personnalité qui vous demande voire vous impose d'élargir votre champs de conscience au-delà des réalités matérielles sans toutefois renier celles ci, d'évoluer spirituellement, de vivre votre quotidien par rapport à votre vie éternelle, d'intégrer dans votre vie active une dimension collective, les influences de l'inconscient collectif et votre bagage généalogique ou de participer activement à un groupe, à une collectivité ou à une entreprise représentative d'un ensemble plus vaste. Vous pouvez ainsi répondre aux besoins de la collectivité et soulager les souffrances et les misères du monde.

Votre corps, vos décisions et vos actes peuvent être influencés par des énergies ou des informations venant de l'inconscient collectif, de l'astral, de l'invisible, et par une sorte de sensibilité médiumnique à l'invisible. Vous êtes hypersensible à ce qui se passe autour de vous, aux gens, aux vibrations ambiantes et aux événements qui composent votre présent. Cela peut vous permettre de deviner les motivations et intentions cachées d'autrui, les jalousies, les rivalités, les rapports de forces non exprimés et parfois carrément de voir le déroulement des événements dans l'avenir. Vous captez tout tel un radar et pouvez être facilement influençable par les désirs des autres, par les énergies ambiantes, par les rumeurs, par les bruits qui courent et par l'air du temps. Cela vous permet d'agir en communion totale avec le courant des événements et de vous laisser porter par la situation, un peu comme une fourmi dans la fourmilière.

Vous vous sentez ainsi systématiquement concerné par le moindre événement au point qu'il vous faille à tout prix intervenir et réagir, surtout lorsqu'une situation inconnue se présente ou que le hasard entre en jeu. Il est important pour vous de bien faire la différence entre les désirs du groupe et vos désirs personnels afin de surmonter une tendance à la dépersonnalisation. Votre capacité à ressentir les désirs d'autrui ou du groupe peut cependant vous permettre d'être à la tête d'un groupe ou d'une collectivité. Vous pouvez être doué pour provoquer chez autrui des émotions fortes, de nature quasi religieuses et dans certains cas pour galvaniser et entraîner des foules ou un groupe dans une action collective.

Vous êtes également très sensible aux souffrances et aux misères du monde et des autres. La part de bonté, de charité, de dévouement, de sensibilité, de compassion, de douceur toute maternelle et de sincérité désintéressée qu'il y a dans votre cœur peut vous inciter à porter secours, à soigner, à assister des personnes souffrantes ou malades, physiquement ou moralement, ou à vous occuper d'œuvres sociales et philanthropiques. Plus que d'autres vous fonctionnez au feeling, de façon inconsciente et involontaire, au radar, au pif, à la boussole, en fonction de comment vous le sentez, grâce à la force de la foi ou grâce à une force psychique qui vous guide dans vos actes. Et lorsque vous y croyez, lorsque vous avez la foi, lorsque ce que vous faîtes a un sens à vos yeux, lorsque vous avez trouvé votre « mission » ou lorsque le hasard est de votre coté, vous foncez tête baissée en improvisant sur-le-champ en fonction des nécessités qui s'imposent. Vous réagissez alors d'instinct, vivez au jour le jour sans réflexion préalable, sans calcul, sans avoir besoin de preuves concrètes et sans toujours savoir où vous mettez les pieds, pourquoi vous faîtes ce que vous faîtes, où cela va vous mener et quels seront les résultats susceptibles d'être obtenus.

Mais parce que vous avez la foi, parce que vous connaissez la force de la foi, parce que vous croyez que tout est possible et que vous ne faîtes pas vraiment la différence entre le possible et le rêve, vous pouvez remuer des montagnes et obtenir des résultats surprenants, incroyables voire miraculeux, comme si les événements se produisaient d'eux même sans démarche consciente de votre part. Vos puissantes inspirations vous permettent de faire ce qu'il faut, comme il faut ou et quand il faut. La foi soulève des montagnes et engendre des actes magiques quand on sait s'en servir. Il peut être bénéfique pour vous de cultiver la force de la foi.

Vous pouvez avoir des goûts, des aptitudes et des talents naturels pour explorer l'ailleurs, pour assister, soulager, pour utiliser votre foi et votre intuition, pour capter et ressentir ce qui se passe, pour inspirer et être inspiré(e), pour rêver et faire rêver, pour vous dévouer, pour utiliser un sens communautaire et humanitaire, pour relaxer et détendre, pour explorer l'invisible et l'inconscient, pour sonder, pour participer à une entreprise collective, pour communier, pour faire de la magie à votre façon, pour vous évader et pour communiquer par l'image, le son et les émotions. Votre image de l'homme est celle d'un homme sensible, intuitif, spirituel, dévoué, capable de compassion, de charité, de sacrifice, d'amour inconditionnel et d'être à sa façon un magicien.

Jupiter en signes :

JUPITER EN BELIER

Avec Jupiter en Bélier, le monde est une entreprise ou un champ de bataille. Le monde vous passionne et ce qui vous enthousiasme, c'est de satisfaire votre besoin de vie et d'action, d'événements et de défis. Dès lors qu'il s'agit de conquérir votre place dans la société, d'occuper l'espace, d'exercer une activité professionnelle, de vous intégrer dans un groupe ayant des objectifs communs, de comprendre votre environnement social avec ses codes et sa culture, de propager, nationaliser ou internationaliser une culture, un idéal, un marché, des normes, des codes et des règles officielles ou des produits et services ayant une valeur marchande, de faire des affaires, de négocier, de partir à l'aventure ou de voyager ; alors vous êtes particulièrement capable de faire preuve d'audace et de courage, de vous battre, d'entreprendre, de conquérir, de vous affirmer, de vous engager, de mobiliser vos énergies, d'être à 100% présent, de déployer les grands moyens, de faire usage de la force, d'être offensif et s'il le faut agressif. Vous aimez vivre intensément, dans l'instant présent, « à chaud ».

De même, vous savez vous mobiliser et faire le nécessaire lorsqu'il s'agit d'acquérir un certain confort matériel, d'exploiter une opportunité ou de provoquer la chance ou lorsqu'il s'agit de légiférer, de représenter, d'organiser, de coordonner, de gérer, d'administrer, de distribuer, d'éduquer, de conseiller, de guider ou de vous rendre utile. L'euphorie de la victoire et la grisaille de la défaite vous motivent dans la lutte pour le pouvoir, la domination, la conquête et la réussite professionnelle. Vous utilisez votre idéal philosophique, religieux, culturel ou spirituel et une prise de conscience des conséquences de vos actes sur l'entourage pour d'orienter de façon constructive votre dynamisme, votre enthousiasme, vos instincts, votre combativité et vos élans naturels, vers des objectifs sociaux, utiles et d'intérêt collectif. Vous avez tendance à aborder la culture, les conceptions philosophiques, les idéaux sociaux, les aspirations religieuses (si vous en avez) et les enseignements à travers une participation active, par l'expérience vécue et les faits concrets, en cherchant à expérimenter, à vérifier et à utiliser de façon fonctionnelle et pratique ce que vous abordez.

La vie vous apporte au départ la carte de la force, de l'esprit d'entreprise, une abondance d'énergie et une redoutable efficacité. Vous êtes souvent obligé de lutter pour parvenir à vos fins et réussissez avant tout par la force du poignet, par votre courage, votre dynamisme votre sens de l'initiative et votre capacité à entraîner les autres dans l'action, tout simplement parce que vous avez envie de mériter ce que vous obtenez.
Jupiter en Bélier vous confère une nature optimiste, généreuse, chaleureuse, joviale, boute en train, enthousiaste, entraînante, expansionniste voir colonialiste, aventurière, indépendante, voyageuse, exploratrice mais aussi courageuse, dynamique, passionnée, fougueuse, franche et directe, offensive et conquérante, pratique et fonctionnelle, réaliste et orientée vers une recherche de performance, d'efficacité et de résultats. Vous avez souvent besoin d'espace, d'envergure et de grandeur pour vous exprimer.

Vous êtes fortement sensible aux événements extérieurs et vous sentez facilement impliqué et concerné par tout événement extérieur, que cela vous touche de prêt ou de loin. Face à une situation nouvelle, vous ressentez un besoin d'y jouer un rôle et de faire partie des événements en participant activement. Cela vous entraîne parfois dans des philosophies militantes, dans des luttes idéologiques ou dans des entreprises de colonisation économiques ou guerrières. Vous préférez faire la loi plutôt que de la subir, pouvez avoir la passion du pouvoir et avoir tendance à contester, à défier, à bousculer et parfois à agresser ce qui représente la loi, l'ordre, l'autorité et les valeurs officielles. Vous avez toujours un côté un peu rebelle.

Lorsque vous êtes sur le terrain en situation, vous savez percevoir les bons cotés des choses et les opportunités et les contraintes qu'elle renferme. Vous savez saisir les occasions au vol, les exploiter afin d'en tirer un profit, comprendre le sens et les exigences en jeu, évaluer les sacrifices nécessaires par rapport aux bénéfices escomptés dans vos engagements, rentabiliser et optimiser, donner ou trouver un sens, une signification et une utilité à ce que vous faites, mettre en pratique, appliquer, utiliser des codes, des règles, des normes et des lois et assumer vos responsabilités. Vous savez évaluer si vos moyens correspondent à vos ambitions, adapter vos ambitions à vos capacités, vous donner les moyens de réaliser vos ambitions et partagez avec autrui les résultats obtenus et les acquis de vos expériences.

L'audace et l'énergie dont vous faites preuve pour gérer votre vie génèrent le plus souvent des succès et quelquefois des déboires. Vous créer le succès grâce à votre capacité d'engagement, à votre capacité à prendre des décisions rapidement et à votre efficacité. Vos déboires sont en général causés par des accès de colère, quand vos émotions prennent le pas sur votre raison. Il est donc important pour vous d'appendre à gérer votre colère. Votre esprit offensif peut être très efficace dans les situations où il faut faire preuve de combativité et d'un esprit de compétition, dans le monde du sport ou de l'entreprise par exemple. Votre excès de spontanéité, vos interventions précipitées et la puissance de vos instincts nuisent cependant parfois à l'harmonie relationnelle et aux projets à long terme.

Vous aimez la force et avez parfois un goût pour les actions héroïques. Vous avez besoin de vivre à un rythme intense, de carburer, d'émotions fortes, d'aventure, de conquêtes, de vous dépenser et de vous défouler, de vie, de passion, d'action, de tension, d'une part de risque et de danger, de défis et souvent aussi de confrontations. L'ivresse de la victoire et la rage de vaincre vous stimulent et la confrontation à des obstacles ou à des adversaires aiguise vos armes. Le pire des supplices pour vous serait d'être réduit à l'inaction, de ne plus avoir d'adversaires ou d'obstacles en face de vous pour maintenir la tension ou de tomber dans la routine et la monotonie. Parce que vous connaissez vos moyens, vous avez confiance en vous. Et vous vivez en fonction de certitudes émotives. Vous savez parce que vous vivez les choses, parce que vous les voyez, les sentez et les éprouvez mais aussi parce que vous maîtrisez les codes, les règles et le contexte. Vigoureux, débordant d'énergie et de vitalité, courageux, intrépide, hardi, vaillant, audacieux, alerte, vigilant, toujours en éveil, dynamique, conquérant, offensif, percutant, enthousiaste et performant, vous allez au devant des événements, les provoquez, imposez vos désirs et vos points de vue et vous cherchez à façonner le monde selon votre vision.

Vous êtes direct, franc, allez droit au but quitte à renverser les obstacles sur le passage et n'aimez pas les complications. Vous êtes assez extrémiste, adoptez une politique du tout ou rien, ne faites pas les choses à moitié et n'aimez guère la tiédeur, la médiocrité et les gens mous. Les discours et les enseignements doivent être pratiques, fonctionnels et opérationnels.

Vous avez besoin de vous affirmer, de vous imposer en faisant usage de la force, d'être le premier, d'être devant les autres à la tête du troupeau, de montrer que vous existez et de montrer que vous êtes le plus fort ou le meilleur. Vous pouvez avoir des capacités pour entraîner, pour animer et pour diriger en occupant un rôle de chef. L'idée de lutte et de compétition est très présente en vous. Souvent pressé et brûlant parfois les étapes, vous avez du mal à levez le pied de l'accélérateur et trouvez facilement que les choses ne vont pas assez vite. Votre tendance à vivre dans une course perpétuelle contre la montre fait que les autres n'arrivent pas toujours à vous suivre. Vous aimez les résultats rapides, battre le fer pendant qu'il est chaud et adoptez parfois une politique du tout tout de suite.

Un coté parfois imprudent, impulsif et casse-cou peut vous occasionner des blessures, des coupures, des brûlures et laisser des cicatrices. Mais vous vous en remettez rapidement et repartez aussitôt. Vous n'aimez guère vous attarder sur une affaire, aimez quand les choses sont faites rapidement et efficacement et vous avez besoin d'un renouvellement permanent pour trouver l'enthousiasme. On vous dit être parfois un peu primitif, fougueux, enflammé, pas très rationnel, agité et agitateur, indiscipliné, agressif, colérique, grosse gueule et un peu sauvage. Vous êtes très sensible aux rapports de forces et aimez vous positionner en dominant. Vous êtes aussi très sensible aux notions de territoire, pouvez vous montrer particulièrement agressif en cas d'intrusion dans votre espace et devez apprendre à laisser à d'autres une place dans votre territoire personnel. Malgré votre côté « animal », votre virilité et votre approche parfois assez brute, vous pouvez faire preuve d'une grande générosité de cœur en vous impliquant personnellement.

Cet ensemble de capacités vous confère de puissantes aptitudes réalisatrices, une force de frappe considérable, des moyens pour vaincre et convaincre, pour franchir les obstacles et pour forcer les événements, pour vous imposer, commander, diriger et manager, pour couronner vos entreprises de succès, pour jouer un rôle important dans le monde extérieur et pour atteindre une position sociale élevée à partir de la trentaine ou de la quarantaine.

Vous avez souvent, très tôt dans la vie, par besoin ou par nécessité, cherché à conquérir votre place au soleil, à vous confronter aux réalités du monde extérieur et aux autres, à vivre des expériences en direct et sur le terrain, à développer votre savoir-faire et vos compétences, à vous engager ou à vous investir dans un projet, à vous battre pour réaliser vos objectifs et à mener votre barque de façon autonome. Votre destinée tend le plus souvent à suivre une courbe ascendante et à être particulièrement riche en événements. Elle obéit souvent à des cycles d'environs deux ans où il peut y avoir, à chaque cycle, un renouvellement de l'activité. Vous pouvez avoir des goûts, des aptitudes et des talents naturels pour travailler dans monde de l'entreprise ou du sport, pour toutes les activités nécessitant l'usage du corps physique et de courage, pour les activités liées aux métaux (mécanique), nécessitant un maniement d'outils ou d'armes et pour tout ce qui concerne les machines, pour les disciplines de combats (police et justice), les professions libérales et les métiers où il y a de l'indépendance et parfois pour certaines activités médicales qui nécessitent l'utilisation d'objets en métal ou de machines.

JUPITER EN TAUREAU

Avec Jupiter en Taureau, le monde est un champ d'expérience pour vos sens, un vaste réseau de flux financiers et de relations sociales, commerciales ou intimes. Il demande surtout à être goûté et savouré. Le monde vous enivre et ce qui vous enthousiasme, c'est de satisfaire votre besoin de nature, de plaisirs, de relations, de produire, de faire des achats et de vivre des expériences sensorielles. Vous avez sans doute tendance à voir le monde extérieur et ses lois, la société et ses cultures, les voyages et découvertes d'après les effets sensoriels, esthétiques et affectifs qu'ils produisent en vous. Inversement, vous êtes très sensible aux événements extérieurs et vous vous sentez facilement impliqué affectivement dans le monde qui vous entoure. La vie vous apporte au départ la carte de la joie de vivre, un charme naturel, gentillesse et bonté du cœur, un sens du « combien ça coûte et qu'est ce que ça rapporte », un sens de l'abondance, une redoutable ténacité, le besoin d'être bien ancré dans la vie et dans la matière, une certaine gourmandise, un côté bon vivant et souvent une certaine chance côté financier, notamment en matière d'immobilier.

Dès lors qu'il s'agit de conquérir votre place dans la société, d'occuper l'espace, d'exercer une activité professionnelle, de vous intégrer dans un groupe ayant des objectifs communs, de comprendre votre environnement social avec ses codes et sa culture, de propager, nationaliser ou internationaliser une culture, un idéal, un marché, des normes, des codes et des règles officielles ou des produits et services ayant une valeur marchande, de faire des affaires, de négocier, de partir à l'aventure ou de voyager ; vous êtes alors particulièrement capable de vous organiser avec persévérance et acharnement, de rentabiliser et faire fructifier la situation, d'utiliser votre charme naturel, votre intelligence relationnelle, des capacités artistiques et votre sens de la valeur marchande des biens et des services.

De même, vous savez vous organiser et faire appel à vos relations et votre sens de l'organisation lorsque vous avez besoin d'élargir vos horizons ou d'acquérir un certain confort matériel, lorsqu'il s'agit d'exploiter une opportunité ou de provoquer la chance ou lorsqu'il s'agit de légiférer, de représenter, d'organiser, de coordonner, de gérer, d'administrer, de distribuer, d'éduquer, de conseiller, de guider, de faire des affaires ou de vous rendre utile. Le plaisir ou l'argent vous motivent dans la lutte pour la réussite professionnelle.

Vos goûts et vos choix esthétiques, vestimentaires, relationnels, affectifs et financiers peuvent ainsi fortement dépendre de votre contexte extérieur. Cela peut vous donner un style classique, conventionnel, rassurant et parfois bourgeois. Cela peut aussi faciliter votre insertion professionnelle et vous permettre de puiser dans le monde extérieur les références graphiques et les conseils adaptés en matière de goûts, d'esthétique et de vie affective. Cela peut vous permet aussi de comparer facilement cette dimension de votre vie à la même chez les autres.

Votre philosophie de vie, vos aspirations religieuses ou spirituelles, votre besoin d'élargir vos horizons et d'exercer une activité professionnelle tendent à être influencés, canalisés, gérés et pris en main par un besoin de plaisir et de bonheur, par vos sens, par votre sens esthétique ou artistique et par un besoin d'être en relation. Ils tendent à être fondées sur la beauté, l'harmonie, l'équilibre, l'amour, la paix, mais parfois aussi sur l'argent, le plaisir des sens et le matérialisme. Il est alors difficile d'occuper l'espace, d'accepter un enseignement ou de faire des affaires en l'absence de joie, de plaisir, de relations harmonieuses ou de perspectives financières. Vous avez tendance à aborder la culture, les conceptions philosophiques, les idéaux sociaux, les aspirations religieuses (si vous en avez) et les enseignements à travers l'expérience vécue et les faits concrets, en cherchant à les goûter, à les expérimenter sensoriellement et à les utiliser de façon fonctionnelle et pratique pour qu'ils soient rentables et générateur de bien-être.

Avec Jupiter en Taureau, c'est à travers les autres, les relations, le couple, l'argent, un amour de la nature et le monde de la matière que vous développez le sentiment d'épanouissement. Vous concevez rarement la vie en solitaire et avez besoin d'une vie de couple ou tout au moins d'une vie sociale active et vivante pour vous sentir confortable. Vous êtes particulièrement capable de faire preuve d'autorité et d'enthousiasme, de prendre en compte les codes et les règles, d'être optimiste et opportuniste lorsqu'il s'agit de satisfaire vos désirs, de conquérir votre bonheur, de fonder une famille, de gérer les affaires matérielles ou d'exprimer votre sens esthétique ou artistique.
Vous pouvez avoir des capacités pour le dessin, l'infographie, la musique, l'alimentaire et la cuisine, pour les activités en rapport avec un public, les valeurs familiales, les enfants ou la gestion immobilière ou pour travailler au foyer. Vous pouvez aussi avoir des aptitudes pour la production ou la vente de fleurs, l'art, la photo, la parfumerie, la décoration, pour la création d'objets, le jardinage et le paysagisme, la danse, la coiffure ou la bijouterie, pour toute activité associative, pour tout ce qui concerne les loisirs et pour tout ce qui permet d'agrémenter l'existence de plaisir, de bonheur et de joie de vivre.

JUPITER EN GEMEAUX

Avec Jupiter en Gémeaux, le monde est pour vous un terrain de jeu où il y a plein de choses à découvrir et à apprendre, un vaste réseau de communication où se multiplient les contacts et le mouvement ou alors un vaste commerce de biens et de services. Le monde stimule votre curiosité, vous amuse et ce qui vous enthousiasme, c'est de satisfaire votre besoin d'informations, de découvertes, de contacts, de mouvement, de vous amuser, de rire et de vous adapter à votre environnement.

Dès lors qu'il s'agit de conquérir votre place dans la société, d'occuper l'espace, d'exercer une activité professionnelle, de vous intégrer dans un groupe ayant des objectifs communs, de comprendre votre environnement social avec ses codes et sa culture, de défendre, propager, nationaliser ou internationaliser une culture, un idéal, un marché, des normes, des codes et des règles officielles ou des produits et services ayant une valeur marchande ; alors vous êtes particulièrement capable de faire preuve d'intelligence, de serviabilité, de disponibilité, d'ouverture d'esprit, de mobilité et de souplesse, de ruser, de communiquer, d'utiliser le jeu et le rire, d'être bien informé, de brasser des informations, d'établir des contacts et de vous adaptez.

De même, vous savez faire preuve d'intelligence et être bien informé lorsqu'il s'agit d'exploiter une opportunité, de provoquer la chance ou lorsqu'il s'agit de légiférer, de représenter, d'organiser, de coordonner, de gérer, d'administrer, de distribuer, d'éduquer, de conseiller, de guider, de faire des affaires ou de vous rendre utile. La variété des contacts, des découvertes et des informations vous motivent dans la réussite professionnelle. L'espace que vous occupez doit être amusant et intéressant. Vous utilisez votre idéal philosophique, religieux, culturel ou spirituel pour satisfaire votre curiosité, votre besoin d'apprendre et pour adapter à votre environnement. Vous avez tendance à aborder la culture, les conceptions philosophiques, les idéaux sociaux, les aspirations religieuses (si vous en avez) et les enseignements comme un jeu, en cherchant à les expérimenter sous toutes leurs facettes.

Jupiter en Gémeaux vous apporte au départ la carte de l'intelligence, du don des langues ou du langage, l'amour des mots et des jeux de mots, du sens du commerce, de la souplesse, du sens de l'humour ainsi qu'une fraîcheur toute printanière. Il vous confère une nature curieuse, toujours intéressée par tout ce qui se passe dans le monde, spontanée, espiègle, agile, pétillante, primesautière, joueuse, communicante. Vous apprenez vite, réfléchissez vite, comprenez vite et assimilez facilement. Vous savez très bien retransmettre l'information et pouvez être un spécialiste de la communication ou de la littérature. Vous avez souvent une certaine chance dans vos études parce que vous savez dire ce qu'on attend de vous et parce que votre mental peut rassembler et organiser de grandes quantités d'informations.

Une nature multiple se traduit chez vous par une capacité à adopter une multitude de masques et par des attitudes très variées et parfois contradictoires. Elle vous permet de passer du coq à l'âne en fonction de la solution immédiate qui s'impose, de pratiquer le dialogue intérieur et, à l'instar du vendeur qui s'adapte à chaque client, de jouer de nombreux rôles au point parfois de ne plus trop savoir qui vous êtes ni où vous en êtes. Vous avez un coté caméléon et arlequin. Votre capacité à comprendre et à jongler avec les mécanismes du jeu social, avec les lois, les règles, les normes et le langage, peut vous permettre de vous adapter à des milieux très variés.

Vous pouvez être expert dans l'art de faire des acrobaties avec les règles et les principes dans le but de trouver les réponses ou les solutions qui vous arrangent, dans l'art de trouver les arguments susceptibles de faire tourner la conversation à votre avantage et d'orienter votre discours dans le sens du vent, mais aussi pour adopter de nombreux masques et singer différents personnages.

Mais votre capacité à identifier les différents personnages qui vivent en vous et votre capacité à instaurer un dialogue entre eux vous permet de franchir un pas important vers l'unification de votre personnalité à plusieurs facettes.

Vous êtes particulièrement capable de faire preuve d'autorité, d'optimisme, d'enthousiasme, de percevoir les bons cotés des choses, les opportunités et contraintes que renferme la situation, saisir les occasions au vol, les exploiter afin d'en tirer un profit, comprendre le sens et les exigences en jeu, évaluer les sacrifices nécessaires par rapport aux bénéfices escomptés dans vos engagements, de rentabiliser et optimiser, de donner ou trouver un sens, une signification et une utilité à ce que vous faites, de mettre en pratique, d'appliquer, d'utiliser des codes, des règles, des normes et des lois en vigueur et d'assumer vos responsabilités lorsqu'il s'agit d'être informé, de comprendre, d'exprimer ou de défendre vos idées, de découvrir l'inconnu, d'explorer l'environnement, de communiquer, de négocier, de faire du commerce, de vous adapter et lorsque vous êtes entre copains ou avec des proches. Cela vous permet de communiquer et de diffuser ce qui vous enthousiasme.

Vous avez besoin de savoir, de comprendre et d'être informé en toute situation. Et vous pouvez être doué dans votre vie professionnelle pour bien comprendre ce qui se passe autour de vous, c'est à dire les réalités concrètes qui vous entourent, pour analyser le déroulement des événements, pour voir les germes de situation en cours, pour négocier ou ruser, pour contourner les obstacles en jonglant avec les gens et les événements, pour faire de nombreuses rencontres intéressantes ou utiles, pour développer un vaste réseau de contacts, pour avoir de bonnes idées et pour trouver des solutions astucieuses et ingénieuses aux problèmes d'ordre pratique qui peuvent se présenter à vous.

Votre adolescence, votre entourage proche, vos frères et sœurs, vos collègues et copains, vos déplacements et vos différents cycles d'études ont sans doute contribué à développer vos capacités à vous adapter au monde. Vous pouvez avoir des goûts, des aptitudes et des talents naturels pour la communication, l'écriture, le journalisme, l'automobile, la conduire de véhicules et les petits déplacements, l'enseignement, le conte, les langues et l'interprétariat, le commerce, la gestion du courrier ou des échanges commerciaux, les activités touchants aux jeunes et aux étudiant(e)s, aux jeux, aux jouets, au rire, au mouvement, à l'acrobatie, aux médias, au marketing, aux livres et supports de communication et pour toutes les activités de services.

JUPITER EN CANCER

Avec Jupiter en Cancer, le monde est une grande maison, un grand pays composés de familles et de différents clans, dont le votre où de multiples relations intimes sont possibles. Le monde peut initialement vous insécuriser et déclencher chez vous un gros besoin de vous sentir protégé. Sensible et émotif, vous êtes souvent sujet à des humeurs et états d'âmes qui peuvent vous faire osciller entre une joie intense et une certaine tristesse, de façon cyclique, en fonction de l'air du temps.

Vous êtes naturellement méfiant envers tout ce qui est extérieur à votre intimité, et notamment envers « Le Monde ». Vous êtes ainsi parfois une personne susceptible, Introvertie, réservée, pudique, timide, capricieuse et facilement inquiet(e). Vous vous repliez parfois sur vous-même, sur votre petit monde, sur votre passé. Vous vous identifiez facilement à votre mère et à votre famille. Vous abordez parfois le monde dans une attitude d'enfant réceptif, étonné(e), émerveillé(e) ou effrayé(e). Puis avec le temps, le monde vous devient familier, grâce à un réseau de relations émotionnelles, à une famille ou un clan qui vous permet de vous sentir bien. Si vous êtes une personne extravertie, votre mobilité tend à vous faire changer fréquemment d'activité ou de lieu de résidence jusqu'à ce que vous ayez trouvé votre voie ou jusqu'à ce que trouviez l'endroit adéquat pour posez vos valises et vous installer.

Votre capacité à vous incarner dans la vie, à être proche des gens et de leur vie quotidienne, à l'écoute de leurs besoins ou de ce qu'ils ont à dire vous permettent de susciter la sympathie, de vous intégrer dans le groupe et parfois de participer à la cohésion de la société à travers des relations avec un public. Mais alors, même si vous êtes extraverti, vous veillez toujours à vous préserver et à protéger votre bulle. Le bien être est pour vous essentiel. Vous pouvez aussi être doué pour susciter ou déclencher l'émotion, l'attention et la tendresse d'autrui, pour influencer subtilement autrui à travers l'émotion et les sentiments, pour solliciter la protection de personnes qui vous rassurent, pour vous abriter derrières des personnalités fortes ou pour vous faire prendre en charge. Ces attitudes peuvent être synonymes de dépendance et de passivité, mais elles peuvent aussi déboucher sur une grande richesse relationnelle ou affective. Votre capacité à être réceptif à vos besoins les plus naturels et à les satisfaire peut vous permettre d'accéder au bien être tandis que votre capacité à être à l'écoute de votre âme peut engendrer une certaine quiétude. Votre aptitude à explorer les richesses de votre inconscient peut déboucher sur une profonde spiritualité.

Vous pouvez avoir l'impression d'être intimement lié au contexte qui vous entoure, à votre pays, à votre civilisation où à l'humanité en général et votre notion de clan ou de famille tend à s'élargir pour englober la société et le monde entier. Vous pouvez avoir tendance à voir le monde extérieur et ses lois, la société et ses cultures, les voyages et les découvertes d'une façon personnelle et parfois assez subjective, d'après les souvenirs qu'ils laissent, en fonction de votre ressenti ou de l'impact émotionnel qu'ils ont sur vous. Il peut y avoir un lien étroit entre votre vie privée et votre vie professionnelle, entre votre foyer et votre lieu de travail, entre votre besoin d'expansion et votre besoin d'intimité.
Cela peut vous prédisposer à travailler chez vous ou près de chez vous, à faire de votre lieu de travail une seconde résidence, à vous créer un monde professionnel personnalisé, à travers une profession libérale par exemple, ou au contraire à ne vous sentir bien et chez vous que dans l'agitation du monde extérieur, dans l'aventure, la liberté ou à l'étranger.

Les grands voyages du corps et de l'esprit, les voyages en groupe, les voyages imaginaires, la culture, la philosophie, l'ésotérisme, l'élargissement de vos horizons, les règles, les normes, les lois et les conventions, la vie professionnelle et la vie en société peuvent être vos nourritures, vos valeurs refuge et constituer les éléments indispensables à votre bien être.

Dès lors qu'il s'agit de conquérir votre place dans la société, d'occuper l'espace, d'exercer une activité professionnelle, de vous intégrer dans un groupe ayant des objectifs communs, de comprendre votre environnement social avec ses codes et sa culture, de faire des affaires ; alors vous êtes particulièrement capable de vous impliquer émotionnellement. Vous savez alors être en accord avec l'ensemble de votre personnalité. Vous savez préserver votre équilibre et votre bien être, adapter vos habitudes aux demandes du groupe, être naturel, sympathique, convivial et familier, véhiculer des émotions et gérer celles qui sont présentes dans la situation. Vous savez aussi respecter vos rythmes naturels et vos habitudes ou ceux des autres, adapter vos ambitions aux capacités de votre personnalité, vous mettre dans le bain en suivant le sens du courant, suivre la voie professionnelle nécessitant le moins d'efforts, tenir compte de l'ambiance et du contexte général, coopérer, être proche des gens et mettre autrui à l'aise par votre coté sympathique. Vous savez prendre les gens comme ils sont et vous adapter au caractère de chacun. Cela peut vous conférer une grande aisance relationnelle, une capacité à vous sentir bien partout, un côté bon vivant et une certaine popularité.

Vous utilisez votre idéal philosophique, religieux, culturel ou spirituel et une prise de conscience des conséquences de vos actes sur l'entourage pour exprimer vos émotions, votre ressenti, créer des liens émotionnels intimes et vous accroître votre sentiment de bien être et de communion avec la vie. Vous avez tendance à aborder la culture, les conceptions philosophiques, les idéaux sociaux, les aspirations religieuses (si vous en avez) et les enseignements d'une façon intimiste, en les vivant au quotidien. Les voyages, la culture et l'enseignement peuvent être un moyen pour vous de vous ressourcer ou de vous sentir bien.

La vie vous apporte au départ la carte l'intelligence émotionnelle, de l'amour maternel, de l'imagination, de l'intuition et du bien-être. La sensibilité, l'imaginaire, le rêve, l'irrationnel et les émotions sont puissantes chez vous. Vous avez votre grenier à souvenirs et avez besoin de votre jardin secret. Votre imagination fertile va souvent de pair avec un goût pour la poésie, le folklore, le fantastique, les histoires et les anecdotes qui enrichissent la vie quotidienne. Elle vous permet de vous faire des films dans votre tête, vous donne un coté parfois folklorique ou du moins débordant d'imagination et peut déboucher sur une puissante créativité. Votre pouvoir peut être de savoir, en toute situation, créer un climat d'intimité, une ambiance familière, de vous mettre rapidement dans le bain en faisant partie des événements, mais aussi de pouvoir maîtriser et utiliser activement votre sensibilité, l'émotion, l'image et les valeurs refuges. Cela peut vous conférer des aptitudes pour protéger la vie, pour diriger un groupe ou une collectivité, pour faire de la musique, du dessin, de la cuisine, pour reproduire, refléter et imiter mais aussi pour des activités en rapports avec le public, la famille, les enfants et la maternité, le foyer, l'immobilier, la biologie, l'alimentation, l'utilisation de l'eau et le passé.

JUPITER EN LION

Avec Jupiter en Lion, le monde est le terrain d'expression de votre volonté, de votre idéal et de votre créativité. Dès lors qu'il s'agit de conquérir votre place dans la société, d'occuper l'espace, d'exercer une activité professionnelle, de vous intégrer dans un groupe ayant des objectifs communs, de comprendre votre environnement social avec ses codes et sa culture ou de faire des affaires ; alors vous êtes particulièrement capable de déployer votre volonté, d'y mettre tout votre cœur, de savoir ce que vous voulez, de vous fixer des objectifs, de vous organiser, d'exprimer votre créativité, d'être positif, confiant, audacieux, de vous donner les moyens nécessaires pour réussir et de vous imposer avec une certaine autorité.

Et lorsque vous vous engagez, c'est avec votre être tout entier, dans une recherche de perfection et d'absolu. Vous êtes difficilement satisfait de l'état des choses, vous avez souvent besoin de faire mieux, d'aller plus loin, d'en rajouter et de vous dépasser pour que le résultat soit brillant et royal. De même, vous savez mobiliser votre volonté, sortir vos griffes et faire le nécessaire lorsque vous avez besoin d'élargir vos horizons ou d'acquérir un certain confort matériel, lorsqu'il s'agit d'exploiter une opportunité ou de provoquer la chance ou lorsqu'il s'agit de légiférer, de représenter, d'organiser, de coordonner, de gérer, d'administrer, de distribuer, d'éduquer, de conseiller, de guider, de faire des affaires ou de vous rendre utile.

L'expression de votre créativité peut vous procurer beaucoup de joie et de satisfactions et la satisfaction d'atteindre vos objectifs et le besoin de donner une certaine image vous motivent dans la réussite professionnelle. Dans votre vie professionnelle, lorsque vous êtes dans le monde, lorsque vous gérez une situation, lorsque vous êtes en groupe, vous tendez à être soucieux de l'image que vous donnez et de votre réputation, mais aussi de préserver une certaine honorabilité. Vous aimez ce qui est clair, net et précis. Vous avez un sens développé des valeurs et de la dignité. Vous agissez et vous vous investissez dans le monde en faisant le maximum, mais en respectant votre idéal, vos valeurs, vos principes et vos objectifs personnels. Vous avez besoin, en toute situation professionnelle, lorsque vous occupez l'espace, lorsque vous élargissez vos horizons ou lorsque vous expérimenter l'enseignement, d'être mis en valeur, de recevoir des marques de reconnaissance, de jouer un rôle central, de créer, de vous montrer, d'être sur les devant de la scène, d'incarner une certaine classe et d'avoir un certain prestige. Et si ce n'est pas le cas, vous allez en général voir ailleurs ou faites autre chose.

Inversement, vous jouez un rôle central et acceptez des marques de reconnaissance, du prestige voire la couronne que si cela ne vous apporte de nouvelles opportunités, vous permet de mieux occuper l'espace et vous apporte un sentiment d'épanouissement. Vous avez besoin d'être le maître de votre destinée et de diriger votre vie en créateur. Jupiter en Lion vous confère le besoin de promouvoir la conscience et la lumière, de représenter quelque chose aux yeux des autres, d'être quelqu'un et de vous affirmer à travers une réussite professionnelle visible et reconnue. Vous avez besoin de vous élever socialement, de conquérir votre place au Soleil et d'atteindre une certaine position sociale. Vous vous épanouirez le plus souvent en jouant un rôle important dans la société où à travers l'enseignement d'un sujet qui vous tient à cœur.

Vous avez tendance à aborder la culture, les conceptions philosophiques, les idéaux sociaux, les aspirations religieuses (si vous en avez) et les enseignements à travers un engagement personnel et avec un désir d'élévation personnel(le). Vous utilisez votre idéal philosophique, religieux, culturel ou spirituel et une prise de conscience des conséquences de vos actes sur l'entourage pour vous mettre en valeur ou pour vous imposer. Vous êtes particulièrement capable faire preuve d'autorité, d'enthousiasme, d'optimisme et d'opportunisme, de comprendre le contexte et l'ensemble des codes et des règles présentes lorsqu'il s'agir de réaliser vos objectifs, d'incarner votre idéal, de créer, de vous imposer et de réussir, ou lorsque l'Amour est en jeu.

Vous savez ce que vous voulez et ce qui vous tient à cœur. Une parfaite complicité entre votre cœur, votre conscience, votre esprit et votre énergie vitale vous permet de gérer votre énergie, de la maîtriser et de la canaliser. Cela peut être synonyme de grande vitalité, d'une abondante réserve d'énergie sans cesse renouvelée, de force musculaire, de vigueur physique, de puissance agressive et de forte capacités réalisatrices car vous savez vous donner les moyens de réaliser vos ambitions. Vous avez souvent besoin d'espace, d'envergure et de grandeur pour vous exprimer.

Réaliste, objectif mais aussi idéaliste, vous avez un esprit synthétique et le coup d'œil de celui qui sait ou qui croit savoir. Vous pouvez être doué pour élaborer des synthèses et pour centraliser les idées et les Hommes. Etant animé par le mode fixe, vous ne changez pas facilement de position, d'opinion ou de trajectoire. Vous avez un sens naturel du commandement, du pouvoir, des responsabilités et aimer faire la loi, être le centre du monde, diriger les autres et régner comme un roi sur son trône.

Vous aimez vous imposer, de façon parfois autoritaire et seigneuriale. Vous pouvez avoir des goûts et des aptitudes pour reconnaître la valeur des êtres et des choses, pour révéler les talents d'autrui et pour exprimer les vôtres, pour éclairer, diriger, manager, coacher, présider, encadrer, organiser, éduquer, maîtriser, réussir, vous faire remarquer, être en position centrale, de briller, être connu, reconnu et mis en valeur, pour être indépendant(e) et autonome, et pour faire preuve de clarté, de puissance et de rayonnement, pour être un modèle, pour maquiller, pour faire du spectacle et du théâtre, ou pour être une source de vie, de lumière, de conscience, d'énergie et de chaleur.

Jupiter en Lion vous confère la carte du cœur, de la volonté, de l'énergie créatrice mais aussi une nature optimiste, claire, lumineuse, généreuse, chaleureuse, joviale, confiante, enthousiaste, entraînante, autonome, indépendante, dynamique, passionnée, fougueuse, franche et directe, offensive et conquérante, réaliste, très organisée et orientée vers la réussite. Vous réussissez avant tout grâce à votre volonté, à votre créativité et l'amour qu'il y a dans votre cœur. Vécu sous sa meilleure forme, Jupiter en Lion vous permet d'accéder à la lumière divine au centre du cœur et de rayonner cette lumière comme un soleil.

JUPITER EN VIERGE

Avec Jupiter en Vierge, le monde est un laboratoire technique ou chacun doit s'adapter en faisant usage d'une intelligence stratégique et de connaissances. Il est aussi une opportunité pour exprimer son sens du service. Le monde éveille votre curiosité et vous avez besoin de savoir, de comprendre, de vous organiser pour maîtriser et d'utiliser les outils et des techniques. La vie vous apporte au départ la carte du sens du service et du dévouement, de l'intelligence technique et pratique, du sens de la gestion comptable et administrative et aussi souvent la main verte et un rapport très particulier avec les plantes et les animaux.

Vous avez sans doute, lorsque vous étiez jeune, du faire face à une impression d'être quelque peu insécurisé face au monde. Vous avez pu vous sentir facilement menacé, vulnérable et très sensible à vos limites. Vous avez pu être assailli par des angoisses, par es sentiments de craintes, d'insécurité, d'inquiétude et parfois d'infériorité. Cela vous confère une nature nerveuse. Cela vous a très tôt incité à élaborer une stratégie de défense et de protection visant à vous assurer une sécurité physique, matérielle et morale. Vous êtes particulièrement soucieux de votre sécurité. Voici quelque un des comportements vous permettant d'assurer cette sécurité.

Vous accordez beaucoup d'importance à la propreté, à la pureté, à l'hygiène et faites preuve de prudence vis à vis de votre santé. Vous prenez vos précautions afin de ne pas être malade ou sali. Vous avez besoin pour vous sentir bien de préserver votre pureté et votre intégrité. Vous avez besoin d'apprendre, de tout comprendre et de savoir un maximum de choses et également d'avoir raison. Vous éprouvez le besoin d'analyser en détail toute situation, de trier en adoptant et en rejetant et de tourner votre langue sept fois dans votre bouche avant de d'émettre une opinion, de soumettre toute information à un examen minutieux et critique, puis de tout filtrer en fonction de votre besoin de sécurité.

Parmi vos attitudes d'auto défense, on trouve la tendance à demeurer modeste et effacé, à vous fixer des limites, à passer inaperçu, à rester discret voire secret et mystérieux, à désorienter par des masques calculés l'ennemi éventuel, à montrer que vous savez tout, à vous réfugier dans des principes moraux, dans des règles et dans une honnêteté scrupuleuse, à faire un usage généralisé de la critique et parfois à éviter les responsabilités en préférant servir et obéir que diriger.

Au fur et à mesure de votre évolution, vous tendrez à vous organisez, à vous discipliner, à introduire un ordre dans votre vie, à gérer votre monde, à adhérer à des valeurs morales, à un idéal de pureté et de perfection et à tendre vers une auto suffisance.

Dès lors qu'il s'agit de conquérir votre place dans la société, d'occuper l'espace, d'exercer une activité professionnelle, de vous intégrer dans un groupe ayant des objectifs communs, de comprendre votre environnement social avec ses codes et sa culture, de faire des affaires ; alors vous êtes particulièrement capable d'acquérir un vaste système de connaissance, d'organiser l'information, de faire preuve d'intelligence et de stratégie, de sens pratique et de pragmatisme, d'analyse et de précision. Lorsque vous êtes en situation professionnelle, vous cherchez à organiser les différents éléments qui sont présents. Si le désordre extérieur à la situation présente ne vous touche en rien, tout ce qui concerne l'ici maintenant doit être en ordre. Aussi êtes-vous d'un naturel perfectionniste et parfois méticuleux jusqu'à l'excès. Vous aimez discuter les détails de toutes choses, quitte parfois à couper les cheveux en quatre. Le souci de garder la maîtrise de votre monde vous impose parfois aussi certaines pudeurs et distances.

De même, vous savez faire preuve d'intelligence technique, de pragmatisme, de stratégie et de précision lorsque vous avez besoin d'élargir vos horizons ou d'acquérir un certain confort matériel, lorsqu'il s'agit d'exploiter une opportunité ou de provoquer la chance ou lorsqu'il s'agit de légiférer, de représenter, d'organiser, de coordonner, de gérer, d'administrer, de distribuer, d'éduquer, de conseiller, de guider, de faire des affaires ou de vous rendre utile. Le sentiment de sécurité et d'être adapté, de servir ou de traiter des affaires liées à l'hygiène et à la santé vous motivent dans la lutte pour la réussite professionnelle.

Vous utilisez votre idéal philosophique, religieux, culturel ou spirituel et une prise de conscience des conséquences de vos actes sur l'entourage pour vous rassurer, vous purifier et vous organiser. Vous avez tendance à aborder la culture, les conceptions philosophiques, les idéaux sociaux, les aspirations religieuses (si vous en avez) et les enseignements à travers l'expérimentation technique, l'analyse de la pensée rationnelle, le bon sens et le pragmatisme, en cherchant à expérimenter, à vérifier et à utiliser de façon fonctionnelle et pratique chaque enseignement et vous devez prendre conscience que beaucoup de choses ne se mesurent pas.

Vous pouvez avoir des goûts et des aptitudes pour utiliser des outils et des techniques permettant de vous adapter au monde matériel, pour gérer des systèmes d'information en maîtrisant les nouvelles technologies, pour tout ce qui est lié à l'écriture, aux livres et à l'imprimerie, pour tout ce qui demande minutie et précision, pour gérer des activités en lien avec le bien-être du corps et de la conscience ou en lien avec la sécurité, pour servir, pour limiter, pour contrôler, prévoir et planifier, organiser et administrer, compter, comptabiliser, réglementer, analyser, trier, assembler, classer, discipliner, mesurer, collectionner, rendre service, pour soigner et gérer tout ce qui concerne le bien-être, l'hygiène et la santé, pour faire du commerce et pour fabriquer des objets avec vos mains. Vécu sous sa meilleure forme, Jupiter en Vierge vous permet de vous investir dans une forme de service envers les personnes qui ont besoin d'informations et d'assistance.

JUPITER EN BALANCE

Avec Jupiter en Balance, le monde est avant tout une civilisation composée d'individus en relation les uns avec les autres, civilisation à laquelle vous avez besoin de participe. Le monde est beau, il vous touche et vous séduit. La vie vous apporte au départ la carte du sens psychologique, de l'intelligence relationnelle, du sens esthétique, juridique ou artistique ou simplement la capacité à générer de l'harmonie là où vous êtes. Vous utilisez votre idéal philosophique, religieux, culturel ou spirituel pour entrer en relation avec autrui, pour participer à la civilisation et parfois pour séduire. Vous avez tendance à aborder la culture, les conceptions philosophiques, les idéaux sociaux, les aspirations religieuses (si vous en avez) et les enseignements à travers l'effet esthétique, le sentiment de beauté, la joie et le plaisir que vous ressentez.

Jupiter en Balance vous confère une nature agréable, charmante, gentille, aimable, tolérante, conciliante et parfois indécise. Vous avez souvent besoin d'être dans un climat tendre, beau et harmonieux pour vous exprimer. Votre chance est de savoir être juste dans chaque situation mais aussi de savoir constituer un réseau relationnel. C'est à travers les autres, les relations, le couple, l'art, la musique, la beauté, la justice et la civilisation que vous pouvez ressentir de grandes joies et développer un sentiment d'épanouissement.

Vous concevez rarement la vie en solitaire et avez besoin d'une vie de couple ou tout au moins d'une vie sociale active et vivante pour vous sentir confortable. Gracieux (se), élégant(e), doté d'un charme naturel et parfois d'une beauté émouvante, vous êtes dominé(e) par vos sentiments et tendez à aborder le monde en fonction de ce qui vous plaît où ne vous plaît pas, ce qui est parfois synonyme de subjectivité. Vous avez besoin d'attirer, de séduire, de plaire, de vous associer aux autres, d'être entouré de sympathie et de considération et de vivre dans un climat agréable, dans la détente, la douceur, l'harmonie et la paix. D'un coté , vous cherchez spontanément à vous accorder avec autrui, en vous montrant tolérant, cordial, poli, courtois, aimable, humain, désintéressé et sociable envers tous. De votre capacité à considérer le bonheur de l'autre comme étant plus important que le vôtre naît l'amour. Mais de l'autre, vous êtes sélectif, gardez une certaine distance et vous déterminez en fonction des sympathies et antipathies éprouvées au contact d'autrui, en fonction de ce qui vous parait agréable ou désagréable, en fonction de ce qui est synonyme d'équilibre ou de rupture d'équilibre. Vous êtes très sensible à toute rupture d'équilibre, à tout manque d'ordre et d'harmonie et surtout à toute injustice.

Vous êtes particulièrement capable de faire preuve d'autorité, d'optimisme, d'enthousiasme, de percevoir les bons cotés des choses, les opportunités et contraintes que renferme la situation, saisir les occasions au vol, les exploiter afin d'en tirer un profit, comprendre le sens et les exigences en jeu, évaluer les sacrifices nécessaires par rapport aux bénéfices escomptés dans vos engagements, de rentabiliser et optimiser, de donner ou trouver un sens, une signification et une utilité à ce que vous faites, de mettre en pratique, d'appliquer, d'utiliser des codes, des règles, des normes et des lois en vigueur et d'assumer vos responsabilités lorsqu'il s'agit de trouver votre équilibre ou de le préserver, de créer des liens, de construire des relations sociales, de fonder un couple, d'exprimer votre sens esthétique, artistique ou juridique et lorsqu'il s'agit de participer à la civilisation. Comme votre autorité est liée à votre désir d'harmonie et de justice, vous n'aimez ni les conflits, ni vous imposer, ce qui amoindri quelque peu votre autorité. Vous préférez les solutions concertées, les alternatives, les traités et la négociation à l'amiable plutôt que les confrontations. La civilisation avant tout !

Dès lors qu'il s'agit de conquérir votre place dans la société, d'occuper l'espace, d'exercer une activité professionnelle, de vous intégrer dans un groupe ayant des objectifs communs, de comprendre votre environnement social avec ses codes et sa culture, de faire des affaires ; alors vous êtes particulièrement capable d'utiliser votre intelligence relationnelle, d'entretenir un réseau relationnel, d'être conciliant et diplomate, d'être juste, de faire preuve de bonté et de gentillesse, de voir toutes les facettes que renferme une situation, de tenir compte de l'avis des uns et des autres et d'aborder la situation avec tact et finesse. De même, vous savez faire jouer vos relations lorsque vous avez besoin d'élargir vos horizons ou d'acquérir un certain confort matériel, lorsqu'il s'agit d'exploiter une opportunité ou de provoquer la chance ou lorsqu'il s'agit de légiférer, de représenter, d'organiser, de coordonner, de gérer, d'administrer, de distribuer, d'éduquer, de conseiller, de guider, de faire des affaires ou de vous rendre utile. Le désir de participer à la civilisation et de vivre une vie harmonieuse vous motive pour réussir professionnellement. Lorsque vous êtes en situation professionnelle, vous percevez avec finesse les différentes possibilités, les différentes facettes de la situation et les différentes nuances de chaque facette, comme si chaque situation était un tableau à multiples couleurs. Vous pouvez donc avoir besoin de peser le pour et le contre avant d'agir, ce qui nécessite un certain temps. Cela peut donner une apparence d'hésitation.

Par contre, quand votre choix est fait, vous tranchez ! Vous vous adaptez très bien au travail d'équipe et pouvez vous épanouir au sein d'une structure, d'une association ou d'une entreprise. Vous savez vous entendre avec tout le monde et êtes toujours prêt à rendre service. Mais parce que vous avez besoin d'une certaine liberté d'action, vous n'aimez pas les activités trop contraignantes ou une discipline trop rigide. Vous n'êtes en général pas fait pour assumer de grosses responsabilités, pour effectuer des taches salissantes, désagréables, ou nécessitant un effort physique intense. Votre constitution physique est en effet souvent délicate ou du moins sensible, douillette. Votre existence peut parfois être dépendante des autres dans la mesure où vous avez du mal à lutter pour vous tailler la part du Lion et pour écarter les obstacles qui vous barrent la route.

Vous recherchez en général une vie agréable et paisible, agrémentée par des loisirs qui tendent à jouer un rôle important dans votre vie. Vous pouvez réussir grâce à votre sens social, vos capacités d'accueil, votre bonté naturelle, votre charme et votre capacité à vous accorder aux situations. Vous bénéficiez en général d'une certaine chance et de circonstances favorables. Votre réussite professionnelle est souvent liée à vos relations ou à votre vie affective. Vous pouvez avoir des goûts, des aptitudes et des talents naturels pour accueillir et recevoir, créer des liens, faire se rencontrer des personnes pour que la relation apporte un plus à chacun, pour concilier, décorer, harmoniser, équilibrer, embellir, maquiller, pour les activités juridiques, pour les activités de loisirs, pour la danse, l'art, la photo, la mode, la parfumerie, la décoration, pour utiliser votre sens artistique et esthétique, pour tout ce qui permet de rendre la vie plus agréable et pour tout ce qui permet à la civilisation d'exister.

JUPITER EN SCORPION

Avec Jupiter en Scorpion, le monde est une forge, un volcan en perpétuel éruption, un lieu de transformation, un champ d'exercice pour l'initiation aux secrets de la vie et de la mort ou un champ de bataille où s'affrontent des détenteurs de pouvoirs. Le monde vous passionne et vous avez besoin de vie et d'action, d'événements, de défis et surtout de vivre intensément. Dès lors qu'il s'agit de conquérir votre place dans la société, d'occuper l'espace, d'exercer une activité professionnelle, de vous intégrer dans un groupe ayant des objectifs communs, de comprendre votre environnement social avec ses codes et sa culture ou de faire des affaires ; alors vous êtes particulièrement capable de concentrer votre attention et votre énergie, d'être à 100% présent et sur le pied de guerre, de vous battre, de déployer les grands moyens, d'être offensif et s'il le faut agressif et d'avoir la vision de l'aigle. Vous pouvez ainsi être particulièrement lucide, avoir un sens de la justice développé et vivre une sorte d'échange médiumnique avec votre milieu, notamment votre milieu professionnel.

Cette lucidité et cette ouverture sur l'invisible peuvent vous rendre apte à voir derrière les formes et les apparences, à saisir le sens caché ou les causes occultes des événements, à cerner ce qui se passe dans les coulisses ou dans les profondeurs de votre inconscient, à élucider les mystères, à percer les secrets de la vie ou de la mort , à faire face à l'inconnu et à utiliser vos instincts ou des forces occultes pour de franchir les différentes étapes de l'initiation. Votre lucidité vous permet de pressentir les non dits, les émotions et les craintes non exprimées, pour flairer les rapports de forces, les dangers et les enjeux présent dans la situation, pour déceler les tentatives de manipulations et ceux qui tirent les ficelles, pour décoder les signes et les symboles, pour comprendre le langage de la nature ou la justice divine, pour capter les indices subtils, pour focaliser sur des détails que personne n'avait remarqués, pour capter l'envers du décor, pour sentir les failles et là où se trouvent les douleurs et pour tirer des conclusions à partir du moindre indice

Vous avez aussi des facilités pour exprimer votre sexualité, votre volonté profonde ou vos pulsions inconscientes, pour faire face aux difficultés, aux crises, aux bouleversements, aux obstacles, aux manipulations insidieuses ou aux magouilles qui se présentent, pour exercer une pression sur autrui ou pour résister à des pressions extérieures, pour survivre dans des conditions extrêmes, pour vivre en temps de guerre, pour faire face à l'ennemi, pour profiter des erreurs de vos adversaires et pour vous régénérer après avoir vécu des expériences intenses ou difficiles.

Vous pouvez être capable de lutter avec détermination et de travailler à un rythme particulièrement intense. Vous êtes également capable de négocier, de faire des affaires ou d'imposer votre autorité d'une façon visible et officielle, sur les devant de la scène et parallèlement d'agir en coulisses et de tirer les ficelles dans l'ombre. Et bien souvent, vos discours officiels et vos démarches dans le monde extérieur sont prémédités et font partie d'une manœuvre officieuse voir d'un plan de bataille non dévoilé.

Jupiter en Scorpion, parce qu'il vous confère un pouvoir puissant et la capacité de gérer le pouvoir, peut vous permettre d'accéder à une haute position sociale. Il constitue souvent un puissant facteur d'enrichissement personnel. Vous pouvez avoir besoin, dans votre vie professionnelle, lorsque vous vous insérez dans la société, lorsque vous voyagez ou lorsque vous élargissez vos horizons ou lorsque vous vous extériorisez, de vérité, de préserver votre authenticité, d'intensité, de tension, d'émotions fortes, de suspens, d'angoisse, de rapports de force, de mystères, de révélations et d'initiation, de difficultés et quelquefois de conflits, de crises et de problèmes. Vous pouvez être un patron ou un symbole d'autorité dur, exigeant et quelquefois infernal. Vous êtes parfois à l'aise ou confortable que lorsque vous exercez un pouvoir sur autrui ou que quand vous êtes vous-même assujetti au pouvoir d'autrui, que lorsque vous influencez subtilement le cours des événements, que lorsque vous tirez les ficelles ou que lorsque c'est la crise.

Jupiter en Scorpion a un rôle initiatique dans le sens ou il a pour but de vous faire prendre conscience que votre vie terrestre n'est qu'une toute petite partie de votre vie éternelle, de vous enseigner les secrets de la vie et de la mort, les sorties hors du corps et l'exploration de l'invisible, de vous apprendre à prendre conscience et à gérer ce que vous avez à travailler pour évoluer, c'est à dire le pouvoir que vous avez sur vous-même et sur autrui, l'énergie sexuelle, les vieux démons et les déchets psychologiques ou les mémoires ancestrales qu'il faut purifier en vous puis évacuer, les problèmes qu'il vous faut résoudre, les failles qu'il vous faut combler, le vide qu'il vous faut traverser ou remplir, les dettes karmiques qu'il vous faut payer et les pertes, sacrifices, dépossessions et transformations qui sont nécessaires à votre évolution.

Votre sensibilité médiumnique peut parfois vous donner l'impression qu'il existe dans des mondes invisibles qui échappent aux sens et à la logique, ou dans votre inconscient, des forces, des créatures, vos propres démons ou impuretés qui peuvent vous influencer voire vous manipuler de façon subtile mais implacable, en faisant entre autre ressortir vos coté négatifs et en vous incitant à croire des choses inexactes.

Si vous parvenez à gérer et à dominer votre personnalité, vos angoisses, vos pulsions et vos émotions, ou à acquérir une culture concernant les forces secrètes de la nature, vous pouvez développer un puissant magnétisme, être capable de produire des influences à distances tel un mage ou un sorcier et de manipuler les événements en influençant entre autre à travers les émotions les personnes présentes dans la situation. Cela peut alors déboucher sur une puissante évolution intérieure et vous pouvez être amené à initier d'autres personnes sur le chemin de la lumière, révéler à un groupe des secrets et des techniques inconnues ou assumer de grosses responsabilités.

Un lien étroit et une parfaire complicité entre d'une part votre besoin de vie et d'action, votre philosophie de vie, votre autorité, votre besoin d'insertion dans la société et d'autre part vos instincts primitifs, vos pulsions inconscientes, vos exigences personnelles et votre vérité profonde vous donne une tendance à vivre votre vie, votre profession ou vos voyages en fonction de motivations personnelles et parfois inconscientes, en fonction d'une logique secrète et indéfinissable que vous-même n'arrivez pas toujours à expliquer ou à partager. Il faut que votre vie extérieure corresponde à votre réalité profonde ou à ce que vous êtes éternellement. Et vous vivez souvent ce que vous vivez parce que c'est plus fort que vous et parce vos pulsions ou votre nécessité intérieure, impérieuse, vous pousse à le vivre. Vous attirez ainsi, magiquement ou fatalement, certains événements dans votre vie.

Cela peut vous permettre de vivre une vie authentique ou difficile, suivant la façon dont vous utilisez les pulsions volcaniques qui bouillonnent aux tréfonds de votre inconscient. De même, vous savez vous battre et faire le nécessaire lorsque vous avez besoin d'élargir vos horizons ou d'acquérir un certain confort matériel, lorsqu'il s'agit d'exploiter une opportunité ou de provoquer la chance ou lorsqu'il s'agit de légiférer, de représenter, d'organiser, de coordonner, de gérer, d'administrer, de distribuer, d'éduquer, de conseiller, de guider, de faire des affaires ou de vous rendre utile.

La passion et l'instinct de survie vous motivent dans la lutte pour le pouvoir, la domination, la conquête et la réussite professionnelle. Vous utilisez votre idéal philosophique, religieux, culturel ou spirituel et une prise de conscience des conséquences de vos actes sur l'entourage pour vous transformer et transformer autrui. Vous avez tendance à aborder la culture, les conceptions philosophiques, les idéaux sociaux, les aspirations religieuses (si vous en avez) et les enseignements à travers la passion, l'instinct et à travers le filtre de votre lucidité.

Vous avez l'instinct de survie et vous sentez facilement menacé par la volonté des autres. Sensible aux rapports de force, les difficultés vous stimulent. Vous êtes déterminé à faire entendre votre voix, à faire respecter vos options. Cette configuration permet de répondre efficacement aux éventuelles crises. Vous disposez souvent d'une énorme réserve d'énergie que vous puisez dans les profondeurs de votre inconscient. Cette énergie peut vous rendre capable de grandes réalisations. Elle peut vous conférer de puissantes capacités de travail et une force de récupération hors du commun. Vous tirez souvent votre force de votre énergie sexuelle, avez des besoins sexuels puissants et pouvez parfois avoir du mal à résister aux sollicitations qui peuvent se présenter. Votre équilibre psychologique dépendra souvent de la façon dont vous exprimez votre sexualité.

Un intense magnétisme, souvent nourri par une excellente maîtrise de votre sexualité, peut vous permettre de produire des influences à distance et de transformer l'état énergétique de votre corps. Vos réactions peuvent être dures envers vous-même comme envers autrui. Elles peuvent manquer de tendresse, de pitié, de diplomatie et de bonté au point d'être parfois sadiques et machiavéliques. Vous ne vous embarrassez guère des sentiments d'autrui et méprisez facilement la médiocrité. Vous avez tendance à vivre en temps de guerre et êtes plutôt taillé psychiquement pour la guerre, pour l'initiation, pour le Grand Combat que pour la paix et pour une vie tranquille. Il peut cependant être important pour vous de cultiver la patience et la tolérance mais aussi d'apprendre à accepter vos échecs et votre vulnérabilité tout en vous transformant pour évoluer.

Vous êtes particulièrement capable de faire preuve d'autorité, d'optimisme, d'enthousiasme, de percevoir les bons cotés des choses, les opportunités et contraintes que renferme la situation, saisir les occasions au vol, les exploiter afin d'en tirer un profit, comprendre le sens et les exigences en jeu, évaluer les sacrifices nécessaires par rapport aux bénéfices escomptés dans vos engagements, de rentabiliser et optimiser, de donner ou trouver un sens, une signification et une utilité à ce que vous faites, de mettre en pratique, d'appliquer, d'utiliser des codes, des règles, des normes et des lois en vigueur et d'assumer vos responsabilités lorsque vous êtes face à une situation difficile, à des crises ou des obstacles, à des pressions occultes ou à des manipulations insidieuses, lorsque votre sécurité et votre survie sont en jeu, lorsque vous êtes en temps de guerre ou face à l'ennemi, lorsqu'il s'agit d'élucider un mystère, d'influencer le cours des événements ou de parcourir les différentes étapes de l'initiation.

Votre force se trouve dans votre dynamisme débordant d'énergie, dans votre persévérance et dans votre capacité à de faire preuve d'audace et d'un courage qui ne tremble devant rien. Vous pouvez être attiré par des activités comportant des combats, des risques et des dangers, procurant des sensations fortes ou pouvant vous permettre de vaincre la peur et de défier la mort. Il est essentiel pour vous de canaliser votre pouvoir dans une activité professionnelle sans quoi il peut se retourner contre vous et alimenter de puissants mécanismes de sabotage et vous rendre misérable ! Vous devez évitez d'être tout le temps en rapports de force avec l'autre, d'abusez de votre pouvoir personnel, de projeter à l'autre ses défauts à la conscience, de le culpabiliser, d'avoir systématiquement recours au chantage, de confondre amour et sexualité et de vous autodétruire à travers des pratiques sexuelles violentes et malsaines si vous voulez éviter de vivre dans la tourmente et l'angoisse. Vous avez parfois besoin de faire mal ou d'avoir mal, ce qui vous retombe automatiquement dessus. Vous devez aussi éviter une tendance systématique à dramatiser et à voir tout le temps les choses en noir.

Vous pouvez avoir des goûts, des aptitudes et des talents naturels pour diriger dans l'industrie, pour transformer et régénérer, pour percer les secrets de la vie et de la mort, pour diagnostiquer, surveiller, garder, sécuriser et gérer les affaires de sécurité et d'assurance, pour utiliser des dons occultes ou des facultés psychiques, pour évacuer ou gérer des systèmes d'évacuation, pour gérer les crises et les conflits et pour vous occuper de difficultés ou de personnes en difficultés, pour les activités liées aux forges et métaux (mécanique), où nécessitant un maniement d'outils ou d'armes et pour tout ce qui concerne les machines, pour les disciplines de combats (police et justice), pour les professions libérales et les métiers où il y a de l'indépendance et parfois pour certaines activités médicales qui nécessitent l'utilisation d'objets en métal ou de machines.
Vécu sous sa meilleure forme, Jupiter en Scorpion vous permet de mettre votre force de transformation au service de la vie et de devenir un agent de sécurité, de dépollution, de transformation ou d'initiation. Vous avez le pouvoir de changer le monde ! Rien que ça !

JUPITER EN SAGITTAIRE

Avec Jupiter en Sagittaire, votre enthousiasme se réveille lorsqu'il vous faut aller de l'avant, faire vos valises, découvrir de nouveaux cadres de vie, élargir vos horizons ou faire des affaires. Vous avez l'âme d'un aventurier ! Extraverti, dynamique, enthousiaste, chaleureux, généreux, démonstratif, expansif, souvent jovial, animé d'une bonne humeur communicative et débordant de vitalité et d'énergie, vous abordez le monde avec un certain optimisme.

Votre autorité naturelle et votre coté rassurant, protecteur voir paternaliste engendre la confiance et le respect de votre entourage. Vous avez une facilité naturelle pour comprendre et exploiter les mécanismes financiers, sociaux, culturels et politiques, pour utiliser les normes, les lois et les règles du jeu appliquées dans votre milieu, pour assimiler, organiser puis exploiter une quantité croissante d'informations et une vaste culture dont vous pouvez vous servir dans votre vie professionnelle et pour gérer vos ressources ou les ressources humaines et matérielles de votre environnement.

Vous pouvez ainsi acquérir une vaste culture dont vous pouvez vous servir dans votre vie professionnelle. Vous pouvez être doué pour coopérer, pour collaborer et pour agir en tenant compte des intérêts d'un groupe, du contexte spatio-temporel environnant et de l'ensemble de la situation, mais aussi pour trouver des solutions arrangeant tout le monde. Vous savez prendre des initiatives sur le terrain, faire plusieurs choses à la fois, être à l'aise partout et prendre les gens comme ils sont. Vous avez un respect inné de la hiérarchie, des us et coutumes, de l'ordre public et des symboles d'autorité. Vous avez des facilités pour communiquer avec autrui, grâce à votre grande disponibilité, à votre coté compréhensif, à votre ouverture d'esprit et à votre capacité à utiliser et maîtriser un langage partagé par l'ensemble de votre milieu.

 Vous êtes doué pour comparer entre elles différentes informations, pour émettre un jugement et des généralités, pour donner un sens et une représentation symbolique aux situations, aux objets et aux personnages, pour cerner les possibilités, le potentiel et les opportunités présentes dans une situation, pour saisir la chance au vol et pour vous donner les moyens de réaliser vos désirs en tenant compte des opportunités concrètes et des moyens dont vous disposez. Vous êtes souvent doué pour le travail de groupe, pour animer des débats ou des conférences, pour enseigner, pour guider et pour conseiller, pour parlementer et négocier des affaires, pour faire des rencontres et pour tisser un réseau de relations qui par leur soutien vous facilite énormément la vie dans le monde extérieur. Vous aimez vous comparer à d'autres pour constater les avantages de votre situation.

Vous avez besoin de vous extérioriser, d'exprimer votre vitalité, d'élargir vos horizons intérieurs et extérieurs par la culture et les voyages et de participer à la vie économique de la société en vous insérant dans un contexte professionnel. Vous pouvez être amateur d'aventures, de randonnées, d'expéditions, d'équitation, de tir à l'arc, de sports, de voyages, d'exotisme et avoir une certaine expérience des voyages et de l'étranger.

Vous vous sentez très à l'aise dans le lointain et n'êtes jamais aussi bien que lorsque vous faites vos valises. Vous avez besoin d'espace, de liberté, d'ampleur, d'une certaine envergure, d'événements extérieurs et de vous épanouir par la vie et l'action. Le confort, l'aisance, l'abondance et la prospérité matérielle, le sentiment d'exister socialement, d'être considéré et reconnu comme d'utilité publique, de représenter quelque chose et d'incarner une autorité sont pour vous les récompenses acceptées aux sacrifices que vous faites pour contribuer à la vie économique de la société.

Vous aimez le faste, le décorum, le prestige, les fêtes, les grandes réunions, les banquets et galas, les foires, les expositions et les lieus de réunions où peuvent s'échanger des idées ou des produits. Vous êtes sensible à votre image sociale, aux compliments et aux critiques et veillez à préserver une certaine honorabilité. Vous cherchez à adopter des règles générales et des principes philosophiques ou moraux vous permettant de vous orienter dans le monde extérieur et d'être à l'aise avec votre conscience. Afin de vous épanouir et de vous réaliser, vous vous intéressez souvent à la philosophie, à la métaphysique et aux religions. Vous pouvez éprouver le besoin de développer des aspirations religieuses, donner à la vie et à votre vie un sens allant au-delà des réalités matérielles, vivre selon un certain idéal et avoir un côté philanthrope ou tout au moins très généreux.

Vous êtes doué(e) pour percevoir les bons cotés d'une situation mais aussi les opportunités et contraintes qu'elle renferme, pour saisir les occasions au vol puis pour les exploiter afin d'en tirer un profit, pour évaluer si vos moyens correspondent à vos ambitions, pour adapter vos ambitions à vos capacités, pour vous donner les moyens de vous exprimer et pour partager avec autrui les résultats obtenus et les acquis de vos expériences. Vous avez à la foi le besoin et les capacités de comprendre le sens et les exigences de toute situation, d'évaluer les sacrifices nécessaires par rapport aux bénéfices escomptés dans vos engagements, de rentabiliser et optimiser, de donner ou trouver un sens, une signification et une utilité à ce que vous faites, de mettre en pratique, appliquer, utiliser des codes, des normes et des lois en vigueur et d'assumer vos responsabilités.

Vous savez, face à tout événement, faire preuve d'autorité et de maturité, de bon sens et d'un bon jugement et tenir compte du contexte environnant au sens large du terme. Vous avez une capacité à globaliser, à généraliser et à comparer ce qui est comparable avec les normes, avec ce qui se fait ailleurs de façon semblable ou différente.

Vous faîtes le nécessaire pour être dans la course, pour gérer la situation et pour dominer les événements, pour vous adapter et pour vous faire conseillé judicieusement lorsque cela vous semble utile et profitable. Vous disposez en général d'une puissante vitalité, d'une vigueur musculaire, d'une certaine force physique, d'une impressionnante réserve d'énergie et d'appétits sexuels forts mais sains.

Vous avez des facilités pour extérioriser votre énergie, vos instincts, votre dynamisme, vos élans de conquêtes et votre combativité. Cette facilité à vous extérioriser provient souvent d'une influence bénéfique du père ou d'une personne s'étant montré généreuse, chaleureuse, protectrice, stimulante et encourageante, d'un soutien familial et matériel, d'une approbation voire de récompenses de votre environnement social, d'une ouverture culturelle ou de l'influence bénéfique de voyages et de l'étranger.

Votre état d'esprit et l'ensemble de vos comportements vous permettent d'attirer dans votre vie l'aide bienveillante de personnages influents, des concours de circonstances vous permettant de réussir dans vos entreprises, une prospérité matérielle et une certaine chance qui peut vous immuniser contre les aléas et difficultés de l'existence. Jupiter en Sagittaire vous confère une nature qui peut être d'une part optimiste, généreuse, chaleureuse, joviale, boute en train, enthousiaste, entraînante, expansionniste voire colonialiste, parfois classique et conventionnelle, parfois aventurière, indépendante, voyageuse et exploratrice. Vous avez souvent besoin d'espace, d'envergure et de grandeur pour vous exprimer.

La puissance de votre autorité, votre maturité, votre goût pour exercer le pouvoir, pour faire la loi, pour élargir vos connaissances de façon à acquérir une grande culture, votre capacité à convaincre et vos capacités de coordination vous confère de puissantes capacités d'adaptation au monde, des moyens pour vous imposer, commander, diriger et manager et pour couronner vos entreprises de succès. Ces capacités vous permettent de prétendre à des postes importants, bien rémunérés et susceptibles d'engendrer une certaine aisance matérielle. Elles vous permettent de jouer un rôle important dans le monde extérieur et dans la vie financière, économique, culturelle ou spirituelle de votre milieu et souvent d'atteindre une position sociale élevée à partir de la trentaine ou de la quarantaine.

Votre destinée tend le plus souvent à suivre une courbe ascendante et à être particulièrement riche en événements. Vous pouvez avoir des goûts, des aptitudes et des talents pour enseigner, légaliser, légiférer, représenter, organiser, administrer, pour vous insérer socialement et aider d'autres à le faire, pour vous cultiver, pour voyager ou organiser des voyages et des expéditions, pour éduquer, philosopher, coordonner, pour découvrir le monde, pour organiser des transports, pour avoir des liens avec l'étranger, pour négocier, pour faire des affaires et pour gérer des projets d'envergure.

JUPITER EN CAPRICORNE

Avec Jupiter en Capricorne, le monde est un chantier permanent ou une organisation avec ses lois et ses structures. Et le monde peut initialement vous insécuriser jusqu'à ce que vous trouviez une place dans une structure ou que vous créiez votre propre organisation. Vous abordez en effet initialement le monde avec un regard critique, et d'autant plus qu'il vous parait désordonné ou au contraire plombé par trop de règles.

Vous êtes sensible aux difficultés présentes ou à vos limites, aux insuffisances et aux imperfections existantes dans le monde, à ce qui ne va pas dans la situation, à ce qui reste à faire et à vos lacunes éventuelles. Le monde engendre plus de questions qu'il n'apporte de réponses. Vous pouvez ainsi faire l'expérience de débuts difficile pour prendre position dans le monde. Il vous faut du temps et vous avez besoin de réfléchir et d'assurer vos arrières avant d'aller de l'avant. Mais vous progressez, par étapes, lentement mais sûrement. La vie vous apporte au départ une certaine timidité et un côté introverti qui petit à petit, à force d'observer, de travailler et de mûrir, se transforme en une puissance d'organisation, une force de travail considérable, un sens du travail bien fait, un sens de la qualité et une profondeur perspicace sur le monde et la vie.

Explorer le monde et élargir vos horizons tend à être pour vous synonyme d'apprentissage, de recherche, de découverte, de perfectionnement ou d'évolution vers une maîtrise de votre être, de votre corps et de votre vie. Ces différentes activités peuvent vous enthousiasmer. Vous pouvez avoir tendance à envisager votre vie extérieure comme un perpétuel chantier, comme un cheminement où domine une part d'inconnu, comme une continuelle évolution, comme une œuvre en construction ou comme une vaste école de formation.

Dès lors qu'il s'agit d'élargir vos horizons ou d'acquérir un certain confort matériel, lorsqu'il s'agit d'exploiter une opportunité ou de provoquer la chance, lorsqu'il s'agit de légiférer, de représenter, de coordonner, de gérer, d'administrer, de distribuer, d'éduquer, de conseiller, de guider, de faire des affaires ou de vous rendre utile, de conquérir votre place dans la société, d'occuper l'espace, d'exercer une activité professionnelle, de vous intégrer dans un groupe ayant des objectifs communs, de comprendre votre environnement social avec ses codes et sa culture ou de faire des affaires ; alors vous savez prendre de la distance et du recul, analyser la structure de la situation avec objectivité, observer avec détail et précision, voir les problèmes en face et faire le nécessaire pour les surmonter, procéder par étapes et prendre le temps nécessaire, éviter les excès, les exagérations et les généralisations abusives, faire preuve de prudence, tirer des leçons, des principes ou une morale des événements, vous organiser avec rigueur et pragmatisme, vous discipliner et travailler avec acharnement jusqu'à ce que votre objectif soit atteint et votre œuvre réalisée.

Vous savez poser les questions qui s'imposent et remettre les choses en question lorsque cela est nécessaire. Vous savez utiliser le langage avec précision, en trouvant les mots justes, mais vous connaissez aussi la valeur du silence. Vous avez besoin de comprendre le sens de la vie ou de votre vie, ou tout au moins d'en donner un, mais aussi d'organiser et de contrôler votre vie et votre destinée. Vous êtes un peu lent à démarrer mais lorsque vous vous engagez, lorsque vous êtes lancé, vous savez faire la différence entre ce qui est prioritaire et ce qui est secondaire. Vous avez de la suite dans les idées. Vous savez vous fixer des objectifs à long terme, préparer longtemps à l'avance ce que vous voulez faire, définir des étapes, élaborer des plans d'action ou de formation et des méthodes d'exécution, mettre en place les structures adaptées, agir de façon stratégique, méthodique, précise et en profondeur, vous discipliner pour construire, fournir des efforts prolongés, abattre une quantité parfois impressionnante de travail, contrôler les situations auxquelles vous êtes confronté et mener le chantier à terme.

Votre faculté de concentration, votre fermeté, votre ténacité opiniâtre et votre persévérance dans l'action tournent parfois à l'obstination, à l'acharnement et à l'obsession mais elles peuvent vous permettre d'aller loin et d'assumer à terme de grosses responsabilités. Votre volonté inflexible et parfois rigide vous empêche de vous laisser distraire ou détourner du résultat recherché, vous permet de recommencer si vos entreprises ont été malencontreusement interrompues et de mener des entreprises longues et difficiles jusqu'à leur aboutissement.

L'ambition et l'atteinte d'objectifs à long terme vous motivent dans la lutte pour le pouvoir, la domination et la réussite professionnelle. Votre désir d'insertion professionnelle, d'élargir vos horizons ou de faire la loi en affirmant votre autorité est aussi souvent motivée par un besoin de sécurité et de sérénité Vous avez besoin de faire carrière et d'acquérir une solidité professionnelle. Vous utilisez votre idéal philosophique, religieux, culturel ou spirituel et une prise de conscience des conséquences de vos actes sur l'entourage pour grandir, mûrir, vous perfectionner mais aussi pour acquérir un plus grand contrôle sur vous-même ou sur les autres.

Vous avez tendance à aborder la culture, les conceptions philosophiques, les idéaux sociaux, les aspirations religieuses (si vous en avez) et les enseignements en cherchant d'une part à les théoriser pour en comprendre les structures et les principes fondateurs et d'autre part à les expérimenter pour en extraire l'essentiel ou l'essence. Initialement rebelle à tout enseignement, vous avez besoin de les vérifier, de les valider et seulement alors de les utiliser de façon fonctionnelle et pragmatique.

Vous êtes particulièrement capable de faire preuve d'autorité, d'optimisme, d'enthousiasme, de percevoir les bons cotés des choses, les opportunités et contraintes que renferme la situation, saisir les occasions au vol, les exploiter afin d'en tirer un profit, comprendre le sens et les exigences en jeu, évaluer les sacrifices nécessaires par rapport aux bénéfices escomptés dans vos engagements, de rentabiliser et optimiser, de donner ou trouver un sens, une signification et une utilité à ce que vous faites, de mettre en pratique, d'appliquer, d'utiliser des codes, des règles, des normes et des lois en vigueur et d'assumer vos responsabilités lorsqu'il s'agit d'assumer des responsabilités, lorsque l'essentiel est en jeu, lorsqu'il s'agit d'acquérir ou de préserver une certaine sécurité, lorsque vous êtes face à des difficultés, lorsqu'il s'agit de mettre de l'ordre, de structurer ou de vous imposer une certaine discipline, lorsque vous abordez l'inconnu ou entreprenez une recherche, une quête ou une étude mais aussi lorsqu'il s'agit de parcourir les différentes étapes de l'évolution spirituelle.

Vous pouvez trouver un épanouissement dans le silence, le recueillement, la solitude et la méditation. Votre sens de l'organisation et de la précision, votre sens de l'effort et vos capacités à construire, votre sens pratique, votre réalisme, votre logique, votre sens de l'expérimentation et votre capacité à abattre des quantités colossales de travail peuvent vous conférer de puissantes aptitudes réalisatrices.

Vous pouvez être à la fois un excellent théoricien parce que pratique et fonctionnel et un excellent homme de terrain de part votre bon sens, votre pragmatisme organisé, votre rigueur et votre sérieux. Vous pouvez être doué pour comprendre les théories, les hypothèses, les structures et les systèmes organisés, pour manier des chiffres, des plans et des schémas, pour trouver des applications concrètes et une utilité pratique à toute théorie, à toute recherche, à toute formule mathématique ou à toute découverte. Inversement, toute recherche, toute théorie, toute découverte, toute organisation ou tout principe doit servir à quelque chose et être rentable.

Votre juge moral tend à être particulièrement puissant et à jouer un rôle actif dans votre vie. Il vous incite à agir en utilisant un ensemble de principes, de règles ou de lois morales et peut vous culpabiliser lorsque vous ne faîtes pas de votre mieux. Votre besoin que les choses soient bien faîtes vous incite à vous montrer perfectionniste, exigent et parfois dur tant envers vous-même qu'envers les autres, mais aussi à faire preuve d'honnêteté, de droiture, de sérieux et d'une grande conscience professionnelle. Parce que vous savez agir de votre mieux ou agir de façon à avoir la conscience tranquille, vous pouvez acquérir à partir d'un certain âge une certaine sérénité intérieure. Et il est important pour vous d'agir de façon à avoir la conscience tranquille et de ne pas avancer trop vite dans la vie. Vous avez tendance à choisir et à trier ce qui vous semble bon à vivre ou à expérimenter et à écarter vigoureusement tout ce qui est extérieur à la situation utile. Vous agissez souvent avec une certaine prudence, que lorsque vous possédez un maximum de moyens et êtes sur d'être à la hauteur de la tache.

Si cela limite parfois votre champs d'expériences, vous enlève une part de spontanéité et de souplesse ou vous retarde dans vos initiatives, vous reculez pour mieux sauter, attendez patiemment le moment d'agir et y gagnez en profondeur et en perfection. Vous pouvez avoir des goûts, des aptitudes et des talents naturels pour structurer ou travailler sur les structures, bâtir, construire, pour gérer une organisation ou des chantiers, pour organiser, contrôler, veiller à la bonne qualité, analyser, prohiber, fixer des limites, administrer, réfléchir et chercher, pour gérer le temps et tenir compte du temps, pour travailler la terre ou la pierre, pour créer des formes ou des objets et pour apporter de la sagesse, de la vérité et de la sérénité. Vécu sous sa meilleure forme, Jupiter en Capricorne vous permet de réaliser une œuvre qui dure dans le temps et parfois d'entrer dans l'histoire.

JUPITER EN VERSEAU

Avec Jupiter en Verseau, le monde est une société en pleine évolution qu'il faut encore améliorer, un vaste réseau de communication ou chacun peut et doit s'exprimer librement mais aussi une planète polluée et malade qui doit être réparée.

Dès lors qu'il s'agit de conquérir votre place dans la société, d'occuper l'espace, d'exercer une activité professionnelle, de vous intégrer dans un groupe ayant des objectifs communs, de comprendre votre environnement social avec ses codes et sa culture, de faire des affaires ; alors vous êtes particulièrement capable d'utiliser les moyens modernes de communication, de faire preuve d'intelligence, d'humanité, d'être optimiste et positif, de voir l'aspect prometteur et bénéfique d'une situation, de faire naître l'espoir autour de vous, de trouver des solutions qui servent l'intérêt général, d'affirmer votre spécificité et vos convictions, de vous organisez et vous disciplinez pour vous maîtriser ou pour maîtriser la situation, de faire des projets ou de vous projeter dans l'avenir, d'inventer, d'innover et de faire des découvertes mais aussi d'exprimez votre idéal, votre idéologie ou vos valeurs humaines ou spirituelles.

Un paradoxe chez vous est que, malgré votre individualisme, votre dynamisme s'exprime plus facilement à travers des causes impersonnelles dont puissent profiter l'ensemble de l'humanité, au sein d'un groupe, d'une association, d'une entreprise de communication par le son, les mots ou les images, d'une grande entreprise voire d'une multinationale qu'à travers des initiatives égoïstes et individuelles. Cela explique peut être pourquoi la tradition attribuait un manque d'épanouissement personnel à Jupiter en Verseau car l'épanouissement potentiel que cette position planétaire renferme a souvent besoin, pour se révéler d'une action de groupe, d'un cadre organisé, d'une culture d'entreprise, d'une idéologie, de principes spirituels ou humanitaires, des autres et des valeurs ou objets du monde moderne qui n'existent que depuis un peu plus d'un siècle.

De nos jours Jupiter en Verseau permet une adaptation efficace au monde moderne. Vous pouvez avoir des facilités pour redresser des situations en difficulté, pour vous dépasser afin de progresser, pour utiliser votre sens psychologique ou technologique, pour devenir un spécialiste technique, pour vous faire des amis ou pour travailler en groupe ou en réseau.

Vous pouvez être doué pour vous constituer un réseau de soutien, pour poursuivre vos objectifs professionnels sans vous laisser détourner de votre voie par d'éventuelles pressions extérieures, pour vous imposer avec énergie et détermination, pour assumer de grosses responsabilités, pour vous adapter au monde moderne grâce à votre maîtrise des moyens de communication, pour réussir dans votre domaine professionnel et pour vous adapter à la vie moderne. Vous savez affirmer vos convictions et votre spécificité, vous mobiliser et faire le nécessaire lorsque vous avez besoin d'élargir vos horizons ou d'acquérir un certain confort matériel, lorsqu'il s'agit d'exploiter une opportunité ou de provoquer la chance ou lorsqu'il s'agit de légiférer, de représenter, d'organiser, de coordonner, de gérer, d'administrer, de distribuer, d'éduquer, de conseiller, de guider, de faire des affaires ou de vous rendre utile.

Un désir de communication, de liberté, de progrès ou de faire partie d'un réseau vous motive dans votre besoin de réussir professionnellement. Vous utilisez votre idéal philosophique, religieux, culturel ou spirituel pour vous libérer, pour progresser et pour avoir de l'espoir. L'amitié est pour vous un moyen d'épanouissement et votre vie tend à être jalonnée par de nombreuses relations amicales ou sociales. Ces relations peuvent vous aider à vous insérer professionnellement, à vous enrichir ou à élargir vos horizons matériels, intellectuels, culturels ou spirituels.

Jupiter en Verseau vous apporte une intelligence relationnelle, l'intelligence des réseaux, la générosité, un sens du partage et de la coopération, un coté altruiste, humain, humaniste, philanthrope, fraternel et universel, une mentalité progressiste et novatrice, un sens démocratique ainsi qu'une excellente compréhension des mécanismes sociaux, psychologiques, économiques et politiques qui régissent l'être humain et les sociétés. Il peut vous conférer une exceptionnelle ouverture d'esprit, une envergure intellectuelle, philosophique, culturelle ou spirituelle et la capacité à situer votre vie dans un cadre de référence universel.

Vous avez parfois besoin de motivations extérieures pour vous exprimer et pour affirmer votre autorité. Votre autorité est mise au service des autres et du progrès de la société. Vous pouvez avoir une compréhension intuitive et pratique des lois universelles et des mécanismes psychologiques, spirituels, techniques, scientifiques, politiques et humains qui régissent les hommes, les sociétés, la matière et l'esprit.

Vous avez besoin d'une certaine liberté d'action dans votre cadre professionnel. Votre dynamisme, votre le magnétisme personnel, votre optimisme et votre capacité à vous accorder aux rythmes de votre destinée, en étant attentifs aux coïncidences et aux synchronicités qui peuvent survenir est souvent synonyme de chance insolite. Vous êtes particulièrement capable de faire preuve d'autorité, d'optimisme, d'enthousiasme, de percevoir les bons cotés des choses, les opportunités et contraintes que renferme la situation, saisir les occasions au vol, les exploiter afin d'en tirer un profit, comprendre le sens et les exigences en jeu, évaluer les sacrifices nécessaires par rapport aux bénéfices escomptés dans vos engagements, de rentabiliser et optimiser, de donner ou trouver un sens, une signification et une utilité à ce que vous faites, de mettre en pratique, d'appliquer, d'utiliser des codes, des règles, des normes et des lois en vigueur et d'assumer vos responsabilités lorsqu'il s'agit de concrétiser vos projets, lorsqu'il s'agit de vivre des expériences inconnues ou d'explorer de nouveaux horizons ou lorsqu'il s'agit de faire des réformes visant à améliorer les situations.

Malgré votre tendance à être détaché intérieurement des événements et à intellectualiser ou analyser toute situation, vous n'entendez pas moins participer activement au monde extérieur et savez vous engager totalement dans toute situation. Vif, nerveux et souvent sous tension, vous savez focaliser toutes vos forces sur le résultat à atteindre et agir comme il le faut, au bon moment et au bon endroit. Cela vous permet d'avoir un puissant contrôle sur votre vie. Vous êtes souvent totalement sûr et convaincu de ce qu'il faut faire et acceptez parfois difficilement qu'il peut exister d'autres moyens, d'autres angles d'attaques et d'autres possibilités pour parvenir aux mêmes résultats. Vous permettez rarement aux événements de modifier votre trajectoire ou vos convictions et avez une remarquable capacité à franchir les obstacles. Vous avez tendance à prendre votre vie en main et à imposer votre empreinte sur les événements plutôt que de les subir.

Votre capacité à intellectualiser les événements, à comprendre leur cause et leur sens, à saisir comment ce que chacun porte à l'intérieur de son être engendre les événements équivalents dans le monde extérieur ne vous font en général guère croire au hasard. Vous tendez à avoir la certitude que le ciel vous aidera si vous vous aidez vous-même. Et souvent, vos initiatives peuvent être secondées par des appuis, par des relations amicales et par des personnes rencontrées sur le chemin de la vie. Vous vous sentez néanmoins responsable de ce qui vous arrive et rendez facilement responsable autrui de ce qui leur arrive. Cela vous rend parfois dur, exigent et intransigeant tant envers vous-même qu'envers autrui. Vous avez souvent une façon très personnelle d'agir.

Vous aimez sortir des sentiers battus, suivre votre voie personnelle et ne pas faire comme les autres. L'espoir est une force qui vous fait vivre. Vous pouvez vous sentir épanoui ou confortable lorsqu'il s'agit de provoquer chez autrui l'espoir, lorsque vous défendez des valeurs humanitaires ou démocratiques, une idéologie, les droits de l'homme ou les droits du travail et lorsque vous aidez autrui en leur apportant une vie meilleure ou en les libérant de leurs difficultés. Vous assumez parfois un rôle de sauveur, de St Bernard, de Zorro, de libérateur ou d'Ange gardien, en vous positionnant en dominant tendant la main au dominé. Vous pouvez croire aux Anges parce que vous avez des preuves concrètes suite à vos expériences vécues et parce que vous vivez leur influence dans votre existence. Vous pouvez cependant avoir tendance à vouloir aider les autres et à ne pas assez vous occupez de vous-même et de votre vie privée. Votre vie extérieure tend à être influencées voire dictée par des idées, par une idéologie, par des valeurs spirituelles, par des intuitions claires, par des certitudes, des convictions et par un besoin d'évolution, de nouveauté et de progrès.

Vous pouvez avoir des goûts, des aptitudes et des talents naturels pour travailler en groupe, pour organiser des projets ou pour faire de la logistique, pour les sciences, les techniques et les télécommunications, pour gérer un réseau, pour coopérer, réformer, nettoyer, être à l'avant garde, pour vous consacrer à une cause universelle, pour trouver des solutions, pour les métiers d'aide et de conseils, pour soulager des maux physiques et moraux, pour participer au progrès collectif et à la vie moderne, pour vous spécialiser, pour innover ou inventer, pour participer à un mouvement humanitaire, à une grande société ou à une association. Avec Jupiter en Verseau, vous avez non seulement besoin de vous intégrer dans la société mais de contribuer à son progrès et à sa modernité. Vécu sous sa meilleure forme, Jupiter en Verseau vous permet d'œuvrer pour aider autrui ou pour rendre le monde meilleur, soit au niveau technique, soit au niveau psychologique.

JUPITER EN POISSONS

Avec Jupiter en Poissons, le monde est un océan de possibilités sans ordre ni structure particulière mais aussi un univers composés de personnes qui aspirent à aller d'un état de souffrance à un état de transcendance. Le monde vous inspire et vous avez avant tout besoin d'avoir la foi, de soulager les souffrances et les misères du monde mais aussi de rêve et d'évasion.La vie vous apporte au départ la carte de la foi, de l'inspiration, du lâcher-prise, de la compassion, du dévouement et de la capacité à vous relier à l'inconscient collectif.

L'influence de la planète Neptune vous confère une tendance naturelle à être détaché intérieurement et à vous déconditionner des idées, des certitudes et des cultures précédemment apprises. Vous ressentez fortement le besoin de vous évader par la rêverie et l'imagination, de fuir les réalités extérieures pour vivre votre réalité intérieure ou de vous fuir à travers votre réalité extérieure, de vous désengager et d'oublier. Souvent absent(e), ailleurs, et indifférent(e) quand vous n'avez pas envie d'être concerné(e), vous semblez parfois attendre la venue du printemps dans un état de contemplation. Les réalités quotidiennes et le monde matériel peuvent initialement vous ennuyer et vous vous sentez parfois comme un étranger(e) sur une terre étrange. Vu des mondes de l'âme, vous pouvez soit avoir l'impression d'être comme en exil et à l'étroit dans ce monde matériel soit au contraire avoir l'impression que le monde et ses habitants ne font qu'un seul navire, qu'une seule nation, où s'effacent les différences. Il est cependant important pour vous de comprendre que les besoins et comportements décrits précédemment sont un moyen, qu'ils ont un rôle, celui de vous permettre d'évoluer spirituellement et d'intégrer la réalité éternelle dans votre vie et surtout qu'ils doivent être équilibrés par une participation à une activité dans le monde extérieur sans quoi ces comportements risquent d'engendrer un certain laisser-aller, un risque de devenir un parasite social et freiner votre évolution.

Mais une fois que vous êtes lancé dans la vie, et dès lors qu'il s'agit de conquérir votre place dans la société, d'occuper l'espace, d'exercer une activité professionnelle, de vous intégrer dans un groupe ayant des objectifs communs, de comprendre votre environnement social avec ses codes et sa culture ou de faire des affaires ; alors vous êtes particulièrement capable de faire entrer en jeux votre besoin de rêve et d'évasion, vos mémoires de vies passées, vos mémoires généalogiques, vos croyances spirituelles, une capacité à vivre en fusion émotionnelle avec la situation et les personnes qui la compose, de brancher vos antennes sur l'inconscient collectif afin de répondre aux besoins collectifs, d'utiliser votre sixième sens et votre intuition, mais aussi de faire preuve d'amour inconditionnel, de dévouement, de compassion et de charité. Votre vie peut donc suivre un chemin qui peut paraître, vu de l'extérieur, étrange ou chaotique, dont la logique n'est pas forcément évidente à première vue. De même, vous savez avoir la foi et vous laisser porter par votre intuition et vos inspirations lorsque vous avez besoin d'élargir vos horizons ou d'acquérir un certain confort matériel, lorsqu'il s'agit d'exploiter une opportunité ou de provoquer la chance ou lorsqu'il s'agit de légiférer, de représenter, d'organiser, de coordonner, de gérer, d'administrer, de distribuer, d'éduquer, de conseiller, de guider, de faire des affaires ou de vous rendre utile.

La foi et le sentiment de contribuer à soulager les souffrances et misères du monde vous motivent dans la lutte pour la réussite professionnelle. Et parce que vous avez la foi, parce que vous connaissez la force de la foi, parce que vous croyez que tout est possible et que vous ne faîtes pas vraiment la différence entre le possible et le rêve, vous pouvez remuer des montagnes et obtenir des résultats surprenants, incroyables voire miraculeux, comme si les événements se produisaient d'eux même sans démarche consciente de votre part. Vos puissantes inspirations vous permettent de faire ce qu'il faut, comme il faut ou et quand il faut.

La foi soulève des montagnes et engendre des actes magiques quand on sait s'en servir. Il peut être bénéfique pour vous de cultiver l'énergie de la foi. Vous utilisez votre idéal philosophique, religieux, culturel ou spirituel et une prise de conscience des conséquences de vos actes sur l'entourage pour développer votre foi et un sentiment de communion avec la vie, avec le grand tout, avec l'univers. Vous avez tendance à aborder la culture, les conceptions philosophiques, les idéaux sociaux, les aspirations religieuses (si vous en avez) et les enseignements comme un moyen de rêve et d'évasion, en fonction des émotions suscitées en vous. Votre besoin de vous insérer dans la société ou d'élargir vos horizons tendent s'exprimer en fonction d'une logique qui vous est propre, d'une logique qui n'est pas facile à définir ni à communiquer parce qu'elle est irrationnelle et bien au-delà des mots et parce qu'elle fait intervenir d'autres dimensions.

 Ainsi, le fait que vous soyez enthousiaste pour vous engager dépendra de l'effet vibratoire de la situation, de l'énergie qui en émane, des émotions qu'elle suscite au plus profond de vous-même, de ce que vous ressentez à ce moment précis, du temps qu'il fait, ou d'autres raisons très personnelles et quelques fois inconscientes, par exemple parce que la situation évoque une impression de déjà vu, un souvenir d'un lointain passé ou d'une vie antérieure, ou parce qu'elle est en résonance avec une mémoire généalogique. Et vous pouvez être amené à revisiter des pays et des situations que vous avez déjà connues " dans d'autres vies ".

Tout ce qui concerne la vie extérieure est pour vous une question de feeling, de sensibilité et comme vous dites, cela ne s'explique pas. D'où votre coté irrationnel, insaisissable et parfois déroutant(e). Et vous êtes hyper sensible, captant tout ce qu'il y a dans l'air du temps, dans l'inconscient collectif et dans le cosmos. Vous avez facilement besoin que vos engagements ou vos expériences correspondent à des aspirations spirituelles plus profondes ou qu'ils soient soutenus, confirmés, validés par une foi, par la volonté de vos ancêtres, par le hasard, par les Dieux ou par ce en quoi vous croyez.

Votre vie est en tout cas très liée à vos mémoires ancestrales. Il peut être particulièrement important pour vous de faire votre arbre généalogique afin de ne pas reproduire les schémas de vos ancêtres et surtout afin de vivre votre vie à vous! Vous captez tout tel un radar et pouvez être facilement influençable par les désirs des autres, par les énergies ambiantes, par les rumeurs, par les bruits qui courent et par l'air du temps. Cela peut vous permettre de vous imbiber des faits, de la situation présente et de vos expériences au point qu'elles fassent intimement partie de vous, mais aussi d'agir en communion totale et en symbiose parfaite avec les événements. Vous savez ainsi vous laisser porter par la situation un peu comme une fourmi dans la fourmilière. Vous vous sentez ainsi systématiquement concerné par le moindre événement au point qu'il vous faille à tout prix intervenir et réagir, surtout lorsqu'une situation inconnue se présente ou que le hasard entre en jeu. Il est important pour vous de bien faire la différence entre les désirs du groupe et vos désirs personnels afin de surmonter une tendance à la dépersonnalisation. Votre capacité à ressentir les désirs du groupe peut cependant vous permettre d'être à la tête d'un groupe ou d'une collectivité.

Vous pouvez être doué pour provoquer chez autrui des émotions collectives de nature quasi religieuses ou des émotions fortes, et dans certains cas pour galvaniser et entraîner les foules ou le groupe dans une action collective. Vous êtes également très sensible aux souffrance des autres et la part de bonté, de charité, de dévouement, de sensibilité, de douceur toute maternelle et de sincérité désintéressé qu'il y a dans votre cœur peut vous inciter à porter secours, à soigner ou assister des personnes qui sont souffrantes ou malades, physiquement ou moralement, ou à vous occuper d'œuvres religieuses, sociales ou philanthropiques. Vous pouvez avoir des goûts, des aptitudes et des talents naturels pour explorer l'ailleurs, pour soulager et soigner les souffrances et misères du monde à travers une activité sociale, médicale ou paramédicale, pour utiliser votre foi et votre intuition, pour capter et ressentir ce qui se passe, pour inspirer et être inspiré(e), pour rêver et faire rêver, pour vous dévouer, pour utiliser un sens communautaire et humanitaire, pour relaxer et détendre, pour assister, pour explorer l'invisible et l'inconscient, pour sonder, pour participer à une entreprise collective, pour communier, pour faire de la magie à votre façon, pour vous évader et pour communiquer par l'image, la musique, le son et les émotions. Vécu sous sa meilleure forme, Jupiter en Poissons vous permet d'œuvrer avec amour, générosité, compassion et dévouement pour générer de la cohésion sociale, pour soulager les souffrances et les misères de monde, pour apporter du rêve, de l'enchantement et de la magie mais aussi pour aider chaque personne à se rapprocher de sa nature divine.

Saturne en signes :

SATURNE EN BELIER

Saturne en Bélier est le porteur de l'énergie et de l'audace. Avec Saturne en Bélier, vous pouvez trouver votre sécurité, vous construire, évoluer, grandir, devenir plus sage et trouver la paix intérieure en étant totalement dans l'instant présent, en étant actif et créatif, en ayant confiance en vous, en développant des savoirs-faire, à travers un engagement dans une entreprise, à travers le sport, en mobilisant vos énergies pour vous affirmer, en luttant pour obtenir des résultats, en faisant face aux réalités du monde extérieur, en vous frottant à la vie, en assumant des responsabilités dans un poste de leader, en recherchant la performance et l'efficacité dans ce que vous faîtes, en prouvant que vous existez mais aussi en maîtrisant vos colères, votre impatience et votre impulsivité.

Vous pouvez aller au fond de vous-même grâce à votre capacité à être totalement dans l'instant présent, à être à l'écoute des vibrations et des mouvements d'énergie dans votre corps et à vous relier à votre cœur.

Saturne en Bélier peut initialement gêner et freiner vos actions et l'affirmation de votre personnalité. Elle peut conférer un manque de confiance en vos moyens, une peur de blesser et d'être blessé(e), une peur d'être le premier ou une peur d'agir parce qu'elle vous sensibilise aux manques et aux insuffisances, parce qu'elle vous incite à douter, à vous remettre en question, à poser tout le temps des questions, à vous montrer exigent et à rechercher une certaine perfection. Quand vous comprenez que cette sensibilité et ces comportements sont un moyen d'évoluer, d'agir de façon juste et de réaliser des œuvres de qualités, vous pouvez pleinement exploiter cette énergie. Vous pouvez l'exploiter de façon optimale si vous faîtes toujours de votre mieux sans cherchez à être parfait, et si vous cherchez à évoluer en sachant que l'important n'est pas d'avancer lentement ou rapidement mais d'avancer tout de même. Et vous avez de grandes capacités réalisatrices.

L'énergie du Bélier peut aussi initialement gêner l'expression de Saturne. Vous pouvez ainsi ressentir comme un outrage à votre indépendance les obligations que vous vous imposez, être trop agité pour prendre de recul, vous poser, expérimenter le silence, méditer et réfléchir ou encore être trop pressé pour prendre votre temps et envisager les choses à long terme, jusqu'à ce que vous compreniez que Saturne, par ses qualités d'organisation, sa persévérance, sa profondeur, sa recherche de qualité et son sens des responsabilités peut vous rendre beaucoup plus efficace.

En effectuant une réflexion profonde sur les valeurs «Bélier» que sont l'action, l'engagement, la confiance en soi, la combativité, vous pouvez apprendre à les accepter, à les exprimer et à les utiliser consciemment dans un but constructif. Vous devez apprendre à trouver un équilibre entre le besoin de résultats immédiats et le besoin de résultats à long terme, entre la capacité à vous engager dans le présent et la capacité à prendre du recul, entre le besoin d'avoir un idéal et la nécessité de tenir compte des réalités concrètes du terrain, entre la stabilité et la nouveauté. Vous devez aussi intégrer que la colère est un mouvement désordonné de l'âme offensée voire blessée parce qu'elle n'a pas accepté une personne ou une situation qui ne pouvait être autrement que ce qu'elle a été, et apprendre à pardonner.

Saturne en Bélier peut vous permettre de déstabiliser et réformer des organisations, des structures ou les comportements rigides et peut vous conférer une grande puissance de travail et un sens de l'organisation particulièrement efficace. Dès lors qu'il s'agit de vous organiser, de vous discipliner de construire et de structurer, d'assurer votre sécurité, de faire des recherches, de planifier à long terme ; alors vous êtes particulièrement capable de concentrer votre énergie, d'être à 100% présent, de vous battre, de déployer les grands moyens et d'être offensif et s'il le faut agressif. Le sens de l'expérimentation est développé chez vous et vous êtes quelque part toujours «en chantier». Et votre juge moral tend à être viril, dur, percutant et orienté vers la recherche de résultats. Il est donc important que vous développiez une vision réaliste de qui vous êtes, avec vos qualités et vos difficultés.

Vous pouvez développer, surtout dans la deuxième partie de votre vie, des capacités pour travailler dans monde de l'entreprise ou du sport, pour toutes les activités nécessitant l'usage du corps physique et de courage, pour les activités liées aux métaux (mécanique), nécessitant un maniement d'outils ou d'armes et pour tout ce qui concerne les machines, pour les disciplines de combats (police et justice), les professions libérales et les métiers où il y a de l'indépendance et parfois pour certaines activités médicales qui nécessitent l'utilisation d'objets en métal ou de machines. Saturne en Bélier vous propose ainsi un chemin vers l'Amour de qui vous êtes, de la confiance en vous, vers le courage, l'autonomie, l'activité et la créativité.

SATURNE EN TAUREAU

Saturne en Taureau est le porteur du plaisir, de la joie et de la gestion de ressources matérielles (financières/immobillières). Avec Saturne en Taureau, vous pouvez trouver votre sécurité, vous construire, évoluer, grandir, devenir plus sage et trouver la paix intérieure en développant le sentiment d'être bien incarné dans la matière, en utilisant vos cinq sens, en gérant des flux financiers, des terres ou des biens immobiliers, en faisant fructifier un patrimoine, en ayant des relations sociales, commerciales ou intimes ou en fondant une famille, en incarnant une conscience de l'abondance, un sentiment de bonheur profond, la joie de vivre et le plaisir d'être vivant et en faisant preuve de persévérance et de ténacité.

Saturne en Taureau est là pour vous apprendre que Dieu vit dans la joie, que le bonheur sur Terre existe si vous savez le créer, mais aussi à bien faire la différence entre vos désirs et ce dont vous avez réellement besoin, en sachant que l'être humain vient sur terre nu et repart sans rien ou autrement dit, que les biens matériels sont un moyen et non une fin en soit. Votre besoin profond de posséder des biens ou des moyens financiers doit vous aider à évoluer, à grandir et surtout pas vous plomber dans la matière. Votre besoin profond de stabilité doit néanmoins vous permettre de changer de vie, de carrière ou de mode de fonctionnement si c'est ce qu'il y a de mieux pour vous. Saturne en Taureau peut initialement gêner et freiner votre sentiment de plaisir, votre joie de vivre et votre relation à la matière. Elle peut conférer un manque de confiance en vos moyens, une peur de manquer d'argent ou de ressources, une peur de vous sentir coupable si vous éprouvez du plaisir, une peur de posséder ou de vous incarner parce qu'elle vous sensibilise aux manques et aux insuffisances, parce qu'elle vous incite à douter, à vous remettre en question, à vous montrer exigent et à rechercher une certaine perfection.

Quand vous comprenez que cette sensibilité et ces comportements sont un moyen d'évoluer, d'agir de façon juste et d'être dans la vérité, vous pouvez pleinement exploiter cette énergie. Et vous pouvez l'exploiter de façon optimale si vous vous créez une situation matérielle et financière solide, en évitant d'être dépendant d'une autre personne pour satisfaire vos besoins matériels et financiers, tout en sachant que vous abandonnerez toute chose matérielle lorsque votre corps physique redeviendra poussière. Dès lors qu'il s'agit de construire et de structurer, d'assurer votre sécurité, de faire des recherches, de planifier à long terme, alors vous êtes particulièrement capable de vous organiser avec persévérance et acharnement, de rentabiliser et de faire fructifier, d'utiliser votre charme naturel, votre intelligence relationnelle et votre sens de la valeur marchande des biens et des services. Vos goûts et vos choix esthétiques, vestimentaires, relationnels, affectifs et financiers peuvent dépendre de vos convictions profondes, de votre besoin de sécurité et de sérénité.

Cela vous prédispose aux idées fixes, aux prises de positions fermes et à une certaine obstination mais aussi à de remarquables qualités de gestionnaire, d'organisateur et de bâtisseur. Vous êtes particulièrement capable de prendre du recul, d'élaborer une stratégie à long terme, de faire des recherches, de faire preuve de pragmatisme et de réalisme, de vous organiser, de vous discipliner et de travailler avec acharnement lorsqu'il s'agit de satisfaire vos désirs, de conquérir votre bonheur, de fonder une famille, de gérer les affaires matérielles ou d'exprimer votre sens esthétique ou artistique. Votre juge moral tend à être pragmatique et teinté de bonté et de gentillesse. Vous pouvez développer, surtout dans la deuxième partie de votre vie, des capacités pour le dessin, la musique, l'alimentaire, le jardinage, les fleurs, la coiffure ou la bijouterie, pour la création d'objets, pour les activités en rapport avec un public, les valeurs familiales et les enfants, la gestion immobilière et le foyer. Vous pouvez aussi avoir des aptitudes pour l'art, la photo, la parfumerie, la décoration, le travail du cuire, de la terre ou de la pierre, pour le jardinage et le paysagisme, la danse, pour toute activité associative, pour tout ce qui concerne les loisirs et pour tout ce qui permet d'agrémenter l'existence de plaisir, de bonheur et de joie de vivre.

SATURNE EN GEMEAUX

Saturne et les Gémeaux ont en commun un besoin de savoir, de comprendre, de chercher et d'expérimenter. Les Gémeaux tendent cependant à rester à la surface de la vie, dans l'éphémère, et s'étendent à l'horizontal, ce qui leur permet d'avoir l'ouverture nécessaire à l'adaptation au monde alors que Saturne vit en profondeur et s'étend dans un axe vertical, dans l'éternité, ce qui lui permet de trouver la sérénité. La planète Saturne et le signe des Gémeaux sont ainsi à la fois très différents mais très complémentaires. Les Gémeaux peuvent aider Saturne à s'ouvrir, à sortir de sa tour d'ivoire, à s'accorder le droit de s'amuser et à être plus souple et drôle qu'elle ne l'est en général. Saturne peut aider les Gémeaux à se concentrer, à faire le tri entre l'essentiel et l'anecdotique, à mûrir, à être plus conscient des conséquences de ses actes journaliers sur sa vie éternelle, mais aussi à être plus sérieux, plus profond et plus responsable. Saturne en Gémeaux est le porteur de l'intelligence et de la communication. Avec Saturne en Gémeaux, vous pouvez trouver votre sécurité, vous construire, évoluer, grandir, devenir plus sage et trouver la paix intérieure en développant vos capacités de communication et d'adaptation, à travers l'apprentissage et la découverte, à travers le rire et le jeu, à travers le commerce de biens et de services, en étant toujours bien informé, à travers une conscience des mouvements de la vie et en ayant le sentiment d'être adapté à votre environnement.

Saturne en Gémeaux peut initialement gêner et freiner votre communication, vos mouvements et votre adaptation au monde, tout en vous conférant une éternelle jeunesse. Elle peut conférer un manque de confiance en vos moyens intellectuels, une peur de vous sentir coupable si vous dites ce que vous pensez, si vous demandez la parole ou si vous demandez à être écouté parce qu'elle vous sensibilise aux manques et aux insuffisances, parce qu'elle vous incite à douter, à vous remettre en question, à vous montrer exigent et à rechercher une certaine perfection. Quand vous comprenez que cette sensibilité et ces comportements sont un moyen d'évoluer, d'agir et de vous adapter de façon juste et d'être dans la vérité, vous pouvez pleinement exploiter cette énergie. Et vous pouvez l'exploiter de façon optimale si vous développez un esprit méthodique, de la profondeur, une parole impeccable, juste et précise, en mesurant le poids des mots mais surtout en apprenant à bien situer votre mental, votre intellect, votre intelligence à leur juste place.

Saturne vous demande en effet d'apprendre la valeur du silence, de prendre conscience que toutes les connaissances et les informations apprises durant votre vie ne vous serviront à rien lorsque votre corps physique sera redevenu poussière, que les connaissances de l'âme demandent avant tout à être contemplées, ressenties, vécu et conquise, et non pas analysées et intellectualisées et qu'il vous faudra aller au-delà des mots, des livres et des savoirs pour accéder à votre vérité profonde. Dès lors qu'il s'agit de construire et de structurer, d'assurer votre sécurité, de faire des recherches, de planifier à long terme, alors vous êtes particulièrement capable de faire preuve d'intelligence, de serviabilité, de disponibilité, d'ouverture d'esprit, de mobilité et de souplesse, de ruser, de communiquer, d'utiliser le jeu et le rire, d'être bien informé, de brasser des informations, d'établir des contacts et de vous adaptez.

Vous êtes particulièrement capable de prendre du recul, d'élaborer une stratégie à long terme, de faire des recherches, de faire preuve de pragmatisme et de réalisme, de vous organiser, de vous discipliner et de travailler avec acharnement lorsqu'il s'agit d'être informé, de comprendre, d'exprimer ou de défendre vos idées, de découvrir l'inconnu, d'explorer l'environnement, de communiquer, de négocier, de faire du commerce, de vous adapter et lorsque vous êtes entre copains ou avec des proches. Votre juge moral tend à être ludique, intelligent, souple et plein d'humour. Vous pouvez développer, surtout dans la deuxième partie de votre vie, des aptitudes pour la communication, l'écriture, le journalisme, l'automobile, la conduire de véhicules et les petits déplacements, l'enseignement, le conte, les langues et l'interprétariat, le commerce, la gestion du courrier ou des échanges commerciaux, les activités touchants aux jeunes et aux étudiant(e)s, aux jeux, aux jouets, au rire, au mouvement, à l'acrobatie, aux médias, au marketing, aux livres et supports de communication et pour toutes les activités de services.

SATURNE EN CANCER

D'après la tradition astrologique, Saturne n'est pas très à l'aise dans le signe du Cancer et à quelques difficultés à s'exprimer dans ce signe. Sans doute devrez-vous faire un effort pour incarner ce que cette fonction psychologique cherche à faire éclore en vous. Saturne en Cancer est le porteur de la Vie, des émotions et du lien émotionnel avec autrui. Avec Saturne en Cancer, vous pouvez trouver votre sécurité, vous construire, évoluer, grandir, devenir plus sage et trouver la paix intérieure en exprimant vos émotions, votre sensibilité et votre imagination, en créant des relations émotionnelles profondes et durables avec votre mère, avec les enfants, avec une famille, avec un cercle d'intime ou avec un public, en créant un foyer ou un univers intimiste vous permettant de vous ressourcer, de ressourcer et de ressentir du bien-être, en utilisant des valeurs refuge, en perpétuant des traditions, en nettoyant toute mémoire source de stress émotionnel et en ayant le sentiment d'être en communion avec la vie. Saturne en Cancer peut initialement gêner et freiner l'expression de vos émotions, de votre sensibilité et de votre imagination.

Elle peut vous conférer une insécurité émotionnelle, une certaine timidité, une tendance à vous emmurer dans votre carapace, un manque de confiance en vos moyens, une peur de vous sentir coupable si vous êtes bien, si vous exprimez votre ressenti ou si vous entrez en lien émotionnel avec autrui parce qu'elle vous sensibilise aux manques et aux insuffisances, parce qu'elle vous incite à douter, à vous remettre en question, à vous montrer exigent et à rechercher une certaine perfection. Elle peut se traduire dans l'enfance par une blessure d'abandon due à l'absence d'un des deux parents, par un manque de tendresse ou par une certaine austérité, par une trop grande discipline imposée à l'enfant ou à l'inverse par un attachement excessif à la mère et par une difficulté à couper le cordon ombilical. Quand vous comprenez que cette sensibilité et ces comportements sont un moyen d'évoluer, d'agir de façon juste et d'être dans la vérité, vous pouvez pleinement exploiter cette énergie. Et vous pouvez l'exploiter de façon optimale si vous utilisez votre imagination et votre capacité à créer des liens émotionnels d'une façon juste et précise, mais surtout en apprenant à bien situer votre imagination, vos émotions, votre passé, votre sentiment d'appartenance à une famille ou un clan à leur juste place. Saturne vous demande en effet d'apprendre la valeur du silence et la méditation, de quitter le rythme agité de la pensée et des émotions pour rentrer dans votre propre rythme, de voir les choses à l'échelle d'une destinée voir de l'éternité, de vous tenir debout et de construire votre vie de façon autonome.

Elle vous demande de comprendre les origines et l'architecture de la vie et des relations émotionnelles, de prendre conscience que toutes les mémoires acquises durant votre vie ne vous servirons à rien lorsque votre corps physique sera redevenu poussière, que les connaissances de l'âme demandent avant tout à être contemplées, ressenties, vécues et conquises, et qu'il vous faudra vous détacher intérieurement du passé et des liens familiaux pour accéder à votre vérité profonde.

Dès lors qu'il s'agit de construire et de structurer, d'assurer votre sécurité, de faire des recherches, de planifier à long terme, alors vous êtes particulièrement capable de faire appel à votre mémoire, à votre sensibilité, à votre imagination, à vos inspirations et à votre cercle d'intimes. Vous êtes particulièrement capable de prendre du recul, d'élaborer une stratégie à long terme, de faire des recherches, de faire preuve de pragmatisme et de réalisme, de vous organiser, de vous discipliner et de travailler avec acharnement lorsqu'il s'agit de créer votre univers intime, un foyer, une famille ou un clan, lorsqu'il s'agit d'acquérir, de préserver ou de défendre votre cadre de vie, votre bien être, votre équilibre personnel ou votre progéniture ou lorsque vous vous sentez comme chez vous et que vous éprouvez du bien-être. Votre juge moral tend à être sympathique, doux, poétique et teinté d'amour maternel.

Vous pouvez développer, surtout dans la deuxième partie de votre vie, des aptitudes pour créer un climat d'intimité, une ambiance familière, pour vous mettre rapidement dans le bain en faisant partie des événements, mais aussi de pouvoir maîtriser et utiliser activement votre sensibilité, l'émotion, l'image et les valeurs refuges. Cela peut vous conférer des aptitudes pour organiser et structurer un groupe ou une collectivité, pour faire de la musique, du dessin, de la cuisine, pour reproduire, refléter et imiter mais aussi pour des activités en rapports avec le public, la famille, les enfants et la maternité, le foyer, l'immobilier, la biologie, l'alimentation, l'utilisation de l'eau et le passé.

SATURNE EN LION

D'après la tradition astrologique, Saturne n'est pas à l'aise dans le signe du Lion et à quelques difficultés à s'y exprimer. Sans doute devrez-vous faire un effort pour incarner ce que Saturne cherche ici à faire éclore en vous. Le Lion et Saturne ont en commun leur orgueil, leurs sens des responsabilités, une volonté puissante et acharnée, un besoin d'absolu et de perfection, un besoin de réussir à satisfaire leurs ambitions et des capacités à maîtriser leur personnalité et leur vie. Mais là où le Lion a besoin de s'extérioriser avec passion et confiance en soi, d'être mis en vedette sur les devants de la scène, de dépenser et se dépenser, là où il accorde une certaine importance à la parure, Saturne préfère rester en retrait pour être la fondation sur laquelle on s'appui, vivre avec peu et aller à l'essentiel.

Saturne en Lion peut initialement gêner et freiner l'expression de votre identité, de votre volonté et de votre créativité. Elle accorde en effet avant tout de l'importance à ce qui est éternel et à se qui cache en profondeur, derrière la parure ou l'étiquette. Elle peut vous conférer une certaine timidité, un manque de confiance en vos moyens, une peur d'aimer et d'être aimé(e), une difficulté à accepter de recevoir l'amour de l'autre, une tendance à vous vous sentir coupable si on vous aime, si vous réussissez ou si vous exprimez votre volonté et vos élans du cœur, et cela parce qu'elle vous sensibilise aux manques et aux insuffisances, parce qu'elle vous incite à douter, à vous remettre en question, à vous montrer exigent et à rechercher une certaine perfection. Et une réaction à cette sensation de manque vous rend parfois autoritaire voir tyrannique.

Quand vous comprenez que cette sensibilité et ces comportements sont un moyen d'évoluer, d'agir de façon juste et d'être dans la vérité, vous pouvez pleinement exploiter cette énergie. Et vous pouvez l'exploiter de façon optimale si vous utilisez votre pouvoir personnel et votre créativité d'une façon juste et précise, c'est à dire avec amour et au service de l'Amour, et lorsque vous croyez en vous. Vous pouvez alors être capable de comprendre l'ordre et les structures de la création et de fournir une quantité impressionnante de travail pour réaliser une œuvre.

Saturne vous demande en effet d'apprendre la valeur du silence et de la méditation, de voir les choses à l'échelle d'une destinée voire de l'éternité, de vous tenir debout et de construire votre vie de façon autonome et responsable, et elle vous demande de bien situer votre ego à sa juste place, en sortant des fictions créées par l'ego pour accéder à votre vérité profonde, c'est à dire que vous êtes un être d'amour engendré par l'Amour, par le Créateur de tout ce qui existe. L'ego se sert de la réalité pour créer des fictions et pour vous faire croire que vous êtes séparé des autres et que vous ne valez rien. Quand vous êtes dans le refus, dans la non-acceptation ou dans le jugement, vous êtes dans votre ego. Et Saturne en Lion cherche à vous sortir de l'ego pour vous faire entrer dans l'Etre. Cela vous permet d'accepter d'être fier de vos créations, de vos enfants ou de l'œuvre de votre vie, tout en sachant que ce sont les forces de création qui ont agit à travers vous. Dès lors qu'il s'agit de construire et de structurer, d'assurer votre sécurité, de faire des recherches, de planifier à long terme, alors vous êtes particulièrement capable de faire appel à votre volonté, à votre créativité, à votre idéal et à votre cœur, de vous engagez et de vous donner les moyens de réussir à atteindre vos objectifs.

Saturne en Lion est le porteur de la lumière, de la conscience, de l'Amour et de la créativité. Avec Saturne en Lion, vous pouvez trouver votre sécurité, vous construire, évoluer, grandir, devenir plus sage et trouver la paix intérieure en ayant une vision de la meilleure version de vous-même, en vous fixant des objectifs en lien avec cette vision, en incarnant votre idéal et votre système de valeurs, en utilisant votre volonté et votre créativité, en développant votre confiance en vous, en ouvrant votre cœur, en vivant une relation d'amour privilégiée où vous acceptez d'aimer et d'être aimé, de donner et recevoir et en exprimant ce qu'il y a de meilleur en vous. Vous êtes particulièrement capable de prendre du recul, d'élaborer une stratégie à long terme, de faire des recherches, de faire preuve de pragmatisme et de réalisme, de vous organiser, de vous discipliner et de travailler avec acharnement lorsqu'il s'agit de réaliser vos objectifs, d'incarner votre idéal, de créer, de vous mettre en valeur, de vous imposer et de réussir, ou lorsque l'Amour est en jeu. Votre juge moral tend à être exigent, autoritaire et teinté d'absolu. Vous pouvez développer, surtout dans la deuxième partie de votre vie, des aptitudes pour éclairer, diriger, manager, coacher, présider, encadrer, organiser, éduquer, maîtriser, réussir, vous faire remarquer, être en position centrale, de briller, être connu, reconnu et mis en valeur, pour reconnaître la valeur des êtres et des choses, pour être indépendant(e) et autonome, et pour faire preuve de clarté, de puissance et de rayonnement, pour être un modèle, pour maquiller, pour faire du spectacle et du théâtre, pour réaliser une œuvre, ou pour être une source de vie, de lumière, d'énergie et de chaleur.

SATURNE EN VIERGE

Saturne en Vierge est le porteur de l'intelligence technique et du sens du service. Saturne et la Vierge ont en commun un côté prudent et réservé, un besoin d'analyser, de savoir, de comprendre, de chercher et d'expérimenter, la capacité à faire le tri entre l'essentiel et l'anecdotique et une certaine sagesse. La Vierge tend cependant à rester à la surface intellectuelle de la vie, dans l'éphémère, dans les labyrinthes du mental et de l'intelligence technique rationnelle alors que Saturne vit en profondeur et s'étend dans un axe vertical, dans l'éternité, ce qui lui permet de trouver la sérénité. La planète Saturne et le signe de la Vierge sont ainsi à la fois très différents mais ils peuvent être très complémentaires. La Vierge peut aider Saturne à s'assouplir, à s'accorder le droit de s'amuser et à être plus drôle qu'elle ne l'est en général. Saturne peut aider la Vierge à être plus consciente des conséquences de ses actes journaliers sur sa vie éternelle, mais aussi à être plus profonde et plus calme. Cette position de Saturne confère une intelligence profonde, pragmatique, tactique et réaliste, de remarquables capacités techniques, un sens aigu de l'organisation, de la planification et de la stratégie, un fort besoin de sécurité et beaucoup de sérieux. Elle apporte de la discipline, un sens de la méthode, du classement et de l'ordre.

Avec Saturne en Vierge, vous pouvez trouver votre sécurité, vous construire, évoluer, grandir, devenir plus sage et trouver la paix intérieure en développant votre sens du service, en maîtrisant des outils et des techniques qui facilitent l'adaptation au monde, en développant votre sens de l'hygiène, du bien-être de la santé, en développant votre intelligence technique, votre sens de la stratégie et de la précision, vos capacités de communication et d'adaptation, à travers l'apprentissage et la découverte, à travers le rire et le jeu, à travers le commerce de biens et de services, en étant toujours bien informé et en ayant le sentiment d'être adapté à votre environnement.

Saturne en Vierge peut initialement gêner et freiner votre communication, vos mouvements, votre santé et votre adaptation au monde, tout en vous conférant une éternelle jeunesse. Elle peut conférer un manque de confiance en vos moyens, une peur de vous sentir coupable si vous dites ce que vous pensez, si vous demandez la parole ou si vous demandez à être écouté, où une peur d'être sali, d'être contaminé ou de perdre le contrôle parce qu'elle vous sensibilise aux manques et aux insuffisances, parce qu'elle vous incite à douter, à vous remettre en question, à vous montrer exigent et à rechercher une certaine perfection. Quand vous comprenez que cette sensibilité et ces comportements sont un moyen d'évoluer, d'agir de façon juste et d'être dans la vérité, vous pouvez pleinement exploiter cette énergie. Et vous pouvez l'exploiter de façon optimale si vous développez une hygiène de vie et une parole impeccable, juste et précise, en mesurant le poids des mots mais surtout en apprenant à bien situer votre mental, votre intellect et votre intelligence technique à leur juste place.

Saturne vous demande en effet d'apprendre la valeur du silence, de prendre conscience que toutes les connaissances et les informations apprises durant votre vie ne vous serviront à rien lorsque votre corps physique sera redevenu poussière, que les connaissances de l'âme demandent avant tout à être contemplées, ressenties, vécu et conquise, et non pas analysées et intellectualisées et qu'il vous faudra aller au-delà des mots, des livres et des savoirs pour accéder à votre vérité profonde.

Devant faire face à une impression d'être quelque peu déshabillé, de vous sentir facilement menacé et vulnérable, sensible à vos limites et étant assailli par des angoisses, des sentiments de craintes, d'insécurité, d'inquiétude et parfois d'infériorité, vous tendez très tôt à élaborer une stratégie de défense et de protection visant à vous assurer une sécurité physique, matérielle et morale. Vous êtes particulièrement soucieux de votre sécurité et de votre santé. Cela vous confère une nature nerveuse.

Voici quelques-uns des comportements vous permettant d'assurer cette sécurité. Si le désordre extérieur à la situation présente ne vous touche en rien, tout ce qui concerne l'ici-maintenant doit être en ordre. Aussi êtes-vous d'un naturel perfectionniste mais inquiet et méticuleux jusqu'à l'excès. Chaque chose doit être à sa place. Vous aimez discuter les détails de toutes choses, quitte parfois à couper les cheveux en quatre. Le souci de garder la maîtrise de votre monde vous impose parfois aussi certaines pudeurs et certaines prises de distances. Vous accordez beaucoup d'importance à la propreté, à la pureté, à l'hygiène, à l'alimentation et faites preuve de prudence vis à vis de votre santé. Vous prenez vos précautions afin de rester en bonne santé, de ne pas être malade ou sali. Vous avez besoin pour vous sentir bien, de préserver votre pureté et votre intégrité. Vous avez besoin d'apprendre, de tout comprendre et de savoir un maximum de choses et également d'avoir raison. Vous éprouvez le besoin d'analyser en détail toute situation, de trier en adoptant et en rejetant et de tourner votre langue sept fois dans votre bouche avant de d'émettre un verdict qui est soumis à un examen minutieux et critique, puis filtrée par votre besoin de sécurité. Parmi vos attitudes d'auto défense, on trouve la tendance à demeurer modeste et effacé, à vous fixer des limites, à passer inaperçu, à rester discret voire secret et mystérieux, à désorienter par des masques calculés l'ennemi éventuel, à vous réfugier dans des principes moraux, dans des règles et une honnêteté scrupuleuse, à faire un usage généralisé de la critique et parfois à éviter les responsabilités en préférant servir et obéir que diriger.

Au fur et à mesure de votre évolution, vous tendrez à vous organisez, à vous discipliner, à introduire un ordre dans votre vie, à gérer votre monde, à adhérer à des valeurs morales, à un idéal de pureté et de perfection et à tendre vers une auto suffisance. Dès lors qu'il s'agit de construire et de structurer, d'assurer votre sécurité, de faire des recherches, de planifier à long terme, d'envisager les choses en profondeur, vous alors vous êtes particulièrement capable d'acquérir un vaste système de connaissance, d'organiser l'information, de faire preuve d'intelligence et de stratégie, de sens pratique et de pragmatisme, d'analyse et de précision, d'intelligence, de serviabilité, de disponibilité, d'ouverture d'esprit, de mobilité et de souplesse, de ruser, de communiquer, d'utiliser le jeu et le rire, d'être bien informé, de brasser des informations, d'établir des contacts et de vous adapter.

Vous êtes particulièrement capable de prendre du recul, d'élaborer une stratégie à long terme, de faire des recherches, de faire preuve de pragmatisme et de réalisme, de vous organiser, de vous discipliner et de travailler avec acharnement lorsqu'il s'agit d'être informé, de comprendre, d'exprimer ou de défendre vos idées, de servir, de communiquer, d'effectuer des échanges commerciaux, de vous adapter aux réalités matérielles, de vous organiser, d'être en sécurité, ou d'utiliser des systèmes d'information. Votre juge moral tend à être critique, rationnel, intelligent, souple et plein d'humour.

Vous pouvez développer, surtout dans la deuxième partie de votre vie, des aptitudes pour utiliser des outils et des techniques permettant de proposer différents services et de vous adapter au monde matériel, pour gérer des systèmes d'information en maîtrisant les nouvelles technologies, pour tout ce qui demande minutie et précision, pour gérer des activités de sécurité, pour assister, servir et rendre service, pour limiter, pour contrôler, prévoir et planifier, pour organiser et administrer, compter, comptabiliser, réglementer, analyser, trier, assembler, classer, discipliner, mesurer, collectionner, soigner et gérer tout ce qui concerne le bien-être, l'hygiène et la santé, faire du commerce ou encore pour fabriquer des objets avec vos mains.

SATURNE EN BALANCE

Saturne en Balance est le porteur de l'ordre, de la justice, de la justesse, de l'équilibre, de l'harmonie, de la paix, du lien et de la civilisation. Avec Saturne en Balance, vous pouvez trouver votre sécurité, vous construire, évoluer, grandir, devenir plus sage et trouver la paix intérieure à travers la coopération, en participant à la civilisation, en développant votre intelligence relationnelle, en exprimant votre sens esthétique, artistique ou votre sens de la justice, en prenant conscience de la beauté des choses et de l'ordre du monde qui porte la vie, en vivant dans un climat agréable, dans la détente, la douceur, l'harmonie et la paix, à travers la vie de couple et les associations ou en cheminant dans la voie du milieu.

Saturne en Balance peut initialement gêner et freiner soit votre capacité à entrer en relation avec autrui, soit votre joie de vivre et votre capacité à être une personne heureuse en couple. Elle peut conférer une recherche excessive de perfection, un côté « éternel insatisfaite », un manque de confiance en vos moyens de séduction, une peur de vous sentir coupable si vous séduisez ou entrez en relation ou encore une peur de la justice ou de l'injustice. Elle vous sensibilise en effets aux manques et aux insuffisances, vous incite à questionner, à douter, à vous remettre en question, à vous montrer exigent et à rechercher une certaine perfection. Mais le temps vous permet de développer votre intelligence relationnelle, votre capacité à être juste en toute circonstance et à construire une relation ou un réseau relationnel solide et durable. Il y a alors dans votre vie une intense activité relationnelle.

Dès lors qu'il s'agit de construire et de structurer, d'assurer votre sécurité, de faire des recherches, de planifier à long terme, alors vous êtes particulièrement capable de tenir compte de toutes les facettes de la situation, de peser le pour et le contre, d'utiliser votre sens esthétique ou artistique, d'exprimer votre sens de la mesure ou de la justice, d'agir avec grâce, avec douceur et gentillesse, avec finesse, avec élégance, d'une façon harmonieuse, en respectant les différences individuelles et faisant preuve d'une intelligence relationnelle. Vos goûts et vos choix esthétiques, vestimentaires, relationnels et affectifs peuvent dépendre de vos convictions profondes, de votre besoin de sécurité et de sérénité. Cela vous prédispose à une certaine exigence dans le choix et la qualité de vos relations. La vie de couple devient ainsi pour vous un moyen de travailler sur vous, de grandir, de murir et d'accéder à plus de paix intérieure. Vous êtes particulièrement capable de prendre du recul, d'élaborer une stratégie à long terme, de faire des recherches, de faire preuve de pragmatisme et de réalisme, de vous organiser, de vous discipliner, de travailler avec acharnement et d'être en chantier lorsqu'il s'agit de trouver votre équilibre ou de le préserver, de créer des liens, de construire des relations sociales, de fonder un couple, d'exprimer votre sens esthétique, artistique ou juridique et lorsqu'il s'agit de participer à la civilisation. Votre juge moral tend à être juste, conciliant, diplomate et teinté de bonté et de gentillesse. Saturne en Balance vous confère une nature agréable, gracieuse, charmante, élégante, gentille, aimable, tolérante, conciliante et parfois indécise. Vous avez souvent besoin d'être dans un climat tendre, beau et harmonieux pour vous organiser.

D'un coté, vous cherchez spontanément à vous accorder avec autrui, en vous montrant tolérant, cordial, poli(e), courtois(e), aimable, humain(e), désintéressé(e) et sociable envers tous. De votre capacité à considérer le bonheur de l'autre comme étant plus important que le vôtre naît l'amour. Mais de l'autre, vous êtes une personne très sélective. Vous savez garder une certaine distance et vous vous déterminez en fonction des sympathies et antipathies éprouvées au contact d'autrui, en fonction de ce qui vous parait agréable ou désagréable, en fonction de ce qui est synonyme d'équilibre ou de rupture d'équilibre. Vous êtes très sensible à toute rupture d'équilibre, à tout manque d'ordre et d'harmonie et surtout à toute injustice. Vous pouvez développer, surtout dans la deuxième partie de votre vie, des aptitudes pour accueillir et recevoir, pour créer des liens, pour faire se rencontrer des personnes pour que la relation apporte un plus à chacun, pour concilier, décorer, harmoniser, équilibrer, embellir, maquiller, pour les activités juridiques, pour les activités de loisirs, pour la danse, l'art, la photo, la mode, la parfumerie, la décoration, pour utiliser votre sens artistique et esthétique, pour tout ce qui permet de rendre la vie plus agréable et pour tout ce qui permet à la civilisation d'exister.

SATURNE EN SCORPION

Saturne en Scorpion est le porteur de la transformation et de l'initiation à l'éveil. Saturne et le signe du Scorpion sont tous deux des spécialistes des systèmes de défenses et de sécurité. Ils ont en commun un besoin d'aller au fond de la vérité, leurs puissantes capacités de travail, leur acharnement, leur obstination, leur lucidité, leur tendance à prendre du recul face au monde extérieur, leur coté secret, leur grande sensibilité aux problèmes et à ce qui ne va pas, leur méfiance et leur scepticisme, leurs capacités à faire face aux difficultés et à vivre dans des conditions difficiles et parfois leur caractère de cochon. Avec Saturne en Scorpion, vous allez trouver votre sécurité, vous construire, évoluer, grandir, devenir plus sage et trouver la paix intérieure en maîtrisant vos instincts, vos pulsions et vos passions, en faisant preuve d'audace et de courage, à travers un combat et une gestion de crises nécessaires pour vous transformer et transformer autrui, en évacuant ce qui n'a plus lieu d'être, à travers un chemin initiatique vous permettant d'accéder à votre vérité profonde et aux vérités éternelles, en prenant conscience que la vie terrestre n'est qu'une toute petite partie de la vie éternelle, en apprenant à faire des sorties hors du corps et à explorer l'au-delà et en exerçant une forme de pouvoir mis au service de la vie. Vous pouvez aller au fond de vous-même grâce à votre capacité à être intensément dans l'instant présent, à être à l'écoute des vibrations et des mouvements d'énergie dans votre corps et à vous relier au centre de votre cœur.

Saturne en Scorpion freine et structure les excès du Scorpion. Elle peut initialement gêner et freiner vos actions, vos pulsions, votre combativité et l'affirmation de votre personnalité. Elle peut conférer un manque de confiance en vos moyens, une peur de blesser, d'être blessé(e) et d'avoir mal, une peur d'exercer le pouvoir ou de na pas être à la hauteur sur le plan sexuel, une peur d'être manipulé, une peur de l'intimité physique et de l'intensité émotionnelle qui existe lors d'une relation sexuelle. Cela peut initialement se traduire par une peur de l'énergie sexuelle et par des blocages ou des inhibitions à ce niveau-là. Saturne vous sensibilise aux manques et aux insuffisances, vous incite à douter, à vous remettre en question, à vous montrer exigent et à rechercher une certaine perfection. Quand vous comprenez que cette sensibilité et ces comportements sont un moyen d'évoluer, d'agir de façon juste et de réaliser des œuvres de qualités, vous pouvez pleinement exploiter cette énergie. Et vous pouvez l'exploiter de façon optimale si vous faîtes toujours de votre mieux sans cherchez à être parfait, si vous apprenez à vous détendre et si vous cherchez à évoluer en vous transformant. Vous avez parfois besoin, afin de vous sentir en sécurité, de vérité, de préserver votre authenticité, d'intensité, de tension, d'émotions fortes, de suspens, d'angoisse, de rapports de force, de mystères, de révélations et d'initiation.

Vous avez aussi parfois besoin de difficultés, de conflits, de crises et de problèmes ou de gérer des personnes en transition, des personnes blessées ou des gens en crise. Vous ne vous sentez parfois en sécurité que lorsque vous exercez un pouvoir sur autrui ou que vous êtes vous-même assujetti au pouvoir d'autrui, que lorsque vous influencez subtilement le cours des événements, que lorsque vous tirez les ficelles et que lorsque c'est la crise. Vous devez aussi intégrer le fait que la colère est un mouvement désordonné de l'âme offensée voire blessée parce qu'elle n'a pas accepté une personne ou une situation qui ne pouvait être autrement que ce qu'elle a été, et apprendre à pardonner. Lorsque vous avez dépassé le côté obscur du Scorpion, c'est à dire une tendance à la négativité, à voir tout en noir et à vivre sans arrêt dans les rapports de force, vous pouvez alors être un véritable agent de transformation dans le monde et vivre une vie intense et authentique qui vous purifie, vous élève et vous transforme.

Votre vie devient alors un parcours initiatique qui vous exalte vers la réalisation de soi et qui aide les autres à vivre leur vérité profonde. Vos facultés psychiques et votre force peuvent vous porter vers la réussite, servir de bouclier ou de chien de garde à votre âme, vous l'aider à triompher des obstacles et des rivalités et d'être la source qui alimente votre succès et votre chemin initiatique. Et vous avez à votre disposition une force de travail considérable, une résistance à toute épreuve et de grandes capacités réalisatrices. Vous êtes particulièrement capable de prendre du recul, d'élaborer une stratégie à long terme, de faire des recherches, de faire preuve de pragmatisme et de réalisme, de vous organiser, de vous discipliner et de travailler avec acharnement lorsque vous êtes face à une situation difficile, à des crises ou des obstacles, à des pressions occultes, à des manipulations insidieuses ou des magouilles, lorsque votre sécurité et votre survie sont en jeu, lorsque vous êtes en temps de guerre ou face à l'ennemi, lorsqu'il s'agit d'élucider un mystère, d'influencer le cours des événements ou de parcourir les différentes étapes de l'initiation.

Votre juge moral tend à être viril, dur, combatif, exigeant, percutant et orienté vers la recherche de l'initiation aux vérités éternelles et sans doute devez vous apprendre à vous montrer un peu plus indulgent envers vous-même et à compenser votre tendance aux extrêmes et aux excès par une énergie de douceur, d'équilibre et d'harmonie. Dès lors qu'il s'agit de vous organiser, de vous discipliner de construire et de structurer, d'assurer votre sécurité, de faire des recherches, de planifier à long terme ; alors vous êtes particulièrement capable de concentrer votre énergie, d'être à 100% présent, de vous battre, de déployer les grands moyens, d'être offensif et s'il le faut agressif.

Vous avez alors aussi des facilités pour pressentir les non dits, les émotions et les craintes non exprimées, pour flairer les rapports de forces, les dangers et les enjeux présent dans la situation, pour déceler les tentatives de manipulations et ceux qui tirent les ficelles, pour décoder les signes et les symboles, pour comprendre le langage de la nature ou la justice divine, pour capter les indices subtils, pour focaliser sur des détails que personne n'avait remarqués, pour capter l'envers du décor et pour tirer des conclusions à partir du moindre indice. Vous pouvez ainsi être particulièrement lucide, avoir un sens de la justice très développé et vivre une sorte d'échange médiumnique avec votre milieu. Cette lucidité et cette ouverture sur l'invisible peuvent vous rendre apte à voir derrière les formes et les apparences, à saisir le sens caché ou les causes occultes des événements, à cerner ce qui se passe dans les coulisses ou dans les profondeurs de votre inconscient, à élucider les mystères, à percer les secrets de la vie ou de la mort, à faire face à l'inconnu et à utiliser vos instincts ou des forces occultes pour de franchir les différentes étapes de l'initiation.

Saturne en Scorpion a un rôle initiatique dans le sens ou il a pour but de vous faire prendre conscience que votre vie terrestre n'est qu'une toute petite partie de votre vie éternelle, de vous enseigner les secrets de la vie et de la mort, les sorties hors du corps et l'exploration de l'invisible, de vous apprendre à prendre conscience et à gérer ce que vous avez à travailler pour évoluer, c'est à dire le pouvoir que vous avez sur vous-même et sur autrui, l'énergie sexuelle, les vieux démons et les déchets psychologiques ou les mémoires ancestrales qu'il faut purifier en vous puis évacuer, les problèmes qu'il vous faut résoudre, les failles qu'il vous faut combler, le vide qu'il vous faut traverser ou remplir, les dettes karmiques qu'il vous faut payer et les pertes, sacrifices, dépossessions et transformations qui sont nécessaires à votre évolution. Saturne peut vous aider à canaliser vos pulsions et vos instincts sexuel et à trouver une certaine paix intérieure. Vous pouvez développer, surtout dans la deuxième partie de votre vie, des aptitudes pour diriger dans l'industrie, pour transformer et guérir autrui, pour régénérer, pour percer les secrets de la vie et de la mort, pour diagnostiquer, surveiller, garder, sécuriser et gérer les affaires de sécurité et d'assurance, pour utiliser des dons occultes ou des facultés psychiques, pour évacuer les déchets et toxines, pour gérer les crises et les conflits et pour vous occuper de difficultés ou de personnes en difficultés, pour les activités liées aux forges et métaux (mécanique), où nécessitant un maniement d'outils ou d'armes et pour tout ce qui concerne les machines, pour les disciplines de combats (police et justice), les professions libérales et les métiers où il y a de l'indépendance et parfois pour certaines activités médicales qui nécessitent l'utilisation d'objets en métal ou de machines.

SATURNE EN SAGITTAIRE

Saturne en Sagittaire est le porteur des enseignements, des voyages et de l'intégration dans le monde extérieur. Avec Saturne en Sagittaire, vous pouvez trouver votre sécurité, vous construire, évoluer, grandir, devenir plus sage et trouver la paix intérieure en ayant confiance en vous, en exprimant votre générosité et votre autorité, en élargissant vos horizons (soit à travers des voyages, expéditions et explorations, soit à travers une recherche culturelle, philosophique ou spirituelle), en vous intégrant dans un groupe ou dans une entreprise ayant des objectifs communs, en faisant respecter la loi, en incarnant une forme d'autorité, en suivant une initialement une personne incarnant une autorité et porteuse d'enseignements puis en devenant vous-même un€ enseignante et en vous épanouissant dans le monde extérieur.

Vous êtes particulièrement capable de prendre du recul, d'élaborer une stratégie à long terme, de faire des recherches, de faire preuve de pragmatisme et de réalisme, de vous organiser, de vous discipliner et de travailler avec acharnement lorsqu'il s'agit de conquérir votre place dans la société, lorsque vous exercez votre activité professionnelle, lorsqu'il s'agit de vous insérer dans un groupe ayant des objectifs communs, lorsqu'il vous faut convaincre et vous imposer, lorsque vous participez à un travail d'équipe ou à un mouvement général d'ordre collectif, lorsqu'il s'agit d'acquérir un certain confort matériel, lorsqu'il s'agit d'exploiter une opportunité ou de provoquer la chance ou lorsqu'il s'agit de légiférer, de représenter, d'organiser, de coordonner, de gérer, d'administrer, de distribuer, d'éduquer, de conseiller, de guider, de vous rendre utile ou de faire des affaires.

D'après la tradition astrologique, Saturne n'est pas très à l'aise dans le signe du Sagittaire et à quelques difficultés à s'exprimer dans ce signe.
Sans doute devrez-vous faire un effort pour incarner ce que cette fonction psychologique cherche ici à faire éclore en vous. En effet, Saturne et le Sagittaire ont comme seuls point commun d'être deux organisateurs et coordinateurs de la vie terrestre et de la vie spirituelle, des études supérieures pour le Sagittaire et de la carrière pour Saturne et là où le Sagittaire a tendance à être dans le mental et où il a besoin de philosophie, de culture et de spiritualité, Saturne recherche le silence, la plongée au fond du cœur et la profondeur de l'essence et de la vérité des choses. Elle apporte donc un complément au Sagittaire. En dehors de ces similitudes, Saturne apporte un besoin d'introversion, de solitude, de réalisme, de questionnement, de remise en question, de distance, de froideur, de concentration, d'ordre et de limites alors que le Sagittaire incarne l'extraversion, le travail en groupe, l'idéalisme, l'optimisme, l'enthousiasme, les certitudes, l'expansion et la chaleur.

Saturne en Sagittaire peut initialement gêner et freiner l'expression de votre confiance en vous, votre besoin d'expansion, votre autorité et votre intégration dans le monde. Elle peut vous conférer une certaine timidité, un manque de confiance en vos moyens, une peur de l'espace ou de l'étouffement, une tendance à vous vous sentir coupable si vous exprimez votre autorité parce qu'elle vous sensibilise aux manques et aux insuffisances, parce qu'elle vous incite à douter, à vous remettre en question, à vous montrer exigent et à rechercher une certaine perfection.

Quand vous comprenez que cette sensibilité et ces comportements sont un moyen d'évoluer, d'agir de façon juste et d'être dans la vérité, vous pouvez pleinement exploiter cette énergie. Et vous pouvez l'exploiter de façon optimale si vous utilisez votre pouvoir personnel et votre autorité d'une façon juste et précise, c'est à dire avec sagesse, et lorsque vous croyez en vous. Vous pouvez alors être capable de comprendre l'ordre et les structures du monde, d'extraire des cultures et philosophies du monde leurs essences et de fournir une quantité impressionnante de travail pour occuper un poste dans le monde ou pour avancer sur le chemin spirituel qui mène à l'union conscience avec Dieu, cette étincelle de lumière générée par la Source de toute vie qui se trouve au centre de votre cœur.

Saturne veut cependant ici vous faire comprendre que le monde ne suffit pas et que votre véritable guide se trouve au fond de votre cœur et pas à l'extérieur de vous ! Elle vous demande en effet de prendre conscience que toutes les connaissances et les informations apprises durant votre vie sur Terre ne vous serviront à rien lorsque votre corps physique sera redevenu poussière, que les connaissances de l'âme demandent avant tout à être contemplées, ressenties, vécues et conquises, et non pas analysées et intellectualisées, que l'âme pour s'épanouir a besoin de silence et de méditation et qu'il vous faudra aller au-delà des mots, des philosophies et cultures extérieures et de l'espace pour accéder à votre vérité profonde. Tout en remplissant vos obligations dans le monde extérieur, elle vous demandera de parcourir un autre chemin, avec d'autres codes et d'autres lois, éternelles celles-ci, un chemin qui vous mène au plus profond de vous-même.

Vous pouvez développer, surtout dans la deuxième partie de votre vie, des aptitudes pour enseigner, légaliser, légiférer, représenter, organiser, administrer, pour vous insérer socialement et aider d'autres à le faire, pour vous cultiver, pour voyager ou organiser des voyages et des expéditions, pour éduquer, philosopher, coordonner, pour découvrir le monde, pour organiser des transports, pour avoir des liens avec l'étranger, pour négocier et faire des affaires.

SATURNE EN CAPRICORNE

Avec Saturne en Capricorne, tout est un chantier permanent ou tout est une question d'organisation, avec ses lois et ses structures. Et tout peut initialement vous insécuriser ou vous rendre pessimiste et triste jusqu'à ce que vous trouviez une place dans une structure, ou que vous créiez votre propre organisation et que vous structuriez votre Etre et votre vie, en ayant des objectifs à long terme qui vous font avancer vers plus de paix intérieure. Vous abordez en effet initialement chaque situation ou état d'être avec un regard critique, et ce d'autant plus qu'il vous parait désordonné ou au contraire trop ordonné. Vous êtes sensible à l'imperfection et aux insuffisances des choses et des organisations, aux difficultés présentes, à ce qui ne va pas, à ce qui reste à faire, à vos lacunes éventuelles et à vos propres limites. Les choses engendrent plus de questions qu'elles n'apportent de réponses. Vous pouvez ainsi faire l'expérience de débuts difficiles dans la vie. Il vous faut du temps et vous avez besoin de réfléchir et d'assurer vos arrières avant d'aller de l'avant. Mais vous progressez, par étapes, lentement mais sûrement. La vie vous apporte aussi au départ une certaine timidité et un côté introverti qui petit à petit, à force d'observer, de travailler et de mûrir se transforme en une puissance d'organisation, une force de travail considérable, un sens du travail bien fait et de la qualité, une profondeur perspicace sur vous-même, sur l'ordre des choses et sur la vie. Saturne en Capricorne est le porteur de l'ordre, de la vérité et de la sagesse. Il est aussi le chef de chantier, la bâtisseur.

Vous pouvez trouver votre sécurité, vous construire, évoluer, grandir, devenir plus sage et trouver la paix intérieure en posant des questions, en effectuant un travail de recherche de la vérité et de votre vérité, en pratiquant le silence et la méditation, en étant totalement dans l'instant présent tout en apprenant à observer avec un certain recul, à l'écoute des vibrations et des mouvements d'énergie dans votre corps, en vous reliant à votre cœur, en évoluant vers une maîtrise de vous-même et de votre vie, en travaillant sur l'ordre, les structures et l'organisation, en gérant des chantiers, en vous fixant des objectifs à long terme et des étapes, en faisant preuve de courage et de persévérance pour atteindre vos objectifs, en recherchant la sagesse, en donnant un sens profond et sacré à votre quotidien et en ayant une carrière dans le monde extérieur.

Vous pouvez aller au fond de vous-même grâce à votre capacité à vous détacher intérieurement du passé et de ces mémoires, des liens avec autrui, des conditionnements sociaux, des désirs et des sentiments, de votre imagination et du vacarme du mental pour trouver, dans le silence, entre les battements de cœur et les respirations, au-delà des sons, des couleurs et de la vacuité, la profondeur de la vérité et la conscience de l'ordre cosmique.

Vous pouvez avoir tendance à envisager votre vie et votre Etre comme un perpétuel chantier, comme un cheminement où domine une part d'inconnu, comme une continuelle évolution, comme une œuvre en construction ou comme une vaste école de formation. Vous êtes naturellement capable de prendre de la distance et du recul, d'analyser les structures avec objectivité, d'observer avec détail et précision, de voir les problèmes en face et faire le nécessaire pour les surmonter, de poser les questions qui s'imposent et de remettre les choses en question lorsque cela est nécessaire, de procéder par étapes et de prendre le temps nécessaire, d'éviter les excès, les exagérations et les généralisations abusives, de faire preuve de prudence, de tirer des leçons, des principes ou une morale des événements, de vous organiser avec rigueur et pragmatisme, de vous discipliner et de travailler avec acharnement jusqu'à ce que votre objectif soit atteint et votre œuvre réalisée.

Vous êtes un peu lent à démarrer mais lorsque vous vous engagez, lorsque vous êtes lancé, vous savez faire la différence entre ce qui est prioritaire et ce qui est secondaire. Vous avez de la suite dans les idées. Vous savez vous fixer des objectifs à long terme, préparer longtemps à l'avance ce que vous voulez faire, définir des étapes, élaborer des plans d'action ou de formation et des méthodes d'exécution, agir de façon stratégique, méthodique, précise et en profondeur, vous discipliner pour construire, fournir des efforts prolongés, abattre une quantité parfois impressionnante de travail et contrôler les situations auxquelles vous êtes confronté.

Vous êtes souvent calculateur et parfois intéressé. Votre faculté de concentration, votre fermeté, votre ténacité opiniâtre et votre persévérance dans l'action tournent parfois à l'obstination, à l'acharnement et à l'obsession mais elles peuvent vous permettre d'aller loin et d'assumer à terme de grosses responsabilités.

Votre volonté inflexible parfois rigide vous empêche de vous laisser distraire ou détourner du résultat recherché, vous permet de recommencer si vos entreprises ont été malencontreusement interrompues et de mener des entreprises longues et difficiles jusqu'à leur aboutissement. Vous avez besoin de faire carrière et d'acquérir une solidité professionnelle.

Vous êtes particulièrement capable de prendre du recul, d'élaborer une stratégie à long terme, de faire des recherches, de faire preuve de pragmatisme et de réalisme, de vous organiser, de vous discipliner et de travailler avec acharnement lorsqu'il s'agit de d'assumer des responsabilités, lorsque l'essentiel est en jeu, lorsqu'il s'agit d'acquérir ou de préserver une certaine sécurité, lorsque vous êtes face à des difficultés, lorsqu'il s'agit de mettre de l'ordre, de structurer ou de vous imposer une certaine discipline, lorsque vous abordez l'inconnu ou entreprenez une recherche, une quête ou une étude mais aussi lorsqu'il s'agit de parcourir les différentes étapes de l'évolution spirituelle.

Votre sens de l'organisation et de la précision, votre sens de l'effort et vos capacités à construire, votre sens pratique, votre réalisme, votre logique, votre sens de l'expérimentation et votre capacité à abattre des quantités colossales de travail peuvent vous conférer de puissantes aptitudes réalisatrices. Vous pouvez être à la fois un excellent théoricien parce que pratique et fonctionnel et un excellent homme de terrain de part votre bon sens, votre pragmatisme organisé, votre rigueur et votre sérieux. Vous pouvez être doué pour comprendre les théories, les hypothèses, les structures et les systèmes organisés, pour manier des chiffres, des plans et des schémas, pour trouver des applications concrètes et une utilité pratique à toute théorie, à toute recherche, à toute formule mathématique ou à toute découverte. Inversement, toute recherche, toute théorie, toute découverte, toute organisation ou tout principe doit être utile et réaliste.

Votre juge moral tend à être particulièrement puissant et à jouer un rôle actif dans votre vie. Il vous incite à agir en utilisant un ensemble de principes, de règles ou de lois morales et peut vous culpabiliser lorsque vous ne faîtes pas de votre mieux. Votre besoin que les choses soient bien faîtes vous incite à vous montrer perfectionniste, exigent et parfois dur tant envers vous-même qu'envers les autres, mais aussi à faire preuve d'honnêteté, de droiture, de sérieux et d'une grande conscience professionnelle. Parce que vous savez agir de votre mieux ou agir de façon à avoir la conscience tranquille, vous pouvez acquérir à partir d'un certain âge une certaine sérénité intérieure. Et il est important pour vous d'agir de façon à avoir la conscience tranquille et de respecter le temps nécessaire à chaque chose. Vous pouvez développer, surtout dans la deuxième partie de votre vie, des aptitudes et des talents naturels pour structurer, bâtir, construire, pour gérer une organisation, pour organiser, contrôler, veiller à la bonne qualité, analyser, prohiber, fixer des limites, administrer, réfléchir, chercher, gérer le temps et tenir compte du temps, travailler la terre ou la pierre, pour créer des formes ou des objets et pour apporter sagesse et vérité.

SATURNE EN VERSEAU

Saturne dans ce signe peut initialement conférer une certaine timidité, la sensation d'être une personne différente voir un(e) extra-terrestre sur une planète pas très harmonieuse, une difficulté à trouver sa place dans un groupe ou au sein de l'humanité et une tendance à demeurer une personne effacée. Avec Saturne en Verseau, vous pouvez trouver votre sécurité, vous construire, évoluer, grandir, devenir plus sage et trouver la paix intérieure en vous libérant psychologiquement des conditionnements sociaux, des mémoires du passé, et des croyances limitantes, en développant un sentiment de liberté, en prenant conscience de l'ordre universel, des coïncidences et des synchronicités, en affirmant vos convictions et votre spécificité, en devenant autonome et indépendant, en vous constituant un réseau d'aide et de soutien, en participant à des activités de groupe, en gérant des projets, en apprenant à trouver des solutions et à réparer ce qui doit l'être, en développant une activité apportant une aide et un progrès aux membres de l'humanité qui en ont besoin, en partageant vos connaissances, en incarnant des valeurs humaines et spirituelles et en étant un guide au sein d'un groupe.

Dès lors qu'il s'agit de prendre du recul, d'élaborer une stratégie à long terme, de faire des recherches, de faire preuve de pragmatisme et de réalisme, de vous organiser, de vous discipliner et de travailler avec acharnement alors vous êtes particulièrement capable d'utiliser les moyens modernes de communication, de faire preuve d'intelligence et d'humanité, d'être optimiste et positif, de voir l'aspect prometteur et bénéfique d'une situation, de faire naître l'espoir autour de vous, de trouver des solutions qui servent l'intérêt général, d'affirmer votre spécificité et vos convictions, de vous organisez et vous disciplinez pour vous maîtriser ou pour maîtriser la situation, de faire des projets ou de vous projeter dans l'avenir, d'inventer, d'innover et de faire des découvertes, d'exprimez votre idéal, votre idéologie, vos valeurs humaines ou spirituelles.

Vous êtes particulièrement capable de prendre du recul, d'élaborer une stratégie à long terme, de faire des recherches, de faire preuve de pragmatisme et de réalisme, de vous organiser, de vous discipliner et de travailler avec acharnement lorsqu'il s'agit lorsqu'il s'agit de vivre des expériences inconnues ou d'explorer de nouveaux horizons ou lorsqu'il s'agit de faire des réformes visant à améliorer les situations. Vous savez également vous organiser pour vous affranchir des contraintes sociales, des pressions extérieures, des tentatives d'accaparement ou de manipulation de votre personnalité, pour vous vous détacher intérieurement des mythes, des préjugés, des rumeurs, des influences de l'entourage et du passé mais aussi pour aider autrui. Vous pouvez avoir des talents pour redresser des situations en difficulté, pour vous dépasser afin de progresser, pour utiliser votre sens psychologique, pour devenir un spécialiste technique ou pour vous faire des amis.

Vous pouvez être aussi doué pour vous constituer un réseau de soutien, pour poursuivre vos objectifs professionnels sans vous laisser détourner de votre voie par d'éventuelles pressions extérieures, pour vous imposer avec énergie et détermination, pour assumer de grosses responsabilités, grâce à votre maîtrise des moyens de communication, pour réussir dans votre domaine professionnel et vous adapter à la vie moderne. Votre capacité à intellectualiser les événements et les structures, à comprendre leur cause et leur sens, à saisir comment ce que chacun porte à l'intérieur de son être engendre les événements équivalents dans le monde extérieur ne vous font en général guère croire au hasard. Vous tendez à avoir la certitude que le ciel vous aidera si vous vous aidez vous-même.

Et souvent, vos initiatives peuvent être secondées par des appuis, par des relations amicales et par des personnes rencontrées sur le chemin de la vie. Vous vous sentez néanmoins responsable de ce qui vous arrive et rendez facilement responsable autrui de ce qui leur arrive. Cela vous rend parfois dur, exigent et intransigeant tant envers vous-même qu'envers autrui. Vous avez souvent une façon très personnelle de vous organiser. Vous aimez sortir des sentiers battus, suivre votre voie personnelle et ne pas faire comme les autres. Un paradoxe chez vous est que, malgré votre individualisme, votre dynamisme s'exprime plus facilement à travers des causes impersonnelles dont puisse profiter l'ensemble de l'humanité, au sein d'un groupe, d'une association, d'une grande entreprise voire d'une multinationale qu'à travers des initiatives égoïstes et individuelles. L'espoir est une énergie qui vous sécurise.

Vous pouvez vous sentir en sécurité lorsqu'il s'agit de provoquer chez autrui l'espoir, lorsque vous défendez des valeurs humanitaires ou démocratiques, une idéologie, les droits de l'homme ou les droits du travail et lorsque vous aidez autrui en leur apportant une vie meilleure ou en les libérant de leurs difficultés. Vous assumez parfois un rôle de sauveur, de St Bernard, de Zorro, de libérateur ou d'Ange gardien, en vous positionnant en dominant tendant la main au dominé. Vous pouvez croire aux Anges parce que vous avez des preuves concrètes suite à vos expériences vécues et parce que vous vivez leur influence dans votre existence. Vous pouvez cependant avoir tendance à vouloir aider les autres et à ne pas assez vous occupez de vous-même et de votre vie privée.

Votre vie intérieure tend à être influencées voire dictée par des idées, par une idéologie, par des valeurs spirituelles, par des intuitions claires, par des certitudes, des convictions et par un besoin d'évolution, de nouveauté et de progrès. Saturne vous demande cependant d'apprendre la valeur du silence et de la méditation, de prendre conscience que toutes les connaissances et les informations apprises durant votre vie ne vous serviront à rien lorsque votre corps physique sera redevenu poussière, que les connaissances de l'âme demandent avant tout à être contemplées, ressenties, vécu et conquise, et non pas analysées et intellectualisées et qu'il vous faudra aller au-delà des mots, des concepts, de la virtualité et des savoirs pour accéder à votre vérité profonde. Vous pouvez développer, surtout dans la deuxième partie de votre vie, des aptitudes pour travailler en groupe, pour organiser des projets ou pour faire de la logistique, pour les sciences, les techniques et les télécommunications, pour gérer un réseau, pour coopérer, réformer, nettoyer, être à l'avant garde, pour vous consacrer à une cause universelle, pour trouver des solutions, pour les métiers d'aide et de conseils, pour soulager des maux physiques et moraux, pour participer au progrès collectif et à la vie moderne, pour vous spécialiser, pour innover ou inventer, pour participer à un mouvement humanitaire, à une grande société ou à une association.

SATURNE EN POISSONS

Avec Saturne en Poissons, vous pouvez trouver votre sécurité, vous construire, évoluer, grandir, devenir plus sage et trouver la paix intérieure à travers la solitude et la méditation, en développant votre foi en la vie, en Dieu, en l'univers, en la Source créatrice de tout, en mettant de l'ordre dans vos mémoires généalogiques et vos vies passées, en vivant vos rêves et vos aspirations profondes, en développant votre sensibilité, votre compassion, votre capacité à être inspiré et à lâcher-prise, en exprimant votre amour inconditionnel, votre sens du sacré et votre capacité de communier et de puiser des informations dans l'inconscient collectif, en soulageant les souffrances et les misères du monde, en sacrifiant ce qui est inférieur au profit de ce qui est supérieur, en allant de la souffrance à la transcendance, en participant à une structure collective de façon désintéressée et à travers la communion, dans un état de joie spirituelle profonde, avec Dieu, les Archanges et la Source créatrice de toute vie.
Saturne en Poissons peut initialement gêner et freiner l'affirmation et l'évolution de votre personnalité. Elle peut conférer une sensation diffuse de manque de confiance en vos moyens, une peur d'être noyé dans la masse ou d'être envahi et une peur d'être déstructuré ou dépersonnalisé.

Elle vous sensibilise en effet aux manques et aux insuffisances au niveau de la joie spirituelle, de l'enchantement, du pardon, du lâcher-prise et de l'accès aux expériences divines. Dans ces domaines, elle vous incite à douter, à vous remettre en question, à vous montrer exigent et à rechercher une certaine perfection. Quand vous comprenez que cette sensibilité et ces comportements sont un moyen d'évoluer, d'agir de façon juste, de réaliser des œuvres de qualités et de vivre une vie qui a du sens par rapport à votre vie éternelle, vous pouvez pleinement exploiter cette énergie. Et vous pouvez l'exploiter de façon optimale si vous faîtes toujours de votre mieux sans cherchez à être parfait, si vous avez une pratique spirituelle et si vous pratiquez une forme de recherche spirituelle vous permettant d'accéder à un état d'enchantement, de communion avec la vie et avec le divin, à votre vérité profonde au fond de votre cœur et si cherchez à évoluer.

L'influence de la planète Neptune vous confère une tendance naturelle à être détaché intérieurement et à vous déconditionner des idées, des certitudes et des cultures précédemment apprises. Neptune vous fait ressentir fortement un besoin de vous évader par la rêverie et l'imagination, un besoin de mysticisme, de sacré et de communion spirituelle avec les courants d'amour qui inondent l'univers, parfois un besoin de fuir les réalités extérieures pour vivre votre réalité intérieure ou de vous fuir à travers votre réalité extérieure, de vous désengager et d'oublier. Souvent absent(e), ailleurs, et indifférent(e) quand vous n'avez pas envie d'être concerné(e), vous semblez parfois attendre la venue du printemps dans un état de contemplation. Vous avez régulièrement besoin de silence, de calme, de repos et de solitude. Les réalités quotidiennes et le monde matériel peuvent vous ennuyer et vous vous sentez parfois comme un étranger(e) sur une terre étrange ou comme une très vieille âme en fin de cycle d'incarnation.

Vu des mondes de l'âme, vous pouvez soit avoir l'impression d'être comme en exil et à l'étroit dans ce monde matériel soit au contraire avoir l'impression que le monde et ses habitants ne font qu'un seul navire, qu'une seule nation, où s'effacent les différences. Il est cependant important pour vous de comprendre que les besoins et comportements décrits précédemment sont un moyen, qu'ils ont un rôle, celui de vous permettre d'évoluer spirituellement et d'intégrer la réalité éternelle dans votre vie et surtout qu'ils doivent être équilibrés par une participation à une activité de service dans le monde extérieur sans quoi ces comportements risquent d'engendrer un certain laisser-aller, une tendance à l'errance et freiner votre évolution.

Mais une fois que vous êtes lancé dans la vie, et dès lors qu'il s'agit de vous organiser et d'assumer vos responsabilités; alors vous êtes particulièrement capable de faire entrer en jeux votre besoin de rêve et d'évasion, vos mémoires de vies passées, vos mémoires généalogiques, vos croyances spirituelles, une capacité à vivre en fusion émotionnelle avec la situation et les personnes qui la compose, de brancher vos antennes sur l'inconscient collectif et de répondre aux besoins collectifs, d'utiliser votre sixième sens et votre intuition, mais aussi de faire preuve d'amour inconditionnel, de dévouement, de compassion et de charité. Votre carrière peut donc suivre un chemin qui peut paraître, vu de l'extérieur, étrange, dont la logique n'est pas forcément évidente à première vue et parfois un peu chaotique.

Vous êtes particulièrement capable de prendre du recul, d'élaborer une stratégie à long terme, de faire des recherches, de faire preuve de pragmatisme et de réalisme, de vous organiser, de vous discipliner et de travailler avec acharnement de vous fixer des objectifs à long terme, préparer longtemps à l'avance ce que vous voulez faire, définir des étapes, élaborer des plans d'action ou de formation et des méthodes d'exécution, d'agir de façon stratégique, méthodique, précise et en profondeur, de vous discipliner pour construire, de fournir des efforts prolongés, d'abattre une quantité parfois impressionnante de travail et de contrôler les situations auxquelles vous êtes confronté lorsqu'il s'agit de développer votre foi, lorsqu'il s'agit d'accéder à des niveaux de conscience plus élevés ou à des états mystiques, à des voyages astraux, à des vérités spirituelles, à des émotions quasi religieuses qui vous permettent de transcender, de dépasser mais parfois aussi de fuir les réalités quotidiennes, lorsqu'il s'agit de soulager les souffrances et les misères du monde, lorsqu'il s'agit de faire preuve de compassion, de charité et d'amour inconditionnel, lorsqu'il s'agit de gérer vos mémoires généalogiques ou vos vies passées ou lorsqu'il s'agit de participer à une organisation collective.

De même, vous savez avoir la foi et vous laisser porter par votre intuition et vos inspirations lorsqu'il vous faut vous organiser et assumer vos responsabilités. Et parce que vous avez la foi, parce que vous connaissez la force de la foi, parce que vous croyez que tout est possible tout en étant réaliste et pragmatique, vous pouvez remuer des montagnes et obtenir des résultats surprenants, incroyables voire miraculeux, comme si les événements se produisaient d'eux même sans démarche consciente de votre part. Vos puissantes inspirations vous permettent de faire ce qu'il faut, comme il faut ou et quand il faut. La foi soulève des montagnes et engendre des actes magiques quand on sait s'en servir. Il peut être bénéfique pour vous de travailler l'énergie de la foi. Vos capacités d'organisation tendent s'exprimer en fonction d'une logique qui vous est propre, d'une logique qui n'est pas facile à définir ni à communiquer parce qu'elle est irrationnelle et bien au-delà des mots et parce qu'elle fait intervenir d'autres dimensions.

Ainsi, le fait que vous soyez motivé pour vous organiser dépendra de l'effet vibratoire de la situation ou de votre Etre, de l'énergie qui en émane, des émotions qu'elle suscite au plus profond de vous-même, de ce que vous ressentez à ce moment précis, du temps qu'il fait, ou d'autres raisons très personnelles et quelques fois inconscientes, par exemple parce que la situation évoque une impression de déjà vu, un souvenir d'un lointain passé ou d'une vie antérieure, ou parce qu'elle est en résonance avec une mémoire généalogique. Et vous pouvez être amené à revisiter des mémoires que vous avez déjà connues « dans d'autres vies ».

Tout ce qui concerne la vie intérieure est pour vous une question de feeling, de sensibilité et comme vous dites, cela ne s'explique pas. D'où votre coté irrationnel, insaisissable et parfois déroutant(e). Et vous êtes hyper sensible, captant tout ce qu'il y a dans l'air du temps, dans l'inconscient collectif et dans le cosmos. Vous avez facilement besoin que vos engagements, votre organisation, vos structures ou votre carrière correspondent à des aspirations spirituelles plus profondes ou qu'ils soient soutenus, confirmés, validés par une foi, par la volonté de vos ancêtres, par le hasard, par les Dieux ou par ce en quoi vous croyez.

Votre vie est en tout cas très liée à vos mémoires ancestrales. Il peut être particulièrement important pour vous de faire votre arbre généalogique afin de ne pas reproduire les schémas ou les structures de vos ancêtres et surtout afin de vivre votre vie à vous! Il est important pour vous de bien faire la différence entre les désirs du groupe et vos désirs personnels afin de surmonter une tendance à la dépersonnalisation. Votre capacité à ressentir les désirs du groupe peut cependant vous permettre de gérer un groupe ou d'une collectivité. Vous êtes très sensible aux souffrances des autres et la part de bonté, de charité, de dévouement, de sensibilité, de douceur toute maternelle et de sincérité désintéressée qu'il y a dans votre cœur peut vous inciter à porter secours, à soigner ou assister des personnes qui sont souffrantes ou malades, physiquement ou moralement, ou à vous occuper d'œuvres sociales et philanthropiques.

Vous pouvez développer, surtout dans la deuxième partie de votre vie, des aptitudes pour explorer l'ailleurs, l'invisible, l'inconscient et par exemple le monde des rêves ou de l'invisible, pour soulager et soigner les souffrances et misères du monde à travers une activité sociale, médicale ou paramédicale, pour utiliser votre foi et votre intuition, pour capter et ressentir ce qui se passe, pour être une personne guidée par les courants d'amour qui inondent l'univers et par l'univers lui-même, pour inspirer et être inspiré(e), pour rêver et faire rêver, pour vous dévouer en étant au service de la vie, pour utiliser un sens communautaire et humanitaire, pour relaxer et détendre, pour assister et soutenir, pour sonder, pour participer à une entreprise collective ou intégrer une communauté religieuse ou spirituelle, pour communier, pour faire de la magie à votre façon, pour vous évader et pour communiquer par l'image, le son, les vibrations et les émotions.

Uranus en signes :

URANUS EN BELIER

Vous êtes né(e) dans une ambiance collective où on tourne la page du passé après une période de chaos et où on démarre sur un nouveau cycle. Les gens retrouvent l'instant présent, redeviennent présents à ce qu'ils font et cherchent à incarner des valeurs d'autonomie et d'indépendance. La nouveauté, l'action, l'efficacité, la vitesse, la performance, la franchise, le sport, le combat, l'esprit d'entreprise mais aussi la révolte, l'impatience, l'agressivité, la colère et parfois la barbarie deviennent les valeurs collectives en vogue.

On assiste à un renouvellement de l'économie et de l'industrie en général et un fort développement de l'industrie des métaux, des machines-outils, de la mécanique, des instruments en métal, de l'armement, du sport et des arts martiaux. Il y a une volonté collective de se doter d'une industrie plus performante et de disposer d'une armée puissante. La phase précédente de ce cycle (1927-1934) a coïncidé avec le boom industriel et la période de réarmement qui a précédé la deuxième guerre mondiale. On peut assister à la naissance d'une compétition accrue entre entreprises ou entre nations, voire entre de grandes entreprises et des Etats et à des protestations ou à des conflits plus ou moins violents.

Vous exprimez la planète Uranus dès lors qu'il s'agit d'acquérir ou de préserver une certaine liberté d'action, lorsqu'il s'agit de vous projeter dans l'avenir et de concrétiser vos projets ou des concepts, lorsqu'il s'agit de vivre des expériences inconnues ou d'explorer de nouveaux horizons, lorsqu'il s'agit de faire des réformes visant à améliorer les situations, lorsqu'il s'agit d'utiliser les moyens modernes de communication, de faire preuve d'intelligence, d'humanité, d'être optimiste et positif, de voir l'aspect prometteur et bénéfique d'une situation, de faire naître l'espoir autour de vous, de trouver des solutions qui servent l'intérêt général, d'affirmer votre spécificité et vos convictions, de vous organisez et vous disciplinez pour vous maîtriser ou pour maîtriser la situation, de faire des projets, ou d'inventer, d'innover et de faire des découvertes, de satisfaire votre besoin de nouveauté, d'exprimez votre idéal, votre idéologie ou vos valeurs humaines ou spirituelles.

Dans ces situations, vous êtes alors particulièrement capable de vous motiver, d'être totalement dans l'instant présent, de vivre des expériences et d'expérimenter sur le terrain, de prendre des initiatives, vous imposer en faisant usage de la force, de vous battre, vous engager dans un combat, de vous affirmer, de vous impliquer en mobilisant vos moyens pour obtenir des résultats, d'assurer, d'expérimenter, de faire preuve de courage et d'audace, d'être offensif et agressif, d'être efficace, percutant et performant, de vous positionner en leader et de diriger, bref d'agir, de réagir et d'aller de l'avant.

Uranus en Bélier vous confère ainsi la force de frappe, la puissance physique, industrielle ou sportive pour que vous en fassiez profiter l'humanité. Il vous permet de moderniser ou de révolutionner le monde de l'action, de l'entreprise, de l'industrie ou du sport, les activités liées aux métaux (mécanique), aux outils, aux armes et aux machines, les disciplines de combats (police et justice), les professions libérales et les métiers où il y a de l'indépendance et parfois certaines activités médicales qui nécessitent l'utilisation d'objets en métal ou de machines.

URANUS EN TAUREAU

Vous êtes né(e) dans une ambiance collective qui correspond à celle du mois de Mai où l'on se retrouve en famille après la période d'intense activité du mois d'avril. On s'alimente, on déguste, on se détend, on profite des plaisirs de la vie en se rapprochant de la nature, on expérimente l'art, le plaisir et la prospérité. L'économie est tournée vers la production, vers la nécessité de s'approvisionner et de nourrir les populations mais aussi vers un désir d'enrichissement, d'annexion de territoires et vers l'art et les plaisirs.

La phase précédente, entre 1934 et 1941, a été marquée par une frénésie collective d'accroître son espace vital et de posséder des territoires nouveaux (ces problèmes d'annexion de territoires ayant abouti à la deuxième guerre mondiale).

Il y a eu des bouleversements dans les méthodes de productions ainsi qu'une crise des approvisionnements en produits alimentaires et en matières premières. Vous exprimez la planète Uranus dès lors qu'il s'agit d'acquérir ou de préserver une certaine liberté d'action, lorsqu'il s'agit de vous projeter dans l'avenir et de concrétiser vos projets ou des concepts, lorsqu'il s'agit de vivre des expériences inconnues ou d'explorer de nouveaux horizons, lorsqu'il s'agit de faire des réformes visant à améliorer les situations, lorsqu'il s'agit d'utiliser les moyens modernes de communication, de faire preuve d'intelligence, d'humanité, d'être optimiste et positif, de voir l'aspect prometteur et bénéfique d'une situation, de faire naître l'espoir autour de vous, de trouver des solutions qui servent l'intérêt général, d'affirmer votre spécificité et vos convictions, de vous organisez et vous disciplinez pour vous maîtriser ou pour maîtriser la situation, de faire des projets, ou, d'inventer, d'innover et de faire des découvertes, d'exprimez votre idéal, votre idéologie ou vos valeurs humaines ou spirituelles.

Dans ces situations, vous êtes alors particulièrement capable d'être bien incarné dans la matière, d'utiliser vos cinq sens, de gérer des flux financiers, des terres ou des biens immobiliers, de faire fructifier un patrimoine, de nouer des relations sociales, commerciales ou intimes ou de fonder une famille, d'incarner une conscience de l'abondance, un sentiment de bonheur profond, une joie de vivre et un plaisir d'être vivant. Uranus en Taureau vous apprend que Dieu vit dans la joie, que le bonheur sur Terre existe si vous savez le créer, mais aussi à bien faire la différence entre vos désirs et ce dont vous avez réellement besoin, en sachant que l'être humain vient sur terre nu et repart sans rien ou autrement dit, que les biens matériels sont un moyen et non une fin en soit.

Uranus en Taureau vous confère ainsi la puissance financière, la puissance artistique, la puissance de gestion et d'organisation dans la matière pour que vous en fassiez profiter l'humanité. Il vous permet de moderniser et de révolutionner le monde de l'art, de l'alimentaire, de la coiffure ou de la bijouterie, des valeurs familiales, de la gestion immobilière et du foyer, de la photo, de la parfumerie, de la décoration, du paysagisme, du chant, et de tout ce qui permet d'agrémenter l'existence de plaisir, de bonheur et de joie de vivre.

URANUS EN GEMEAUX

Vous êtes né(e) dans une ambiance collective où l'on a besoin de jeu, de rire et de légèreté, de communiquer, d'adaptation, d'échanger des informations, de mouvement et de déplacement, de faire du commerce et de rapports fraternels entre les individus. L'économie est tournée vers le commerce et vers la circulation de l'information. La phase précédente où Uranus était en Gémeaux, entre 1942 et 1949, a été marquée par la fin de la deuxième guerre mondiale et par une frénésie collective de mouvements massifs de troupes et par un besoin collectif de maîtriser l'information. Il y a eu des bouleversements dans les méthodes de communications et d'apprentissage et dans les moyens de déplacements. Vous exprimez la planète Uranus dès lors qu'il s'agit d'acquérir ou de préserver une certaine liberté d'action, lorsqu'il s'agit de vous projeter dans l'avenir et de concrétiser vos projets ou des concepts, lorsqu'il s'agit de vivre des expériences inconnues ou d'explorer de nouveaux horizons, lorsqu'il s'agit de faire des réformes visant à améliorer les situations, lorsqu'il s'agit d'utiliser les moyens modernes de communication, de faire preuve d'intelligence, d'humanité, d'être optimiste et positif, de voir l'aspect prometteur et bénéfique d'une situation, de faire naître l'espoir autour de vous, de trouver des solutions qui servent l'intérêt général, d'affirmer votre spécificité et vos convictions, de vous organisez et vous disciplinez pour vous maîtriser ou pour maîtriser la situation, de faire des projets, ou, d'inventer, d'innover et de faire des découvertes, d'exprimez votre idéal, votre idéologie ou vos valeurs humaines ou spirituelles.

Dans ces situations, vous êtes alors particulièrement capable de communiquer, d'être bien informé, de traiter l'information, de faire preuve de souplesse, d'adresse, d'agilité et d'intelligence, d'adopter différents angles d'attaques, de trouver des solutions astucieuses, d'apprendre, de faire du commerce, d'utiliser l'humour et le jeu et d'être adapté à l'environnement. Uranus en Gémeaux vous confère ainsi une puissance commerciale, la puissance de l'intelligence, une grande ingéniosité, le don des langues, une remarquable vivacité d'esprit et de remarquables capacités d'adaptation et de communication pour que vous en fassiez profiter l'humanité. Il vous permet de moderniser et de révolutionner le monde de la communication, de l'écriture, du journalisme, de l'automobile, la conduire de véhicules et les petits déplacements, de l'enseignement, des langues et l'interprétariat, du commerce, de la gestion du courrier ou des échanges commerciaux, les activités touchants aux jeunes et aux étudiant(e)s, aux jeux, aux jouets, au rire, au mouvement, à l'acrobatie, aux médias, au marketing, aux livres et supports de communication et des activités de services.

URANUS EN CANCER

Vous êtes né(e) dans une ambiance collective où il était nécessaire de construire des logements, de renouer les liens familiaux et les liens entre les peuples et les nations, de se ressourcer et de développer des valeurs refuges permettant de se ressourcer. L'économie est tournée vers le bien-être, vers le foyer et la cellule familiale. La phase précédente où Uranus était en Cancer, entre 1949 et 1955, a été marquée par la reconstruction et par une frénésie collective de fabriquer de nouveaux logements, de faire des enfants et de retrouver des liens émotionnels entre individus et entres nations. Il y a eu des bouleversements dans les méthodes de construction de logements collectifs, dans les relations au sein de la cellule familiale et dans les liens entre nations, dans la sécurité sociale et familiale, dans l'espace occupé par la femme au sein de la société et dans la vie quotidienne au foyer grâce à l'apparition de nouveaux produits.

Vous exprimez la planète Uranus dès lors qu'il s'agit d'acquérir ou de préserver une certaine liberté d'action, lorsqu'il s'agit de vous projeter dans l'avenir et de concrétiser vos projets ou des concepts, lorsqu'il s'agit de vivre des expériences inconnues ou d'explorer de nouveaux horizons, lorsqu'il s'agit de faire des réformes visant à améliorer les situations, lorsqu'il s'agit d'utiliser les moyens modernes de communication, de faire preuve d'intelligence, d'humanité, d'être optimiste et positif, de voir l'aspect prometteur et bénéfique d'une situation, de faire naître l'espoir autour de vous, de trouver des solutions qui servent l'intérêt général, d'affirmer votre spécificité et vos convictions, de vous organisez et vous disciplinez pour vous maîtriser ou pour maîtriser la situation, de faire des projets, ou, d'inventer, d'innover et de faire des découvertes, d'exprimez votre idéal, votre idéologie ou vos valeurs humaines ou spirituelles.

Dans ces situations, vous êtes alors particulièrement capable de vous ressourcer et de créer un univers personnel ou un monde familier que vous protégez de tout ce qui n'en fait pas partie, de créer des ambiances intimes et sécurisantes, de vous évader du monde en recréant votre propre monde, votre propre chez-vous, d'utiliser des valeurs refuges comme la musique, l'eau ou le dessin, d'exprimer votre sensibilité, votre imagination et vos émotions, de faire preuve de naturel et de sympathie, de poésie et de lyrisme, d'affirmer vos traditions, de tisser des liens familiaux ou des liens émotionnels, de quitter le rythme agité de la pensée pour rentrer dans votre propre rythme, de vivre l'intimité et de trouver le bien-être.

Uranus en Cancer vous confère ainsi une puissance émotionnelle et imaginative et de puissante capacité à ressourcer, à vous ressourcer et à trouver le bien-être pour que vous en fassiez profiter l'humanité. Il vous permet de vous libérer des charges émotionnelles du passé. Il vous permet de moderniser et de révolutionner le rôle de la femme, le monde de l'émotion, de l'image, des valeurs refuges, de la famille et de la collectivité, de la musique, du dessin, de la cuisine, de l'électroménager, et des activités en rapports avec le public, la famille, les enfants et la maternité, le foyer, l'immobilier, la biologie, l'alimentation, l'utilisation de l'eau et le passé.

URANUS EN LION

Vous êtes né(e) dans une ambiance collective où il est nécessaire de renouveler les valeurs, de fixer des objectifs, de faire preuve de créativité, d'affirmer son autorité, sa volonté et son image de marque, de chercher une reconnaissance, et d'effectuer des prises de consciences. L'économie est tournée vers les grandes entreprises ayant une image de marque, vers le luxe et vers la créativité. La phase précédente où Uranus était en Lion, entre 1949 et 1955, a été marquée par une frénésie collective de luxe, d'image et d'affirmation individuelle où des personnalités à fort tempérament occupaient les devants de la scène.
Il y a eu des bouleversements dans les méthodes d'organisation et de management, dans le monde du luxe et des multinationales, dans les outils de prise de conscience et dans le monde de l'image.

D'après la tradition astrologique, Uranus n'est pas très à l'aise dans le signe du Lion et a quelques difficultés à s'exprimer dans ce signe. Sans doute devrez-vous faire un effort pour incarner ce que cette fonction psychologique cherche à faire éclore en vous. Vous exprimez la planète Uranus dès lors qu'il s'agit d'acquérir ou de préserver une certaine liberté d'action, lorsqu'il s'agit de vous projeter dans l'avenir et de concrétiser vos projets ou des concepts, lorsqu'il s'agit de vivre des expériences inconnues ou d'explorer de nouveaux horizons, lorsqu'il s'agit de faire des réformes visant à améliorer les situations, lorsqu'il s'agit d'utiliser les moyens modernes de communication, de faire preuve d'intelligence, d'humanité, d'être optimiste et positif, de voir l'aspect prometteur et bénéfique d'une situation, de faire naître l'espoir autour de vous, de trouver des solutions qui servent l'intérêt général, d'affirmer votre spécificité et vos convictions, de vous organisez et vous disciplinez pour vous maîtriser ou pour maîtriser la situation, de faire des projets, ou, d'inventer, d'innover et de faire des découvertes, d'exprimez votre idéal, votre idéologie ou vos valeurs humaines ou spirituelles.

Dans ces situations, vous êtes alors particulièrement capable d'affirmer votre volonté, d'y mettre tout votre cœur, de savoir ce que vous voulez, de vous fixer des objectifs, de vous organiser, d'être positif, confiant, audacieux et généreux, d'engager votre être tout entier, dans une recherche de perfection et d'absolu, d'en rajouter et de vous dépasser pour que le résultat soit brillant et royal, d' être soucieux de l'image que vous donnez et de votre réputation, de préserver une certaine honorabilité, d'incarner votre idéal, vos valeurs, vos principes, vos objectifs personnels, d'être mis en valeur, de recevoir des marques de reconnaissance, de jouer un rôle central, de créer, de vous montrer, d'être sur les devants de la scène, d'incarner une certaine classe et d'avoir un certain prestige et de vous donner les moyens nécessaires pour réussir.

Uranus en Lion vous confère des dons que vous devez découvrir ainsi qu'une puissance créatrice, une puissance pédagogique, une puissante autorité, la puissance de l'Amour, de la volonté et de l'engagement ainsi qu'une puissante affirmation de vous-même, et cela pour que vous en fassiez profiter l'humanité et non pour nourrir votre ego. Il vous permet de moderniser et de révolutionner le monde de l'énergie et l'éclairage, du théâtre et du spectacle, du management, de l'encadrement, du luxe, des valeurs, des modèles mais aussi de bouleverser les pouvoirs en place.

URANUS EN VIERGE

Vous êtes né(e) dans une ambiance collective où il était nécessaire de trier, d'analyser, de critiquer, de reconsidérer les limites, d'utiliser une intelligence technique et d'inventer de nouveaux outils pour gérer la matière, de traiter l'information et de prendre en considération les conditions de travail, les questions d'hygiène et de santé. L'économie est tournée vers la gestion de la matière et de l'information, vers l'hygiène et la santé et vers le développement d'outils et de techniques permettant d'être mieux adapté au monde matériel. La phase précédente où Uranus était en Vierge, entre 1963 et 1968, a été marquée par une frénésie collective de critiques ayant abouti aux révoltes étudiantes et la remise en cause du modèle d'encadrement autoritaire. Il y a eu des bouleversements dans les méthodes d'organisation de l'information, dans le monde de l'hygiène, de la santé et des techniques de soins, dans le domaines des outils et des techniques et dans le monde du travail.

Vous exprimez la planète Uranus dès lors qu'il s'agit d'acquérir ou de préserver une certaine liberté d'action, lorsqu'il s'agit de vous projeter dans l'avenir et de concrétiser vos projets ou des concepts, lorsqu'il s'agit de vivre des expériences inconnues ou d'explorer de nouveaux horizons, lorsqu'il s'agit de faire des réformes visant à améliorer les situations, lorsqu'il s'agit d'utiliser les moyens modernes de communication, de faire preuve d'intelligence, d'humanité, d'être optimiste et positif, de voir l'aspect prometteur et bénéfique d'une situation, de faire naître l'espoir autour de vous, de trouver des solutions qui servent l'intérêt général, d'affirmer votre spécificité et vos convictions, de vous organisez et vous disciplinez pour vous maîtriser ou pour maîtriser la situation, de faire des projets, ou, d'inventer, d'innover et de faire des découvertes, d'exprimez votre idéal, votre idéologie ou vos valeurs humaines ou spirituelles.

Dans ces situations, vous êtes alors particulièrement capable d'être bien informé, de communiquer, d'acquérir un vaste système de connaissance, d'organiser l'information, d'effectuer des échanges commerciaux, de faire le tri, d'analyser chaque détail, d'être méticuleux et perfectionniste, de faire preuve d'intelligence, d'habileté, d'ingéniosité, de débrouillardise et de stratégie, de sens pratique, de réalisme et de pragmatisme, d'analyse et de précision, d'exprimer votre sens du service, de traiter les questions de sécurité, d'hygiène et de santé, de préserver votre pureté et votre intégrité et de vous adapter intelligemment.

Uranus en Vierge vous confère ainsi une puissance analytique, une puissance stratégique, une puissante intelligence technique, une intelligence des chiffres et de l'information et une intelligence pour tout ce qui touche l'hygiène et la santé, et cela afin pour que vous en fassiez profiter l'humanité. Il vous permet de moderniser et de révolutionner le monde de la connaissance de soi, de l'analyse de l'information, du renseignement, des outils et des techniques permettant l'adaptation au monde matériel, des systèmes de soins et de santé, du commerce, de la réglementation, de la prévision, de la stratégie, de la numérologie, de la comptabilité et de l'organisation.

URANUS EN BALANCE

Vous êtes né(e) dans une ambiance collective où il était nécessaire de coopérer, de créer des liens, d'œuvrer pour la civilisation, de faire preuve d'intelligence relationnelle, de conciliation et de diplomatie, de promouvoir la justice et la paix, de rétablir un juste équilibre des choses, de développer des valeurs esthétiques et artistiques et de reconsidérer le mode de relations entre individus. L'économie est tournée vers la civilisation et la coopération. La phase précédente où Uranus était en Balance, entre 1969 et 1975, a été marquée par une frénésie collective de tendresse, de joie, de partage, de relationnel et par la crise du pétrole ou les prix ont été modifiés à une valeur plus juste pour les pays producteurs. Il y a eu des bouleversements dans les modes relationnels, les mœurs et dans le monde de l'art et de la mode.

Vous exprimez la planète Uranus dès lors qu'il s'agit d'acquérir ou de préserver une certaine liberté d'action, lorsqu'il s'agit de vous projeter dans l'avenir et de concrétiser vos projets ou des concepts, lorsqu'il s'agit de vivre des expériences inconnues ou d'explorer de nouveaux horizons, lorsqu'il s'agit de faire des réformes visant à améliorer les situations, lorsqu'il s'agit d'utiliser les moyens modernes de communication, de faire preuve d'intelligence, d'humanité, d'être optimiste et positif, de voir l'aspect prometteur et bénéfique d'une situation, de faire naître l'espoir autour de vous, de trouver des solutions qui servent l'intérêt général, d'affirmer votre spécificité et vos convictions, de vous organisez et vous disciplinez pour vous maîtriser ou pour maîtriser la situation, de faire des projets, ou, d'inventer, d'innover et de faire des découvertes, d'exprimez votre idéal, votre idéologie ou vos valeurs humaines ou spirituelles. Vous êtes alors particulièrement capable de coopérer et de faire preuve d'intelligence relationnelle, de tenir compte de toutes les facettes de la situation, de peser le pour et le contre, d'utiliser votre sens esthétique ou artistique, d'exprimer votre sens de la mesure ou de la justice, d'agir avec grâce, avec douceur et gentillesse, avec finesse, avec élégance, d'une façon harmonieuse, en respectant les différences individuelles et faisant preuve d'une intelligence relationnelle, de trouver votre équilibre ou de le préserver, de créer des liens, de construire des relations sociales, de fonder un couple, d'exprimer votre sens esthétique, artistique ou juridique et de participer à la civilisation.

Avec Uranus en Balance, vous pouvez affirmer votre spécificité en participant à la civilisation, à travers des activités associatives, ou en créant une vie de couple moderne fondée sur une liberté d'action réciproque et sur une aide mutuelle. Le couple et les relations deviennent pour vous un moyen de développement personnel. Vous pouvez avoir des facilités pour comprendre les mécanismes psychologiques, sociologiques, technologiques et politiques qui régissent les civilisations. Vous pouvez être capable de révolutionner la façon d'entrer en relation avec autrui, la notion de mariage, les modes, la justice, l'esthétique ou la vie associative. Vous pouvez contribuer à la libération des mœurs ou donner aux valeurs relationnelles ou artistiques une signification plus universelle. L'amitié est vécue dans une volonté de s'accorder, dans l'harmonie, la douceur et la diplomatie, ou dans un partage d'activités de loisirs. Vous pouvez contribuer à inaugurer une nouvelle civilisation ou les loisirs prennent une place plus importante mais aussi où le contrôle des individus par la société devient plus oppressant. Un fort besoin d'indépendance freine parfois la création d'une vie de couple harmonieuse. Uranus en Balance vous confère une puissance relationnelle, juridique ou artistique et une puissance d'amour, de bonté et de partage pour que vous en fassiez profiter l'humanité.

Il vous permet de moderniser et de révolutionner le monde de la mode, des activités de loisirs, de la danse, du théâtre, du cinéma, de l'art, de la photo, de la parfumerie, de la décoration, de tout ce qui permet de rendre la vie plus agréable et de tout ce qui permet à la civilisation d'exister.

URANUS EN SCORPION

Vous êtes né(e) dans une ambiance collective où il était nécessaire de faire face à des crises, d'opérer des transformations et de mener un combat. L'économie est tournée vers la gestion de crise. La phase précédente où Uranus était en Scorpion, entre 1976 et 1981, a été marquée par une deuxième crise pétrolière nécessitant des restructurations et une transformation globale de l'industrie et de l'économie.

Vous exprimez la planète Uranus dès lors qu'il s'agit d'acquérir ou de préserver une certaine liberté d'action, lorsqu'il s'agit de vous projeter dans l'avenir et de concrétiser vos projets ou des concepts, lorsqu'il s'agit de vivre des expériences inconnues ou d'explorer de nouveaux horizons, lorsqu'il s'agit de faire des réformes visant à améliorer les situations, lorsqu'il s'agit d'utiliser les moyens modernes de communication, de faire preuve d'intelligence, d'humanité, d'être optimiste et positif, de voir l'aspect prometteur et bénéfique d'une situation, de faire naître l'espoir autour de vous, de trouver des solutions qui servent l'intérêt général, d'affirmer votre spécificité et vos convictions, de vous organisez et vous disciplinez pour vous maîtriser ou pour maîtriser la situation, de faire des projets, ou, d'inventer, d'innover et de faire des découvertes, d'exprimez votre idéal, votre idéologie ou vos valeurs humaines ou spirituelles.

Vous êtes alors particulièrement capable de faire preuve d'authenticité, d'exercer un pouvoir, de concentrer votre énergie, d'être à 100% présent, de vous battre, de déployer les grands moyens, d'être offensif et s'il le faut agressif, de pressentir les non dits, les émotions et les craintes non exprimées, de flairer les rapports de forces, les dangers et les enjeux présent dans la situation, de déceler les tentatives de manipulations et ceux qui tirent les ficelles, de décoder les signes et les symboles, de focaliser sur des détails que personne n'avait remarqué, de capter l'envers du décor, de tirer des conclusions à partir du moindre indice, de percer les mystères, d'être lucide, de vivre une sorte d'échange médiumnique avec votre milieu, de cerner ce qui se passe dans les coulisses ou dans les profondeurs de votre inconscient, d'élucider les mystères, de faire face à l'inconnu, d'utiliser vos instincts ou des forces occultes pour de franchir les différentes étapes de l'initiation, de gérer les crises et de procéder à des transformations.

Uranus en Scorpion vous confère ainsi une puissance sexuelle ou financière, un tempérament particulièrement passionné, le pouvoir de transformer les êtres et les situations, une puissance initiatique, une capacité à intégrer l'au-delà et la notion d'éternité dans la vie terrestre et une intelligence pour tout ce qui touche aux valeurs du scorpion comme le traitement des déchets, la dépollution ou la psychothérapie, et cela pour que vous en fassiez profiter l'humanité. Il vous permet de moderniser et de révolutionner le monde de l'industrie, de la défense et de la sécurité, de l'armement, des activités liées aux forges et métaux, du pouvoir, des disciplines de combats (police et justice), des activités médicales qui nécessitent l'utilisation d'objets en métal ou de machines, de l'évacuation des déchets et des toxines, de la chimie, de la sexualité, de l'énergie nucléaire, de la police, de l'armée, de la chirurgie, de la psychanalyse, des sciences occultes, de l'initiation et de la spiritualité.

URANUS EN SAGITTAIRE

Vous êtes né(e) dans une ambiance collective où il était nécessaire de faire preuve de confiance en soi, de convaincre et de s'imposer, d'exprimer sa générosité, d'élargir ses horizons (soit à travers des voyages, expéditions et explorations, soit à travers une recherche culturelle, philosophique ou spirituelle), de s'intégrer dans un groupe ayant des objectifs communs, d'exploiter les opportunités ou de provoquer la chance, de faire respecter la loi, d'incarner une forme d'autorité, de faire des affaires, de s'internationaliser et de s'épanouir dans le monde. La phase précédente où Uranus était en Sagittaire, entre 1981 et 1988, a été marquée par une frénésie collective d'expansion, d'échanges internationaux, de transports, de voyages et d'expansion économique. Il y a eu des bouleversements dans le monde des transports et des voyages, des échanges commerciaux et des affaires, de l'enseignement et de la médecine.

Vous exprimez la planète Uranus dès lors qu'il s'agit d'acquérir ou de préserver une certaine liberté d'action, lorsqu'il s'agit de vous projeter dans l'avenir et de concrétiser vos projets ou des concepts, lorsqu'il s'agit de vivre des expériences inconnues ou d'explorer de nouveaux horizons, lorsqu'il s'agit de faire des réformes visant à améliorer les situations, lorsqu'il s'agit d'utiliser les moyens modernes de communication, de faire preuve d'intelligence, d'humanité, d'être optimiste et positif, de voir l'aspect prometteur et bénéfique d'une situation, de faire naître l'espoir autour de vous, de trouver des solutions qui servent l'intérêt général, d'affirmer votre spécificité et vos convictions, de vous organisez et vous disciplinez pour vous maîtriser ou pour maîtriser la situation, de faire des projets, ou, d'inventer, d'innover et de faire des découvertes, d'exprimez votre idéal, votre idéologie ou vos valeurs humaines ou spirituelles.

Vous êtes alors particulièrement capable d'avoir confiance en vous, d'élargir votre perspective, de convaincre et vous imposer, de percevoir les bons cotés d'une situation mais aussi les opportunités et contraintes qu'elle renferme, de saisir les occasions au vol puis de les exploiter afin d'en tirer un profit, d'évaluer si vos moyens correspondent à vos ambitions, d'adapter vos ambitions à vos capacités, de vous donner les moyens de vous exprimer et de partager avec autrui les résultats obtenus, d'évaluer les sacrifices nécessaires par rapport aux bénéfices escomptés dans vos engagements, de rentabiliser et optimiser, de comprendre le sens et les exigences de toute situation, de donner ou trouver un sens, une signification et une utilité à ce que vous faites, de mettre en pratique, d'appliquer, utiliser des codes, des normes et des lois en vigueur, de faire preuve de générosité, de faire des affaires, d'assumer vos responsabilités et d'aller jusqu'au bout de vos objectifs.

Uranus en Sagittaire vous confère ainsi une puissance légale, philosophique, commerciale ou internationale, une puissance de l'autorité et de la confiance en soi, une puissance pour enseigner ou gérer des affaires, et cela pour que vous en fassiez profiter l'humanité. Il vous permet de moderniser et de révolutionner le monde de l'enseignement, de la loi, de la culture, des voyages et des expéditions, des transports, des liens avec l'étranger, des affaires, de la médecine, de la politique, de la grande distribution, du commerce international et des méthodes de gestion.

URANUS EN CAPRICORNE

Vous êtes né(e) dans une ambiance collective où il était nécessaire de faire preuve de simplicité, d'organisation, de bon sens, de moralité, de profondeur, de remise en questions, d'optimisation des ressources et de restructurations. La phase précédente où Uranus était en Capricorne, entre 1989 et 1994, a été marquée par une frénésie collective de bouleversements politiques et historiques (pour tourner une page de l'histoire), d'organisation et de restructuration, par des tremblements de terre politique et par une réorganisation de l'Europe suite à la pulvérisation du Mur de Berlin, érigé en 1945. Elle a été marquée par un besoin collectif de sécurité, de qualité, de morale, de vérité et de sagesse, d'interrogations, de remises en question, de méditation, de solitude, de repli sur soi, de reconstruire et de repartir sur des bases nouvelles. Il y a eu des bouleversements dans le monde de la logistique et des systèmes d'organisation, de l'agriculture, du bâtiment, des systèmes politique, des régimes en place, des valeurs morales, et au niveau des structures.

Vous exprimez la planète Uranus dès lors qu'il s'agit d'acquérir ou de préserver une certaine liberté d'action, lorsqu'il s'agit de vous projeter dans l'avenir et de concrétiser vos projets ou des concepts, lorsqu'il s'agit de vivre des expériences inconnues ou d'explorer de nouveaux horizons, lorsqu'il s'agit de faire des réformes visant à améliorer les situations, lorsqu'il s'agit d'utiliser les moyens modernes de communication, de faire preuve d'intelligence, d'humanité, d'être optimiste et positif, de voir l'aspect prometteur et bénéfique d'une situation, de faire naître l'espoir autour de vous, de trouver des solutions qui servent l'intérêt général, d'affirmer votre spécificité et vos convictions, de vous organisez et vous disciplinez pour vous maîtriser ou pour maîtriser la situation, de faire des projets, ou, d'inventer, d'innover et de faire des découvertes, d'exprimez votre idéal, votre idéologie ou vos valeurs humaines ou spirituelles.

Vous êtes alors particulièrement capable d'avoir de prendre de la distance et du recul, d'analyser les structures avec objectivité, d'observer avec détail et précision, de voir les problèmes en face et faire le nécessaire pour les surmonter, de poser les questions qui s'imposent et de remettre les choses en question lorsque cela est nécessaire, de procéder par étapes et de prendre le temps nécessaire, de faire la différence entre ce qui est prioritaire et ce qui est secondaire, de faire preuve de prudence, de sérieux, de sagesse et de profondeur, de tirer des leçons, des principes ou une morale des événements, de vous organiser avec rigueur et pragmatisme, de mettre de l'ordre, de structurer, de comprendre les théories, les hypothèses, les structures et les systèmes organisés, de manier des chiffres, des plans et des schémas, de trouver des applications concrètes et une utilité pratique à tout concept ou à toute découverte, de vous imposer une certaine discipline et de travailler avec acharnement jusqu'à ce que votre objectif soit atteint et votre œuvre réalisée.

Uranus en Capricorne vous confère ainsi une puissance de travail, d'organisation, de vérité et de sagesse pour que vous en fassiez profiter l'humanité. Il vous permet de moderniser et de révolutionner le monde des structures, l'ordre des choses, l'organisation des états et les structures administratives, le monde de l'histoire, du bâtiment, de l'architecture, de la logistique, de l'agriculture, de la politique ou du développement personnel.

URANUS EN VERSEAU

Vous êtes né(e) dans une ambiance collective où un vent de renouveau souffle sur un monde nouveau plein de promesses et d'idéalisme. Les gens ont envie d'expérimenter la sensation de liberté, de communiquer, de vivre des échanges internationaux, de faire des projets, de créer des réseaux et de s'organiser en maîtrisant leur réalité pour aller de l'avant, en brassant de nouvelles idées et de nouveaux concepts. Les humains fraternisent ou se battent au nom d'un idéal ou d'une cause impersonnelle. L'air et le vent sont les principaux symboles mis en valeur durant cette période, des événements en rapport avec l'air peuvent marquer la conscience collective. Lors de la phase précédente, entre 1995 et 2001, on a assisté au développement rapide de l'aviation et en 2001, il y a eu le 11 septembre, où deux avions contrôlés par des personnes dérangées psychologiquement ont été lancés sur les tours du World Trade Center à New York.

Ce qui a surtout caractérisé cette période, c'est le développement d'Internet et du téléphone portable et de la volonté collective d'expérimenter la communication à distance, la communication en réseau et la virtualité. Cela s'est traduit par la naissance d'une nouvelle économie basée sur Internet. Les méthodes modernes d'organisation liées à la gestion de projet, au développement des réseaux informatiques, de la logistique et des ressources humaines accroissent la performance globale des économies. Il y a eu des bouleversements dans le monde des réseaux, de la psychologie, de l'informatique et des télécommunications.

Vous exprimez la planète Uranus dès lors qu'il s'agit d'acquérir ou de préserver une certaine liberté d'action, lorsqu'il s'agit de vous projeter dans l'avenir et de concrétiser vos projets ou des concepts, lorsqu'il s'agit de vivre des expériences inconnues ou d'explorer de nouveaux horizons, lorsqu'il s'agit de faire des réformes visant à améliorer les situations, lorsqu'il s'agit d'utiliser les moyens modernes de communication, de faire preuve d'intelligence, d'humanité, d'être optimiste et positif, de voir l'aspect prometteur et bénéfique d'une situation, de faire naître l'espoir autour de vous, de trouver des solutions qui servent l'intérêt général, d'affirmer votre spécificité et vos convictions, de vous organisez et vous disciplinez pour vous maîtriser ou pour maîtriser la situation, de faire des projets, ou, d'inventer, d'innover et de faire des découvertes, d'exprimez votre idéal, votre idéologie ou vos valeurs humaines ou spirituelles.

Vous êtes alors particulièrement capable de vous organiser pour vous affranchir des contraintes sociales, des pressions extérieures, des tentatives d'accaparement ou de manipulation de votre personnalité, de vous détacher intérieurement des mythes, des préjugés, des rumeurs, des influences de l'entourage et du passé, d'utiliser les moyens modernes de communication, de faire preuve d'intelligence technique et d'humanité, d'être optimiste et positif, de voir l'aspect prometteur et bénéfique d'une situation, d'explorer de nouveaux horizons, de faire naître l'espoir autour de vous, de trouver des solutions qui servent l'intérêt général, d'affirmer votre spécificité et vos convictions, de vous organisez et vous disciplinez pour vous maîtriser ou pour maîtriser la situation, de faire des projets ou de vous projeter dans l'avenir, d'inventer, d'innover et de faire des découvertes, de faire des réformes visant à améliorer les situations, d'utiliser votre sens psychologique, de vous constituer un réseau de soutien ou de vous faire des ami(e)s, d'exprimez votre idéal, votre idéologie, vos valeurs humaines ou spirituelles et de vous adapter à la modernité.

Uranus en Verseau vous confère ainsi une intelligence hors du commun, une puissance psychologique, thérapeutique, technologique ou humaine, une puissance dans l'organisation de réseaux et cela pour que vous en fassiez profiter l'humanité. Il vous permet de moderniser et de révolutionner le monde des projets, de la logistique, des sciences, des techniques, des télécommunications, des réseaux, du nettoyage, des systèmes d'aide, de l'humanitaire, des grandes sociétés et des associations.

URANUS EN POISSONS

Vous êtes né(e) dans une ambiance collective où Les gens ont beaucoup moins envie de travailler et de maîtriser et ont plus envie de laisser les choses se faire au hasard. Ils sont moins présents à ce qu'ils font et beaucoup en font moins. Le besoin collectif d'évasion se traduit par une recrudescence des moyens d'évasion que sont les religions, les drogues, les voyages.

La religion dicte sa loi tandis que les masses obéissent et subissent. La mer est non seulement un moyen d'évasion mais aussi un symbole extérieur de l'inconscient collectif et des ancêtres. Toutes les industries maritimes et de plaisance ont une forte croissance. Un des points essentiels de cette période est l'ouverture dans l'inconscient personnel de chaque individu de la mémoire collective et des mémoires des vies passées et des mémoires ancestrales ou psychogénéalogiques.

Pour beaucoup de gens, cela tend à se traduire par un sentiment de confusion, d'être perdu, de ne plus savoir qui on est ni où on en est et parfois par une certaine folie. Le réveil de ces mémoires ancestrales peut aussi se traduire par des luttes intérieures inconscientes qui engendrent beaucoup de fatigue ainsi qu'une sensation « d'être dans le gaz » ou d'être anesthésié. Cela peut engendrer un chaos collectif. Pour les classes plus conscientes, ce réveil des mémoires peut permettre de s'intéresser aux vies passées, à la généalogie et à la psychogénéalogie, et d'intégrer les mémoires ancestrales tout en rendant aux ancêtres ce qui leur appartient, pour devenir plus conscient.

L'accroissement de la consommation de drogues peut se traduire par un nombre important d'actes manqués et d'erreurs dont la somme peut avoir des répercussions sur l'économie. Le besoin d'amour inconditionnel et le besoin de religion sont particulièrement forts durant cette période. On peut aussi assister à un développement des traditions spirituelles ancestrales liées au chamanisme et à la consommation de plantes permettant d'accéder à d'autres états de conscience.

Au niveau des événements collectifs et de l'économie, l'eau, les liquides et l'océan étant un des principaux symboles mis en valeur durant cette période, des événements en rapport avec l'eau marquent la conscience collective. Lors de la période précédente, entre 1919 et 1926, il y a eu le Titanic et les années dites folles. Cette fois-ci, plus récemment, entre 2002 et 2008, il y a eu le Tsunami en Indonésie ainsi que la prise de conscience collective de la fonte des pôles et de l'élévation prochaine du niveau des océans. Cette phase se caractérise aussi par des découvertes ou des progrès importants en astronomie. On assiste à un fort développement des activités liées à la pêche, à la construction de bateaux, à l'exploration des fonds marins mais aussi au gaz et au pétrole.

Durant cette phase sont inventées des technologies en rapport avec l'image, de nouveaux fluides, de nouveaux médicaments qui seront utilisées lors de la phase suivante. On peut assister à des découvertes folles ou géniales. Dans l'industrie, on assiste à une certaine déstructuration et à des difficultés dans l'organisation de par la réduction des effectifs dans les services logistique et informatique, l'avenir peut devenir flou et il peut régner un certain chaos. On peut aussi assister à de grands scandales industriels et à la constitution, par des fusions, de grands groupes d'une taille précédemment inégalée. On est dans une fin de cycle, mais des projets complètement fous peuvent voir le jour.

D'après la tradition astrologique, Uranus n'est pas très à l'aise dans le signe des Poissons et à quelques difficultés à s'exprimer dans ce signe.

Sans doute devrez-vous faire un effort pour incarner ce que cette fonction psychologique cherche à faire éclore en vous. Vous exprimez la planète Uranus dès lors qu'il s'agit d'acquérir ou de préserver une certaine liberté d'action, lorsqu'il s'agit de vous projeter dans l'avenir et de concrétiser vos projets ou des concepts, lorsqu'il s'agit de vivre des expériences inconnues ou d'explorer de nouveaux horizons, lorsqu'il s'agit de faire des réformes visant à améliorer les situations, lorsqu'il s'agit d'utiliser les moyens modernes de communication, de faire preuve d'intelligence, d'humanité, d'être optimiste et positif, de voir l'aspect prometteur et bénéfique d'une situation, de faire naître l'espoir autour de vous, de trouver des solutions qui servent l'intérêt général, d'affirmer votre spécificité et vos convictions, de vous organisez et vous disciplinez pour vous maîtriser ou pour maîtriser la situation, de faire des projets, ou, d'inventer, d'innover et de faire des découvertes, d'exprimez votre idéal, votre idéologie ou vos valeurs spirituelles.

Vous êtes alors particulièrement capable de lâcher prise, de vous déconditionner des idées, des certitudes et des cultures précédemment apprises, de vous évader par la rêverie et l'imagination, d'avoir la foi, en la vie, en Dieu, en l'univers, en la Source créatrice de tout, de mettre de l'ordre dans vos mémoires généalogiques et vos vies passées en rendant à vos ancêtres ce qui leur appartient, de faire appel à vos ancêtres où à vos croyances spirituelles, d'être inspiré, de faire appel à votre sens du sacré, d'utiliser votre capacité à communier, à brancher vos antennes sur l'inconscient collectif, à répondre aux besoins collectifs et à puiser des informations dans l'inconscient collectif, de vivre en fusion émotionnelle avec la situation et les personnes qui la compose, d'utiliser votre sixième sens et votre intuition, mais aussi de faire preuve d'amour inconditionnel, de dévouement, de pardon, de compassion et de charité, de soulager les souffrances et les misères du monde et de participer à une structure collective.

Vos capacités d'organisation et votre capacité à utiliser tout ce qui fait partie du monde moderne tendent s'exprimer en fonction d'une logique qui vous est propre, d'une logique qui n'est pas facile à définir ni à communiquer parce qu'elle est irrationnelle et bien au-delà des mots et parce qu'elle fait intervenir d'autres dimensions. Ainsi, le fait que vous soyez motivé pour vous organiser et faire des projets dépendra de l'effet vibratoire de la situation ou de votre Etre, de l'énergie qui en émane, des émotions qu'elle suscite au plus profond de vous-même, de ce que vous ressentez à ce moment précis, du temps qu'il fait, ou d'autres raisons très personnelles et quelques fois inconscientes, par exemple parce que la situation évoque une impression de déjà vu, un souvenir d'un lointain passé ou d'une vie antérieure, ou parce qu'elle est en résonance avec une mémoire généalogique. Tout ce qui concerne la vie moderne est pour vous une question de feeling, de sensibilité et comme vous dites, cela ne s'explique pas. Vous devez donc faire en sorte que ça ne soit pas le chaos. Uranus en Poissons vous confère ainsi la puissance de la foi, de la clairvoyance, de l'Amour inconditionnel, de la magie et de la compassion. Il vous permet de moderniser et de révolutionner le monde des activités maritimes ou de la prospection pétrolière, de la foi, de la généalogie, du rêve et de l'évasion, des activités sociales, médicales ou paramédicales, de l'humanitaire, de la relaxation et du bien-être, de l'assistance, de l'exploration de l'invisible et de l'inconscient, des collectivités, de l'image et des émotions.

Neptune en signes :

NEPTUNE EN BELIER

Vous faites partie de la génération ayant NEPTUNE EN BELIER. (1863/1875), (2025/2039). Vous êtes né(e) dans une période ou l'ambiance collective est dynamique, conquérante, guerrière, enflammée, où on tourne la page du passé après une période de chaos et où on démarre sur un nouveau cycle. Les gens retrouvent l'instant présent et redeviennent présents à ce qu'ils font. La nouveauté, l'enthousiasme, le courage, l'action, l'efficacité, l'autonomie, la vitesse, la performance, l'agressivité et la colère, la franchise, le sport, le combat, l'esprit d'entreprise mais aussi la révolte deviennent les énergies collectives en vogue.

Vous exprimez la planète Neptune dès lors qu'il s'agit de nourrir un idéal et des aspirations profondes, de lâcher prise, de vous déconditionner des idées, des certitudes et des cultures précédemment apprises, de vous évader par la rêverie et l'imagination, d'avoir la foi, en la vie, en Dieu, en l'univers, en la Source créatrice de tout, de vous connecter à vos mémoires généalogiques et à vos vies passées en rendant à vos ancêtres ce qui leur appartient, de faire appel à vos ancêtres où à vos croyances spirituelles, d'être inspiré, de faire appel à votre sens du sacré, d'utiliser votre capacité à communier, à brancher vos antennes sur l'inconscient collectif, de répondre aux besoins collectifs et de puiser des informations dans l'inconscient collectif, de vivre en fusion émotionnelle avec la situation et les personnes qui la compose, d'utiliser votre sixième sens et votre intuition, mais aussi de faire preuve d'amour inconditionnel, de dévouement, de pardon, de compassion et de charité, de soulager les souffrances et les misères du monde et de participer à une structure collective.

Dans ces situations, vous êtes alors particulièrement capable de faire preuve d'audace et de courage, de vous battre, d'entreprendre, de conquérir, de vous affirmer, de vous engager, de mobiliser vos énergies, d'être à 100% présent, de déployer les grands moyens, vous imposer en faisant usage de la force, d'être offensif et s'il le faut agressif, de vous motiver, de prendre des initiatives, d'être efficace, percutant et performant, de vivre des expériences et d'expérimenter sur le terrain, de vous affirmer dans la vie, de vous mobiliser pour obtenir des résultats, vous engager dans un combat, de vous positionner en leader et de diriger, bref d'agir et de réagir. Vous avez donc une foi militante, dynamique et orientée vers une recherche de résultats.

Avec Neptune en Bélier, vous pouvez vous évader des réalités matérielles, acquérir un sentiment d'identité collective ou évoluer spirituellement à travers l'entreprise et le sport, à travers une passion ou à travers une activité intense. Les valeurs Bélier que sont le dynamisme et la combativité deviennent une drogue, un moyen de soulager la souffrance, ou un moyen d'accéder à une évolution spirituelle et sont parfois associées à des illusions.

Certaines personnes s'évadent en nourrissant une colère, une combativité, des élans de conquête et un esprit d'entreprise qui peut être source de souffrance ou de transcendance. Neptune en Bélier peut faire entrer dans votre champs de conscience les courants, les modes ou les souffrances liées à la sexualité, à la guerre, à l'action, à l'entreprise, à l'industrie et au sport. Elle vous rend sensible aux élans et combats collectifs. Vous portez peut-être en vous des forces d'âmes ou des mémoires généalogiques ayant appartenues à des personnes qui ont vécues en temps de guerre ou dans des civilisations où le sport et l'esprit d'entreprise et de conquête étaient particulièrement fort, pendant l'Ere du Bélier par exemple (Perse antique, Mésopotamie, Perse antique, Japon, Allemagne, Rome antique).

NEPTUNE EN TAUREAU

Vous faites partie de la génération ayant NEPTUNE EN TAUREAU. (1876/1888), (2039/2055). Vous êtes né(e) dans une ambiance collective qui correspond à celle du mois de Mai où l'on se retrouve en famille après la période d'intense activité du mois d'avril. On s'alimente, on déguste, on se détend, on profite des plaisirs de la vie, on se rapproche de la nature, on expérimente l'art, le plaisir et la prospérité. L'ambiance est tournée vers la production, vers la nécessité de s'approvisionner et de nourrir les populations mais aussi vers un désir d'enrichissement, vers l'art et vers les plaisirs.

Vous exprimez la planète Neptune dès lors qu'il s'agit de nourrir un idéal et des aspirations profondes, de lâcher prise, de vous déconditionner des idées, des certitudes et des cultures précédemment apprises, de vous évader par la rêverie et l'imagination, d'avoir la foi, en la vie, en Dieu, en l'univers, en la Source créatrice de tout, de vous connecter à vos mémoires généalogiques et à vos vies passées en rendant à vos ancêtres ce qui leur appartient, de faire appel à vos ancêtres où à vos croyances spirituelles, d'être inspiré, de faire appel à votre sens du sacré, d'utiliser votre capacité à communier, à brancher vos antennes sur l'inconscient collectif, de répondre aux besoins collectifs et de puiser des informations dans l'inconscient collectif, de vivre en fusion émotionnelle avec la situation et les personnes qui la compose, d'utiliser votre sixième sens et votre intuition, mais aussi de faire preuve d'amour inconditionnel, de dévouement, de pardon, de compassion et de charité, de soulager les souffrances et les misères du mondes et de participer à une structure collective.

Dans ces situation, vous êtes alors particulièrement capable d'être bien incarné dans la matière, d'utiliser vos cinq sens, de gérer des flux financiers, des terres ou des biens immobiliers, de faire fructifier un patrimoine, de nouer des relations sociales, commerciales ou intimes ou de fonder une famille, d'incarner une conscience de l'abondance, un sentiment de bonheur profond, une joie de vivre et un plaisir d'être vivant. Neptune en Taureau vous apprend que Dieu vit dans la joie, que le bonheur sur Terre existe si vous savez le créer, mais aussi à bien faire la différences entre vos désirs et ce dont vous avez réellement besoin, en sachant que l'être humain vient sur terre nu et repart sans rien ou autrement dit, que les biens matériels sont un moyen et non une fin en soit.

Avec Neptune en Taureau, vous pouvez vous évader des réalités matérielles, acquérir un sentiment d'identité collective ou évoluer spirituellement à travers la gestion financière ou immobilière, l'enrichissement, à travers les relations, l'art et les plaisirs. Les valeurs Taureau que sont l'argent, le plaisir, la joie de vivre, la capacité à produire, à faire fructifier et fleurir deviennent une drogue, un moyen de soulager la souffrance, ou un moyen d'accéder à une évolution spirituelle et sont parfois associées à des illusions.

Certaines personnes s'évadent en nourrissant la joie de vivre, la beauté, le plaisir ou l'argent qui peut être source de souffrance ou de transcendance. Neptune en taureau peut faire entrer dans votre champs de conscience les courants, les modes ou les souffrances liées à la production, à la richesse, à la beauté, aux cinq sens.

Elle vous rend sensible aux désirs collectifs. Vous portez peut-être en vous des forces d'âmes ou des mémoires généalogiques ayant appartenues à des personnes qui ont vécues en temps de paix et de joie ou dans des civilisations où la beauté, l'artisanat et l'art étaient particulièrement fort, pendant l'Ere du Taureau par exemple (Grèce antique, Amérique Latine antique).

NEPTUNE EN GEMEAUX

Vous faites partie de la génération ayant NEPTUNE EN GEMEAUX. (1889/1901). Vous êtes né(e) dans une ambiance collective juvénile, imbibée par un besoin de jeu, de rire et de légèreté, de communiquer, d'adaptation, d'échanger des informations, de mouvement et de déplacement, de faire du commerce et de rapports fraternels entre les individus. L'économie est tournée vers le commerce et vers la circulation de l'information.

Vous exprimez la planète Neptune dès lors qu'il s'agit de nourrir un idéal et des aspirations profondes, de lâcher prise, de vous déconditionner des idées, des certitudes et des cultures précédemment apprises, de vous évader par la rêverie et l'imagination, d'avoir la foi, en la vie, en Dieu, en l'univers, en la Source créatrice de tout, de vous connecter à vos mémoires généalogiques et à vos vies passées en rendant à vos ancêtres ce qui leur appartient, de faire appel à vos ancêtres où à vos croyances spirituelles, d'être inspiré, de faire appel à votre sens du sacré, d'utiliser votre capacité à communier, à brancher vos antennes sur l'inconscient collectif, de répondre aux besoins collectifs et de puiser des informations dans l'inconscient collectif, de vivre en fusion émotionnelle avec la situation et les personnes qui la compose, d'utiliser votre sixième sens et votre intuition, mais aussi de faire preuve d'amour inconditionnel, de dévouement, de pardon, de compassion et de charité, de soulager les souffrances et les misères du mondes et de participer à une structure collective.

Dans ces situation, vous êtes alors particulièrement capable de communiquer, d'être bien informé, de traiter l'information, de faire preuve de souplesse, d'adresse, d'agilité et d'intelligence, d'adopter différents angles d'attaques, de trouver des solutions astucieuses, d'apprendre, de faire du commerce, d'utiliser l'humour et le jeu et d'être adapté à l'environnement.

Avec Neptune en Gémeaux, vous pouvez vous évader des réalités matérielles, acquérir un sentiment d'identité collective ou évoluer spirituellement à travers l'apprentissage et la découverte, à travers le jeu et le rire, à travers le mouvement et le commerce. Les valeurs Gémeaux que sont le commerce, le mouvement, l'adaptation et la communication deviennent une drogue, un moyen de soulager la souffrance ou un moyen d'accéder à une évolution spirituelle. Elles sont parfois associées à des illusions. Certaines personnes s'évadent en nourrissant le mental et l'information qui peut alors être source de souffrance ou de transcendance.

Neptune en Gémeaux peut faire entrer dans votre champs de conscience les courants, les modes ou les souffrances liées à l'information, à la jeunesse, aux jeux. Elle vous rend sensible aux idées collectives et apporte de l'inspiration dans les écrits et la communication. Vous portez peut-être en vous des forces d'âmes ou des mémoires généalogiques ayant appartenues à des personnes qui ont vécues en temps de déplacement de masse ou dans des civilisations où l'information, le jeu, l'adresse et l'intelligence étaient particulièrement important, pendant l'Ere des Gémeaux par exemple (Amérique antique, peuples nomades).

NEPTUNE EN CRABE (CANCER)

Vous faites partie de la génération ayant NEPTUNE EN CRABE. (1902/1914). Vous êtes né(e) dans une ambiance collective infantile, capricieuse, intimiste, patriotique, nationaliste, traditionaliste, où il était nécessaire de construire des logements et des foyers, de renouer les liens familiaux et des liens entre les peuples et les nations, de se ressourcer et de développer des valeurs refuges permettant de se ressourcer. L'économie est tournée vers le bien-être, vers le foyer et la cellule familiale.

Vous exprimez la planète Neptune dès lors qu'il s'agit de nourrir un idéal et des aspirations profondes, de lâcher prise, de vous déconditionner des idées, des certitudes et des cultures précédemment apprises, de vous évader par la rêverie et l'imagination, d'avoir la foi, en la vie, en Dieu, en l'univers, en la Source créatrice de tout, de vous connecter à vos mémoires généalogiques et à vos vies passées en rendant à vos ancêtres ce qui leur appartient, de faire appel à vos ancêtres où à vos croyances spirituelles, d'être inspiré, de faire appel à votre sens du sacré, d'utiliser votre capacité à communier, à brancher vos antennes sur l'inconscient collectif, de répondre aux besoins collectifs et de puiser des informations dans l'inconscient collectif, de vivre en fusion émotionnelle avec la situation et les personnes qui la compose, d'utiliser votre sixième sens et votre intuition, mais aussi de faire preuve d'amour inconditionnel, de dévouement, de pardon, de compassion et de charité, de soulager les souffrances et les misères du mondes et de participer à une structure collective.

Dans ces situations, vous êtes alors particulièrement capable de vous ressourcer et de vous créer un univers personnel ou un monde familier que vous protégez de tout ce qui n'en fait pas partie, de créer des ambiances intimes et sécurisantes, de vous évader du monde en recréant votre propre monde, votre propre chez-soi, d'utiliser des valeurs refuges comme la musique, l'eau ou le dessin, d'exprimer votre sensibilité, votre imagination et vos émotions, de faire preuve de naturel et de sympathie, de poésie et de lyrisme, d'affirmer vos traditions, de tisser des liens familiaux ou des liens émotionnels, de quitter le rythme agité de la pensée pour rentrer dans votre propre rythme, de vivre l'intimité et de trouver le bien-être.

Avec Neptune en Cancer, vous pouvez vous évader des réalités matérielles, acquérir un sentiment d'identité collective ou évoluer spirituellement à travers la famille et les liens émotionnels intimes, à travers les valeurs refuges et l'amour maternelle. Les valeurs Cancer que sont la famille, la patrie, le clan, les nourritures, les émotions, l'imagination et les valeurs ressources deviennent une drogue, un moyen de soulager la souffrance, ou un moyen d'accéder à une évolution spirituelle et sont parfois associées à des illusions. Certaines personnes s'évadent en nourrissant des émotions et à travers l'usage de l'imagination qui peut être une source de souffrance ou de transcendance. Neptune en Cancer peut faire entrer dans votre champs de conscience les courants collectifs, les modes ou les souffrances liées à l'émotion, aux mémoires du passé, à l'enfance et à la maternité.

Elle vous rend sensible aux croyances et émotions collectives. Vous portez peut-être en vous des forces d'âmes ou des mémoires généalogiques ayant appartenues à des personnes qui ont vécues en clan ou dans de grandes familles ou dans des civilisations où la femme, les enfants, la musique et l'eau étaient particulièrement important, à l'époque de l'Atlantide ou de l'Ere du Cancer par exemple (Civilisations matriarcales, Russie antique).

NEPTUNE EN LION

Vous faites partie de la génération ayant NEPTUNE EN LION. (1914-1928). Vous êtes né(e) dans une ambiance collective imbibée par des valeurs, des objectifs, de la créativité, par un besoin d'affirmer son autorité, sa volonté et son image de marque, par un besoin de chercher une reconnaissance et d'effectuer des prises de consciences et par une fierté individuelle ou collective. Vous exprimez la planète Neptune dès lors qu'il s'agit de nourrir un idéal et des aspirations profondes, de lâcher prise, de vous déconditionner des idées, des certitudes et des cultures précédemment apprises, de vous évader par la rêverie et l'imagination, d'avoir la foi, en la vie, en Dieu, en l'univers, en la Source créatrice de tout, de vous connecter à vos mémoires généalogiques et à vos vies passées en rendant à vos ancêtres ce qui leur appartient, de faire appel à vos ancêtres où à vos croyances spirituelles, d'être inspiré, de faire appel à votre sens du sacré, d'utiliser votre capacité à communier, à brancher vos antennes sur l'inconscient collectif, de répondre aux besoins collectifs et de puiser des informations dans l'inconscient collectif, de vivre en fusion émotionnelle avec la situation et les personnes qui la compose, d'utiliser votre sixième sens et votre intuition, mais aussi de faire preuve d'amour inconditionnel, de dévouement, de pardon, de compassion et de charité, de soulager les souffrances et les misères du mondes et de participer à une structure collective.

Dans ces situations, vous êtes alors particulièrement capable d'affirmer votre volonté, d'y mettre tout votre cœur, de savoir ce que vous voulez, de vous fixer des objectifs, de vous organiser, d'être positif, confiant, audacieux et généreux, d'engager votre être tout entier, dans une recherche de perfection et d'absolu, d'en rajouter et de vous dépasser pour que le résultat soit brillant et royal, d'être soucieux de l'image que vous donnez et de votre réputation, de préserver une certaine honorabilité, d'incarner votre idéal, vos valeurs, vos principes, vos objectifs personnels, d'être mis en valeur, de recevoir des marques de reconnaissance, de jouer un rôle central, de créer, de vous montrer, d'être sur les devant de la scène, d'incarner une certaine classe et d'avoir un certain prestige et de vous donner les moyens nécessaires pour réussir. Avec Neptune en Lion, vous vous évadez des réalités matérielles, acquérez un sentiment d'identité collective ou évoluez spirituellement à travers un idéal, en réalisant vos objectifs, à travers la créativité, en exprimant la force de l'Amour et votre lumière intérieure. Les valeurs Lion que sont par exemple l'idéalisme, la magnanimité, la générosité, l'autorité, la réussite, l'expression du meilleur de soi-même et la créativité deviennent une drogue, un moyen de soulager la souffrance, ou un moyen d'accéder à une évolution spirituelle.

Elles sont cependant parfois associées à des illusions. Certaines personnes s'évadent en nourrissant un idéal qui peut être source de souffrance ou de transcendance.

Neptune en Lion peut faire entrer dans votre champs de conscience les courants collectifs, les modes ou les souffrances liées à une volonté de puissance, de commandement. Elle vous rend sensible aux idéaux et volontés collectives. Vous portez peut-être en vous des forces d'âmes ou des mémoires généalogiques ayant appartenues à des personnes qui ont vécues dans l'aristocratie ou dans les classes dirigeantes ou dans des civilisations où le Soleil, l'Amour, la créativité, les valeurs masculine d'autorité et de commandement étaient particulièrement important, à l'époque de l'Ere du Lion par exemple (Egypte antique).

NEPTUNE EN VIERGE

Vous faites partie de la génération ayant NEPTUNE EN VIERGE. (1765/1778), (1929/1942). Vous êtes né(e) dans une ambiance collective orientée vers le tri, la comptabilisation, l'organisation, le développement des techniques, des outils et des moyens de transport et de communication afin d'être adapté, les questions d'hygiène, de soins et de santé. Durant cette période le sens critique et les capacités d'analyse étaient particulièrement mises en valeur.

Vous exprimez la planète Neptune dès lors qu'il s'agit de nourrir un idéal et des aspirations profondes, de lâcher prise, de vous déconditionner des idées, des certitudes et des cultures précédemment apprises, de vous évader par la rêverie et l'imagination, d'avoir la foi, en la vie, en Dieu, en l'univers, en la Source créatrice de tout, de vous connecter à vos mémoires généalogiques et à vos vies passées en rendant à vos ancêtres ce qui leur appartient, de faire appel à vos ancêtres où à vos croyances spirituelles, d'être inspiré, de faire appel à votre sens du sacré, d'utiliser votre capacité à communier, à brancher vos antennes sur l'inconscient collectif, de répondre aux besoins collectifs et de puiser des informations dans l'inconscient collectif, de vivre en fusion émotionnelle avec la situation et les personnes qui la compose, d'utiliser votre sixième sens et votre intuition, mais aussi de faire preuve d'amour inconditionnel, de dévouement, de pardon, de compassion et de charité, de soulager les souffrances et les misères du mondes et de participer à une structure collective.

Dans ces situations, vous êtes alors particulièrement capable d'être bien informé, de communiquer, d'acquérir un vaste système de connaissance, d'organiser l'information, d'effectuer des échanges commerciaux, de faire le tri, d'analyser chaque détail, d'être méticuleux et perfectionniste, de faire preuve d'intelligence et de stratégie, de sens pratique, de réalisme et de pragmatisme, d'analyse et de précision, d'exprimer votre sens du service, de traiter les question de sécurité, d'hygiène et de santé, de préserver votre pureté et votre intégrité et de vous adapter intelligemment.

Avec Neptune en Vierge, vous pouvez vous évader des réalités matérielles, acquérir un sentiment d'identité collective ou évoluer spirituellement à travers le dévouement et le sens du service, à travers l'information et la précision. Les valeurs Vierge que sont par exemple la bonne organisation de la vie quotidienne, l'adaptation au monde matériel, la communication, l'analyse et la critique ou encore l'hygiène et la santé par des méthodes naturelles deviennent une drogue, un moyen de soulager la souffrance, ou un moyen d'accéder à une évolution spirituelle. Elles sont cependant parfois associées à des illusions. Certaines personnes s'évadent en nourrissant leur mental qui peut alors être source de souffrance ou de transcendance.

Neptune en Vierge peut faire entrer dans votre champs de conscience les courants collectifs, les modes ou les souffrances liées à un besoin de pureté, d'analyse, de critique et de sécurité matérielle grâce à la création d'outils et de techniques. Elle vous rend sensible aux idées et aux craintes collectives. Vous portez peut-être en vous des forces d'âmes ou des mémoires généalogiques ayant appartenues à des personnes qui ont vécues dans la modestie, dans de tous petits pays ou dans des civilisations où l'écriture, les sciences et les techniques étaient particulièrement important, à l'époque de l'Ere de la Vierge par exemple (Suisse).

NEPTUNE EN BALANCE

Vous faites partie de la génération ayant NEPTUNE EN BALANCE. (1779/1792), (1943/1956). Vous êtes né(e) dans une ambiance collective imbibée d'un besoin de coopérer, de créer des liens, d'œuvrer pour la civilisation, de faire preuve d'intelligence relationnelle, de conciliation et de diplomatie, de promouvoir la justice et la paix, de rétablir un juste équilibre des choses, de développer des valeurs esthétiques et artistiques et de reconsidérer le mode de relations entre individus.

Vous exprimez la planète Neptune dès lors qu'il s'agit de nourrir un idéal et des aspirations profondes, de lâcher prise, de vous déconditionner des idées, des certitudes et des cultures précédemment apprises, de vous évader par la rêverie et l'imagination, d'avoir la foi, en la vie, en Dieu, en l'univers, en la Source créatrice de tout, de vous connecter à vos mémoires généalogiques et à vos vies passées en rendant à vos ancêtres ce qui leur appartient, de faire appel à vos ancêtres où à vos croyances spirituelles, d'être inspiré, de faire appel à votre sens du sacré, d'utiliser votre capacité à communier, à brancher vos antennes sur l'inconscient collectif, de répondre aux besoins collectifs et de puiser des informations dans l'inconscient collectif, de vivre en fusion émotionnelle avec la situation et les personnes qui la compose, d'utiliser votre sixième sens et votre intuition, mais aussi de faire preuve d'amour inconditionnel, de dévouement, de pardon, de compassion et de charité, de soulager les souffrances et les misères du mondes et de participer à une structure collective.

Vous êtes alors particulièrement capable de coopérer et de faire preuve d'intelligence relationnelle, de tenir compte de toutes les facettes de la situation, de peser le pour et le contre, d'utiliser votre sens esthétique ou artistique, d'exprimer votre sens de la mesure ou de la justice, d'agir avec grâce, avec douceur et gentillesse, avec finesse, avec élégance, d'une façon harmonieuse, en respectant les différences individuelles et faisant preuve d'une intelligence relationnelle, de trouver votre équilibre ou de le préserver, de créer des liens, de construire des relations sociales, de fonder un couple, d'exprimer votre sens esthétique, artistique ou juridique et de participer à la civilisation.

Avec Neptune en Balance, vous pouvez vous évader des réalités matérielles, acquérir un sentiment d'identité collective ou évoluer spirituellement à travers la coopération, le couple, les associations et en participant à la civilisation, à travers la musique, le théâtre, le cinéma, la mode et l'art, les loisirs et les plaisirs ou à travers la satisfaction d'un besoin de paix et d'harmonie. Les valeurs Balance que sont la beauté, l'art, la justice deviennent une drogue, un moyen de soulager la souffrance, ou un moyen d'accéder à une évolution spirituelle. Elles sont parfois associées à des illusions. Certaines personnes s'évadent en nourrissant la joie, le plaisir et des relations qui peuvent être source de souffrance ou de transcendance. Neptune en Balance peut faire entrer dans votre champs de conscience les courants, les modes ou les souffrances liées à la justice, aux loisirs et au désir de civilisation. Elle vous rend très sensible aux désirs collectifs.

Vous portez peut-être en vous des forces d'âmes ou des mémoires généalogiques ayant appartenues à des personnes qui ont vécues en temps de paix et de joie ou dans des civilisations où la beauté, les loisirs et l'art étaient particulièrement fort, pendant l'Ere de la Balance par exemple. (Etrusques).

NEPTUNE EN SCORPION

Vous faites partie de la génération ayant NEPTUNE EN SCORPION. (1792/1806), (1956/1969). Vous êtes né(e) dans une ambiance collective de crise et de transformation et imbibée d'un besoin de recherches de sensations fortes, d'expérience sexuelles, d'initiation, de maîtrise de l'énergie, d'accès aux vérités spirituelles et de combat.

Vous exprimez la planète Neptune dès lors qu'il s'agit de nourrir un idéal et des aspirations profondes, de lâcher prise, de vous déconditionner des idées, des certitudes et des cultures précédemment apprises, de vous évader par la rêverie et l'imagination, d'avoir la foi, en la vie, en Dieu, en l'univers, en la Source créatrice de tout, de vous connecter à vos mémoires généalogiques et à vos vies passées en rendant à vos ancêtres ce qui leur appartient, de faire appel à vos ancêtres où à vos croyances spirituelles, d'être inspiré, de faire appel à votre sens du sacré, d'utiliser votre capacité à communier, à brancher vos antennes sur l'inconscient collectif, de répondre aux besoins collectifs et de puiser des informations dans l'inconscient collectif, de vivre en fusion émotionnelle avec la situation et les personnes qui la compose, d'utiliser votre sixième sens et votre intuition, mais aussi de faire preuve d'amour inconditionnel, de dévouement, de pardon, de compassion et de charité, de soulager les souffrances et les misères du mondes et de participer à une structure collective.

Vous êtes alors particulièrement capable de lutter pour survivre, de faire preuve d'authenticité, d'exercer un pouvoir, de concentrer votre énergie, d'être à 100% présent, de vous battre pour atteindre vos objectifs, d'être offensif et s'il le faut agressif, de pressentir les non dits, les émotions et les craintes non exprimées, de flairer les rapports de forces, les dangers et les enjeux présent dans la situation, d'effectuer des recherches et des investigations, de déceler les tentatives de manipulations et ceux qui tirent les ficelles, de décoder les signes et les symboles, de focaliser sur des détails que personne n'avait remarqué, de capter l'envers du décor, de tirer des conclusions à partir du moindre indice, de percer les mystères de la vie et de la mort, d'être lucide, de vivre une sorte d'échange médiumnique avec votre milieu, de cerner ce qui se passe dans les coulisses ou dans les profondeurs de votre inconscient, d'élucider les mystères, de faire face à l'inconnu, d'utiliser vos instincts ou des forces occultes, de gérer des crises, de procéder à de grandes transformations intérieures et de parcourir les différentes étapes de l'initiation.

Avec Neptune en Scorpion, on peut s'évader des réalités matérielles, acquérir un sentiment d'identité collective ou évoluer spirituellement en effectuant une recherche initiatique, à travers la psychanalyse ou l'astrologie, en utilisant un pouvoir, à travers la sexualité, le tantrisme, une passion ou à travers une activité très intense.

Les valeurs Scorpion de passion, de combat, de transformation, d'énergies sexuelles, de pouvoir deviennent une drogue, un moyen de soulager la souffrance, ou un moyen d'accéder à une évolution spirituelle. Certaines personnes s'évadent en s'auto détruisant, à travers des pratiques occultes ou sexuelles perverses. Les valeurs Scorpion de combat, d'énergie sexuelle, de transformation sont parfois associées à des illusions. Cette position peut faire entrer dans le champ de conscience les courants, les modes ou les souffrances liées à la transformation, aux crises, à la sexualité, à la guerre ou à l'évolution spirituelle. Elle rend sensible aux obsessions collectives, aux angoisses collectives et aux problèmes collectifs comme le chômage de masse et la pollution, et donc à ce qu'il est nécessaire de transformer et de dépolluer dans les sociétés pour qu'elles deviennent plus authentiques. Vous portez peut-être en vous des forces d'âmes ou des mémoires généalogiques ayant appartenues à des personnes qui ont vécues en temps de crise ou de guerre, de transformation, de pratiques occultes ou dans des civilisations où le besoin de sexualité, de développement spirituel, de combat étaient particulièrement fort, pendant l'Ere du Scorpion par exemple.(Guerres, épidémies, invasions).

NEPTUNE EN SAGITTAIRE

Vous faites partie de la génération ayant NEPTUNE EN SAGITTAIRE. (1807/1820), (1970/1984). Vous êtes né(e) dans une ambiance collective imbibée d'un besoin de confiance en soi, d'optimisme, d'enthousiasme et d'opportunisme, de convaincre et de s'imposer, d'exprimer sa générosité, d'aventure et d'exploration, d'élargir ses horizons soit à travers des voyages, des expéditions, soit à travers une recherche culturelle, philosophique ou spirituelle, de s'intégrer dans un groupes ayant des objectifs communs, d'exploiter les opportunités ou de provoquer la chance, de faire respecter la loi, d'incarner une forme d'autorité, de faire des affaires, d'expérimenter une expansion économique, de s'internationaliser et de s'épanouir dans le monde.

Vous exprimez la planète Neptune dès lors qu'il s'agit de nourrir un idéal et des aspirations profondes, de lâcher prise, de vous déconditionner des idées, des certitudes et des cultures précédemment apprises, de vous évader par la rêverie et l'imagination, d'avoir la foi, en la vie, en Dieu, en l'univers, en la Source créatrice de tout, de vous connecter à vos mémoires généalogiques et à vos vies passées en rendant à vos ancêtres ce qui leur appartient, de faire appel à vos ancêtres où à vos croyances spirituelles, d'être inspiré, de faire appel à votre sens du sacré, d'utiliser votre capacité à communier, à brancher vos antennes sur l'inconscient collectif, de répondre aux besoins collectifs et de puiser des informations dans l'inconscient collectif, de vivre en fusion émotionnelle avec la situation et les personnes qui la compose, d'utiliser votre sixième sens et votre intuition, mais aussi de faire preuve d'amour inconditionnel, de dévouement, de pardon, de compassion et de charité, de soulager les souffrances et les misères du mondes et de participer à une structure collective.

Vous êtes alors particulièrement capable d'avoir confiance en vous, d'élargir votre perspective, de convaincre et vous imposer, de percevoir les bons cotés d'une situation mais aussi les opportunités et contraintes qu'elle renferme, de saisir les occasions au vol puis de les exploiter afin d'en tirer un profit, d'évaluer si vos moyens correspondent à vos ambitions, d'adapter vos ambitions à vos capacités, de vous donner les moyens de vous exprimer et de partager avec autrui les résultats obtenus, d'évaluer les sacrifices nécessaires par rapport aux bénéfices escomptés dans vos engagements, de rentabiliser et optimiser, de comprendre le sens et les exigences de toute situation, de donner ou trouver un sens, une signification et une utilité à ce que vous faites, de mettre en pratique, d'appliquer, utiliser des codes, des normes et des lois en vigueur, de faire preuve de générosité, de faire des affaires, d'assumer vos responsabilités et d'aller jusqu'au bout de vos objectifs.

Avec Neptune en Sagittaire, vous pouvez vous évader des réalités matérielles, acquérir un sentiment d'identité collective ou évoluer spirituellement à travers l'élargissement de vos horizons (voyages, cultures, philosophies du monde), en vous intégrant dans le monde, en faisant des affaires où en transmettant un savoir. Les valeurs Sagittaires que sont la générosité, la confiance en soi, l'optimisme, l'enthousiasme, les affaires, le voyage, l'intégration et l'enseignement deviennent une drogue, un moyen de soulager la souffrance, ou un moyen d'accéder à une évolution spirituelle. Elles sont parfois associées à des illusions. Certaines personnes s'évadent en nourrissant le mental et l'information qui peut être source de souffrance ou de transcendance. Neptune en Sagittaire peut faire entrer dans votre champs de conscience les courants, les modes ou les souffrances liées à l'internationalisation, aux voyage, à l'exil, à l'enseignement et au monde extérieur avec ses codes et ses lois. Le risque est parfois d'être piégé par les contraintes d'un système économique qui pille les ressources des individus et des entreprises. Elle vous rend sensible aux règles, aux idées et philosophie collectives. Vous portez peut-être en vous des forces d'âmes ou des mémoires généalogiques ayant appartenues à des personnes qui ont vécues en à l'étranger ou dans des civilisations où les règles, les voyages, les expéditions étaient particulièrement important, pendant l'Ere du Sagittaire par exemple (Espagne, Vikings, croisades, vie en forets, vie dans de grands espaces ou dans les colonies, périodes de grande migrations).

NEPTUNE EN CAPRICORNE

Vous faites partie de la génération ayant NEPTUNE EN CAPRICORNE. (1821/1834), (1984/1998). Vous êtes né(e) dans une période de récession, d'épargne et de limitations, où ambiance collective est imbibée d'un besoin de simplicité, d'organisation, de bon sens, de moralité, de profondeur, de remise en questions, d'aller à l'essentiel, d'optimisation des ressources, de faire preuve de responsabilité et de restructurations.

Vous exprimez la planète Neptune dès lors qu'il s'agit de nourrir un idéal et des aspirations profondes, de lâcher prise, de vous déconditionner des idées, des certitudes et des cultures précédemment apprises, de vous évader par la rêverie et l'imagination, d'avoir la foi, en la vie, en Dieu, en l'univers, en la Source créatrice de tout, de vous connecter à vos mémoires généalogiques et à vos vies passées en rendant à vos ancêtres ce qui leur appartient, de faire appel à vos ancêtres où à vos croyances spirituelles, d'être inspiré, de faire appel à votre sens du sacré, d'utiliser votre capacité à communier, à brancher vos antennes sur l'inconscient collectif, de répondre aux besoins collectifs et de puiser des informations dans l'inconscient collectif, de vivre en fusion émotionnelle avec la situation et les personnes qui la compose, d'utiliser votre sixième sens et votre intuition, mais aussi de faire preuve d'amour inconditionnel, de dévouement, de pardon, de compassion et de charité, de soulager les souffrances et les misères du mondes et de participer à une structure collective.

Vous êtes alors particulièrement capable d'avoir de prendre de la distance et du recul, d'analyser les structures avec objectivité, d'observer avec détail et précision, de voir les problèmes en face et faire le nécessaire pour les surmonter, de poser les questions qui s'imposent et de remettre les choses en question lorsque cela est nécessaire, de procéder par étapes et de prendre le temps nécessaire, de faire la différence entre ce qui est prioritaire et ce qui est secondaire, de faire preuve de prudence, de sérieux, de sagesse et de profondeur, de tirer des leçons, des principes ou une morale des événements, de vous organiser avec rigueur et pragmatisme, de mettre de l'ordre, de structurer, de comprendre les théories, les hypothèses, les structures et les systèmes organisés, de manier des chiffres, des plans et des schémas, de trouver des applications concrètes et une utilité pratique à tout concept ou à toute découverte, de vous imposer une certaine discipline et de travailler avec acharnement jusqu'à ce que votre objectif soit atteint et votre œuvre réalisée.

Avec Neptune en Capricorne, vous pouvez vous évader des réalités matérielles, acquérir un sentiment d'identité collective ou évoluer spirituellement à travers le silence et la méditation, à travers une forme de recherche, à travers le travail ou un chantier en construction. Les valeurs Capricorne que sont la structuration et la restructuration, la gestion du temps, l'introspection, le détachement, le travail, la recherche, le besoin de vérité et de profondeur deviennent une drogue, un moyen de soulager la souffrance, ou un moyen d'accéder à une évolution spirituelle et sont parfois associées à des illusions. Certaines personnes s'évadent en nourrissant le détachement, l'isolement, la méditation, le travail et le fait d'être en chantier. Cela peut être source de souffrance ou de transcendance. La gestion de votre destinée, vos recherches ou votre carrière peuvent être fortement influencées par un idéal, par un besoin de rêve et d'évasion, par vos ancêtres ou par une recherche spirituelle. Neptune en Capricorne peut faire entrer dans votre champs de conscience les courants, les modes ou les souffrances liées aux états, à l'agriculture, à la logistique et aux structures. Elle vous rend sensible aux profondeurs de la réalité, aux mémoires collectives historiques, à la mémoire du temps et au chemin de votre vérité profonde.

Vous portez peut-être en vous des forces d'âmes ou des mémoires généalogiques ayant appartenues à des personnes qui ont vécues en Hermite, en isolement, dans des structures étatiques ou dans des civilisations où le bâtiment, le temps, l'organisation, l'ordre, la sagesse, les restrictions, les contraintes étaient particulièrement fort, pendant l'Ere du Capricorne par exemple (Moyen âge, vie en monastère, en montagne, en Angleterre ou dans l'Himalaya).

NEPTUNE EN VERSEAU

Vous faites partie de la génération ayant Neptune en Verseau. (1835/1848), (1998/2011). Vous êtes né(e) dans une ambiance collective plaine de promesses et d'idéalisme. Les gens ont envie d'expérimenter la sensation de liberté, les nouvelles technologies, de communiquer, de former des groupes, de vivre des échanges internationaux, de faire des projets et de tenir compte de l'avenir, de créer des réseaux et de s'organiser en maîtrisant pour aller de l'avant, en brassant de nouvelles idées et de nouveaux concepts et de se libérer psychologiquement. Les humains fraternisent et se mobilisent au nom d'un idéal ou d'une cause impersonnelle.

Vous exprimez la planète Neptune dès lors qu'il s'agit de lâcher prise, de vous déconditionner des idées, des certitudes et des cultures précédemment apprises, de vous évader par la rêverie et l'imagination, d'avoir la foi, en la vie, en Dieu, en l'univers, en la Source créatrice de tout, de vous connecter à vos mémoires généalogiques et à vos vies passées en rendant à vos ancêtres ce qui leur appartient, de faire appel à vos ancêtres où à vos croyances spirituelles, d'être inspiré, de faire appel à votre sens du sacré, d'utiliser votre capacité à communier, à brancher vos antennes sur l'inconscient collectif, de répondre aux besoins collectifs et de puiser des informations dans l'inconscient collectif, de vivre en fusion émotionnelle avec la situation et les personnes qui la compose, d'utiliser votre sixième sens et votre intuition, mais aussi de faire preuve d'amour inconditionnel, de dévouement, de pardon, de compassion et de charité, de soulager les souffrances et les misères du mondes et de participer à une structure collective.

Vous êtes alors particulièrement capable de vous organiser pour vous affranchir des contraintes sociales, des pressions extérieures, des tentatives d'accaparement ou de manipulation de votre personnalité, de vous détacher intérieurement des mythes, des préjugés, des rumeurs, des influences de l'entourage et du passé, d'utiliser les moyens modernes de communication, de faire preuve d'intelligence technique et d'humanité, d'être optimiste et positif, de voir l'aspect prometteur et bénéfique d'une situation, d'explorer de nouveaux horizons, de faire naître l'espoir autour de vous, de trouver des solutions qui servent l'intérêt général, d'affirmer votre spécificité et vos convictions, de vous organisez et vous disciplinez pour vous maîtriser ou pour maîtriser la situation, de faire des projets ou de vous projeter dans l'avenir, d'inventer, d'innover et de faire des découvertes, de faire des réformes visant à améliorer les situations, d'utiliser votre sens psychologique, de vous constituer un réseau de soutien ou de vous faire des ami(e)s, d'exprimez votre idéal, votre idéologie, vos valeurs humaines ou spirituelles et de vous adapter à la modernité.

Avec Neptune en Verseau, vous pouvez vous évader des réalités matérielles, acquérir un sentiment d'identité collective ou évoluer spirituellement à travers la psychologie et le développement personnel, à travers l'amitié, à l'aide de groupes et d'organisation internationales ou en participant à un réseau.

Les valeurs Verseau que sont les nouvelles technologies, les jeux vidéo, l'informatique, la virtualité, l'amitié, la maîtrise de l'information, la liberté et l'indépendance deviennent une drogue, un moyen de soulager la souffrance, ou un moyen d'accéder à une évolution spirituelle et sont parfois associées à des illusions. Certaines personnes s'évadent en nourrissant une vie artificielle et virtuelle passée devant les ordinateurs ou alors à travers des relations d'aide. Cela peut être une source de souffrance ou de transcendance. Neptune en Verseau peut faire entrer dans votre champs de conscience les courants, les modes ou les souffrances liées aux idéaux collectif. De liberté et d'un monde meilleur Vous portez peut-être en vous des forces d'âmes ou des mémoires généalogiques ayant appartenues à des personnes qui ont vécues en communauté ou dans des civilisations où le progrès, les nouvelles technologies, le développement personnel étaient particulièrement fort, pendant l'Ere du Verseau par exemple (USA, Israël, Japon).

NEPTUNE EN POISSONS

Vous faites partie de la génération ayant NEPTUNE EN POISSONS. (1849/1862), (2012/2025). Vous êtes né(e) dans une ambiance collective imbibée d'un besoin de rêve, d'évasion, de communion, de transcendance et d'accéder à d'autres états de conscience, de colonisation, de foi, de religion et de spiritualité, où les gens ont sans doute moins envie de travailler et de maîtriser et ont plus envie de laisser les choses se faire au hasard mais aussi de faire appel aux mémoires des ancêtres et des vies passées. Ils sont moins présents à ce qu'ils font et beaucoup en font moins.

Vous exprimez la planète Neptune dès lors qu'il s'agit de lâcher prise, de vous déconditionner des idées, des certitudes et des cultures précédemment apprises, de vous évader par la rêverie et l'imagination, d'avoir la foi, en la vie, en Dieu, en l'univers, en la Source créatrice de tout, de vous connecter à vos mémoires généalogiques et à vos vies passées en rendant à vos ancêtres ce qui leur appartient, de faire appel à vos ancêtres où à vos croyances spirituelles, d'être inspiré, de faire appel à votre sens du sacré, d'utiliser votre capacité à communier, à brancher vos antennes sur l'inconscient collectif, de répondre aux besoins collectifs et de puiser des informations dans l'inconscient collectif, de vivre en fusion émotionnelle avec la situation et les personnes qui la compose, d'utiliser votre sixième sens et votre intuition, mais aussi de faire preuve d'amour inconditionnel, de dévouement, de pardon, de compassion et de charité, de soulager les souffrances et les misères du mondes et de participer à une structure collective.

Vous êtes alors particulièrement capable de lâcher prise, vous déconditionner des idées, des certitudes et des cultures précédemment apprises, de vous évader par la rêverie et l'imagination, d'avoir la foi en la vie, en Dieu, en l'univers, en la Source créatrice de tout, de mettre de l'ordre dans vos mémoires généalogiques et vos vies passées ou de faire appel à vos ancêtres où à vos croyances spirituelles, d'être inspiré, de faire appel à votre sens du sacré, d'utiliser votre capacité à communier, à brancher vos antennes sur l'inconscient collectif, à de répondre aux besoins collectifs et à puiser des informations dans l'inconscient collectif, de vivre en fusion émotionnelle avec la situation et les personnes qui la compose, d' utiliser votre sixième sens et votre intuition, mais aussi de faire preuve d'amour inconditionnel, de dévouement, de compassion, de charité et de sacrifices, de soulager les souffrances et les misères du mondes et de participer à une structure collective.

Avec Neptune en Poissons, vous pouvez vous évader des réalités matérielles, acquérir un sentiment d'identité collective ou évoluer spirituellement à travers la méditation, la religion, la foi, la clairvoyance, l'amour inconditionnel et les sorties hors du corps, en soulageant les souffrances et les misères du mondes et en participant à une organisation collective.

Les valeurs Poissons que sont la foi, l'amour, la religion, le développement spirituel deviennent une drogue, un moyen de soulager la souffrance, ou un moyen d'accéder à une évolution spirituelle et sont parfois associées à des illusions. Certaines personnes s'évadent à travers des drogues ou des rituels initiatiques qui peuvent être source de souffrance ou de transcendance.

Neptune en Poissons peut faire entrer dans votre champs de conscience les courants, les modes ou les souffrances liées aux émotions, aux aspirations et aux souffrances collectives. Vous portez peut-être en vous des forces d'âmes ou des mémoires généalogiques ayant appartenues à des personnes qui ont vécues en communauté religieuse ou dans des civilisations où la religion, la mer et l'océan, et peut-être le chaos et la souffrance étaient particulièrement importants, pendant l'Ere des Poissons par exemple (Religions, vie en monastères, dans une île, en exil ou en bord de mer, vie de marin).

Pluton en signes :

PLUTON EN BELIER

Durée du transit : 30 ans. Vous êtes né(e) dans une période ou l'ambiance collective est dynamique, conquérante et guerrière. Les rapports de force se transforment et on démarre sur un nouveau cycle. La nouveauté, l'action, l'efficacité, l'autonomie, la vitesse, la performance, l'agressivité et la colère, la franchise, le sport, le combat, l'esprit d'entreprise mais aussi la révolte deviennent les énergies collectives en vogue.

Vous exprimez la planète Pluton dès lors qu'il s'agit de faire preuve d'authenticité, d'exercer un pouvoir, de concentrer votre énergie, d'être à 100% présent, de vous battre, de déployer les grands moyens, d'être offensif et s'il le faut agressif, de pressentir les non dits, les émotions et les craintes non exprimées, de flairer les rapports de forces, les dangers et les enjeux présent dans la situation, de déceler les tentatives de manipulations et ceux qui tirent les ficelles, de décoder les signes et les symboles, de focaliser sur des détails que personne n'avait remarqué, de capter l'envers du décor, de tirer des conclusions à partir du moindre indice, de percer les mystères, d'être lucide, de vivre une sorte d'échange médiumnique avec votre milieu, de cerner ce qui se passe dans les coulisses ou dans les profondeurs de votre inconscient, d'élucider les mystères, de faire face à l'inconnu, de résister à de très fortes pressions, de vivre l'intensité, de vous régénérer tel le phœnix qui renaît de ces cendres, d'utiliser vos instincts ou des forces occultes pour de franchir les différentes étapes de l'initiation, de gérer les crises et de procéder à des transformations.

Dans ces situations, vous êtes alors particulièrement capable d'être à 100% dans l'instant présent, de vous battre, de vous motiver, de prendre des initiatives, de déployer les grands moyens, d'être offensif et agressif, d'être efficace, percutant et performant, de vivre des expériences et d'expérimenter sur le terrain, de vous affirmer dans la vie, de vous mobiliser pour obtenir des résultats, vous imposer en faisant usage de la force, vous engager dans un combat, de vous positionner en leader et de diriger, bref d'agir et de réagir. Vous avez donc une foi militante, dynamique et orientée vers une recherche de résultats. Avec Pluton en Bélier, vous pouvez transformer et vous transformer à travers des idéaux, à travers l'entreprise et le sport, à travers une passion, un combat, une conquête ou à travers une activité intense. Vos angoisses profondes et vos possibilités d'initiation sont en lien avec les valeurs du signe du Bélier.

Informations historiques : (-418/-388) Guerres à Athènes et Sparte et chute d'Athènes, (-169/-139)-Troisième Guerre Punique, destruction de Carthage et soumission de la Grèce par les Romains, (80/110)-Persécutions des Chrétiens, (329/359) - Invasions de l'empire Romain par les barbares, (578/608)-Naissance de Mahomet et conquêtes Musulmanes, (827/857)-Traité de Verdun divisant le royaume de Charlemagne, invasions Vikings, naissance de la féodalité, (1076/1106)-Premières croisades, (1325/1355)-Peste noire et début de la guerre de cent ans, utilisation des premiers canons, (1574/1604) Conquêtes de l'Amérique et massacres des Indiens, (1821/1851) Révolution industrielle et épidémies de choléra, (2072/2102).

PLUTON EN TAUREAU

Durée du transit : 30 ans. Vous êtes né(e) dans une ambiance collective qui correspond à celle du mois de Mai où l'on se retrouve en famille après la période d'intense activité du mois d'avril. On s'alimente, on déguste, on se détend, on profite des plaisirs de la vie, on expérimente l'art et l'artisanat, le plaisir, la paix et la prospérité. L'ambiance est tournée vers la production, vers la nécessité de s'approvisionner aussi vers un désir d'enrichissement, vers l'art et vers les plaisirs.

Vous exprimez la planète Pluton dès lors qu'il s'agit de faire preuve d'authenticité, d'exercer un pouvoir, de concentrer votre énergie, d'être à 100% présent, de vous battre, de déployer les grands moyens, d'être offensif et s'il le faut agressif, de pressentir les non dits, les émotions et les craintes non exprimées, de flairer les rapports de forces, les dangers et les enjeux présent dans la situation, de déceler les tentatives de manipulations et ceux qui tirent les ficelles, de décoder les signes et les symboles, de focaliser sur des détails que personne n'avait remarqué, de capter l'envers du décor, de tirer des conclusions à partir du moindre indice, de percer les mystères, d'être lucide, de vivre une sorte d'échange médiumnique avec votre milieu, de cerner ce qui se passe dans les coulisses ou dans les profondeurs de votre inconscient, d'élucider les mystères, de faire face à l'inconnu, de résister à de très fortes pressions, de vivre l'intensité, de vous régénérer tel le phœnix qui renaît de ces cendres, d'utiliser vos instincts ou des forces occultes pour de franchir les différentes étapes de l'initiation, de gérer les crises et de procéder à des transformations.

Dans ces situations, vous êtes alors particulièrement capable d'être bien incarné dans la matière, d'utiliser vos cinq sens, de gérer des flux financiers, des terres ou des biens immobiliers, de faire fructifier un patrimoine, de nouer des relations sociales, commerciales ou intimes ou de fonder une famille, d'incarner une conscience de l'abondance, un sentiment de bonheur profond, une joie de vivre et un plaisir d'être vivant. Avec Pluton en Taureau, vous pouvez transformer et vous transformer à travers l'économie, l'enrichissement, le couple, l'art et la gestion de la matière. Vos angoisses profondes et vos possibilités d'initiation sont en lien avec les valeurs du signe du Taureau.

Informations historiques : (-388/-358), (-139/-109), (110/141)-La Paix Romaine, (359/390) Invasions des Huns qui s'installe en Hongrie, (608/639)-Début de l'ère Musulmane, (857/888)-Art Musulman, unité éphémère sous Charles le gros, (1106/1137)-Art Ottoman et naissance du style Gothique, (1355/1386), (1604/1635), (1852/1882) Epoque de la ruée vers l'or et apogée de l'esclavage humain, (2102/2133).

PLUTON EN GEMEAUX

Durée du transit : 30 ans. Vous êtes né(e) dans une ambiance collective juvénile, imbibée par un besoin de jeu, de rire et de légèreté, de communiquer, d'adaptation, d'échanger des informations, de mouvement, de déplacements et de faire du commerce. L'économie est tournée vers le commerce et vers la circulation de l'information.

Vous exprimez la planète Pluton dès lors qu'il s'agit de faire preuve d'authenticité, d'exercer un pouvoir, de concentrer votre énergie, d'être à 100% présent, de vous battre, de déployer les grands moyens, d'être offensif et s'il le faut agressif, de pressentir les non dits, les émotions et les craintes non exprimées, de flairer les rapports de forces, les dangers et les enjeux présent dans la situation, de déceler les tentatives de manipulations et ceux qui tirent les ficelles, de décoder les signes et les symboles, de focaliser sur des détails que personne n'avait remarqué, de capter l'envers du décor, de tirer des conclusions à partir du moindre indice, de percer les mystères, d'être lucide, de vivre une sorte d'échange médiumnique avec votre milieu, de cerner ce qui se passe dans les coulisses ou dans les profondeurs de votre inconscient, d'élucider les mystères, de faire face à l'inconnu, de résister à de très fortes pressions, de vivre l'intensité, de vous régénérer tel le phœnix qui renaît de ces cendres, d'utiliser vos instincts ou des forces occultes pour de franchir les différentes étapes de l'initiation, de gérer les crises et de procéder à des transformations.

Dans ces situations, vous êtes alors particulièrement capable de communiquer, d'être bien informé, de traiter l'information, de faire preuve de souplesse, d'adresse, d'agilité et d'intelligence, d'adopter différents angles d'attaques, de trouver des solutions astucieuses, d'apprendre, de faire du commerce, d'utiliser l'humour et le jeu et d'être adapté à l'environnement. Avec Pluton en Gémeaux, vous pouvez transformer et vous transformer à travers la communication, l'apprentissage, les déplacements et les échanges commerciaux. Vos angoisses profondes et vos possibilités d'initiation sont en lien avec les valeurs du signe des Gémeaux.

Informations historiques : (-358/-327)-Alexandre le grand/villes nouvelles et développement du commerce, (-108/-78), (141/171), (390/420)-Nouvelles invasions des Germains et pillage de Rome, grande vague de migration, (639/669), (888/918)-Nouvelles invasions des vikings et vagues de migration, (1137/1167), (1386/1406), (1635/1665)-Vagues d'immigrations et développement des colonies aux USA ,Traité de Westphalie, (1883/1914)-Naissance de l'automobile et de la presse, (2133/2163).

PLUTON EN CRABE

Durée du transit : 25 ans. Vous êtes né(e) dans une ambiance collective infantile, capricieuse, intimiste, patriotique, nationaliste, traditionaliste, où il était nécessaire de transformer les foyers, les liens entre les peuples et les nations, de se ressourcer et de développer des valeurs refuges permettant de se ressourcer.

Vous exprimez la planète Pluton dès lors qu'il s'agit de faire preuve d'authenticité, d'exercer un pouvoir, de concentrer votre énergie, d'être à 100% présent, de vous battre, de déployer les grands moyens, d'être offensif et s'il le faut agressif, de pressentir les non dits, les émotions et les craintes non exprimées, de flairer les rapports de forces, les dangers et les enjeux présent dans la situation, de déceler les tentatives de manipulations et ceux qui tirent les ficelles, de décoder les signes et les symboles, de focaliser sur des détails que personne n'avait remarqué, de capter l'envers du décor, de tirer des conclusions à partir du moindre indice, de percer les mystères, d'être lucide, de vivre une sorte d'échange médiumnique avec votre milieu, de cerner ce qui se passe dans les coulisses ou dans les profondeurs de votre inconscient, d'élucider les mystères, de faire face à l'inconnu, de résister à de très fortes pressions, de vivre l'intensité, de vous régénérer tel le phœnix qui renaît de ces cendres, d'utiliser vos instincts ou des forces occultes pour de franchir les différentes étapes de l'initiation, de gérer les crises et de procéder à des transformations.

Dans ces situations, vous êtes alors particulièrement capable de vous ressourcer et de vous créer un univers personnel ou un monde familier que vous protégez de tout ce qui n'en fait pas partie, de créer des ambiances intimes et sécurisantes, de vous évader du monde en recréant votre propre monde, votre propre chez-soi, d'utiliser des valeurs refuges comme la musique, l'eau ou le dessin, d'exprimer votre sensibilité, votre imagination et vos émotions, de faire preuve de naturel et de sympathie, de poésie et de lyrisme, d'affirmer vos traditions, de tisser des liens familiaux ou des liens émotionnels, de quitter le rythme agité de la pensée pour rentrer dans votre propre rythme, de vivre l'intimité et de trouver le bien-être.

Avec Pluton en Crabe, vous pouvez transformer et vous transformer à travers la famille, la nation, le foyer, la musique, les valeurs refuge et ce qui nourrit. Certaines grandes familles qui gouvernent le monde perdent leur pouvoir tandis que d'autres, nouvelles, en gagnent. Vos angoisses profondes et vos possibilités d'initiation sont en lien avec les valeurs du signe du Cancer.

Informations historiques : Période d'insécurité et de bouleversements profonds. (-576/-551) Naissance de Bouddha, (-327/-302)-Premier partage de l'empire d'Alexandre le Grand, (-78/-53) Conquête de la Gaule, (171/196)-Grave crise politique à Rome, (420/445) Invasions des Huns (Attila), (669/694), (918/943)-invasions Vikings, (1167/1192), (1416/1441)-Début de la renaissance et invention du tarot de Marseille, (1665/1690) Peste noire à Londres, Louis XIV, immigrations de français suite à la révocation de l'édit de Nantes(1914/1939)-Première guerre mondiale et épidémie de grippe Espagnole,(2163/2188).

PLUTON EN LION

Durée du transit : 19 ans. Vous êtes né(e) dans une ambiance collective imbibée par une transformation des valeurs, des idéaux, des objectifs, de la créativité, par un besoin d'affirmer son autorité, sa volonté et son image de marque, de chercher une reconnaissance, et d'effectuer des prises de consciences et par une fierté individuelle ou collective. Cette phase de l'histoire voit des dictateurs apparaître et disparaître, le culte de la personnalité et complexe de puissance battent leur plein.

Vous exprimez la planète Pluton dès lors qu'il s'agit de faire preuve d'authenticité, d'exercer un pouvoir, de concentrer votre énergie, d'être à 100% présent, de vous battre, de déployer les grands moyens, d'être offensif et s'il le faut agressif, de pressentir les non dits, les émotions et les craintes non exprimées, de flairer les rapports de forces, les dangers et les enjeux présent dans la situation, de déceler les tentatives de manipulations et ceux qui tirent les ficelles, de décoder les signes et les symboles, de focaliser sur des détails que personne n'avait remarqué, de capter l'envers du décor, de tirer des conclusions à partir du moindre indice, de percer les mystères, d'être lucide, de vivre une sorte d'échange médiumnique avec votre milieu, de cerner ce qui se passe dans les coulisses ou dans les profondeurs de votre inconscient, d'élucider les mystères, de faire face à l'inconnu, de résister à de très fortes pressions, de vivre l'intensité, de vous régénérer tel le phœnix qui renaît de ces cendres, d'utiliser vos instincts ou des forces occultes pour de franchir les différentes étapes de l'initiation, de gérer les crises et de procéder à des transformations.

Dans ces situations, vous êtes alors particulièrement capable de déployer votre volonté, d'y mettre tout votre cœur, de savoir ce que vous voulez, de vous fixer des objectifs, de vous organiser, d'être positif, confiant, audacieux et généreux, d'engager votre être tout entier, dans une recherche de perfection et d'absolu, d'en rajouter et de vous dépasser pour que le résultat soit brillant et royal, d' être soucieux de l'image que vous donnez et de votre réputation, de préserver une certaine honorabilité, d'incarner votre idéal, vos valeurs, vos principes, vos objectifs personnels, d'être mis en valeur, de recevoir des marques de reconnaissance, de jouer un rôle central, de créer, de vous montrer, d'être sur les devants de la scène, d'incarner une certaine classe et d'avoir un certain prestige et de vous donner les moyens nécessaires pour réussir. Avec Pluton en Lion, vous pouvez transformer et vous transformer à travers un idéal, en vous fixant des objectifs, à travers l'amour et la créativité, grâce à votre propre volonté. Vos angoisses profondes et vos possibilités d'initiation sont en lien avec les valeurs du signe du Lion.

Informations historiques : Période d'insécurité, de violence et de bouleversements profond. Culte du héros.(-551/-532), (-302/-283), (-53/-34)-Soumission de la Gaule par les Romains, (196/215), (445/464)-Pillage de Rome par les Germains et nouvelle invasions des Huns (Atilla), (694/713), (943/962)-Invasions Vikings, (1192/1211)-Troisième et quatrième croisade, (1441/1460)-Les Turcs envahissent Constantinople et les anglais sont chassés de France, (1690/1709), (1939/1958)-Deuxième Guerre Mondiale.

PLUTON EN VIERGE

Durée du transit : 13 ans. Vous êtes né(e) dans une ambiance collective critique, analytique, orientée vers le tri, la comptabilisation, l'organisation, transformation des techniques, des outils, des idées, des moyens de transport et de communication afin d'être adapté, des questions d'hygiène, de soins et de santé. Vous exprimez la planète Pluton dès lors qu'il s'agit de faire preuve d'authenticité, d'exercer un pouvoir, de concentrer votre énergie, d'être à 100% présent, de vous battre, de déployer les grands moyens, d'être offensif et s'il le faut agressif, de pressentir les non dits, les émotions et les craintes non exprimées, de flairer les rapports de forces, les dangers et les enjeux présent dans la situation, de déceler les tentatives de manipulations et ceux qui tirent les ficelles, de décoder les signes et les symboles, de focaliser sur des détails que personne n'avait remarqué, de capter l'envers du décor, de tirer des conclusions à partir du moindre indice, de percer les mystères, d'être lucide, de vivre une sorte d'échange médiumnique avec votre milieu, de cerner ce qui se passe dans les coulisses ou dans les profondeurs de votre inconscient, d'élucider les mystères, de faire face à l'inconnu, de résister à de très fortes pressions, de vivre l'intensité, de vous régénérer tel le phœnix qui renaît de ces cendres, d'utiliser vos instincts ou des forces occultes pour de franchir les différentes étapes de l'initiation, de gérer les crises et de procéder à des transformations.

Dans ces situations, vous êtes alors particulièrement capable d'être bien informé, de communiquer, d'acquérir un vaste système de connaissance, d'organiser l'information, d'effectuer des échanges commerciaux, de faire le tri, d'analyser chaque détail, d'être méticuleux et perfectionniste, de faire preuve d'intelligence et de stratégie, de sens pratique, de réalisme et de pragmatisme, d'analyse et de précision, d'exprimer votre sens du service, de traiter les questions de sécurité, d'hygiène et de santé, de préserver votre pureté et votre intégrité et de vous adapter intelligemment. Avec Pluton en Vierge, vous pouvez transformer et vous transformer à travers des outils et des techniques, à travers des idées et des enseignements, à travers le sens du service, de soins et de tout ce qui touche à l'hygiène et à la santé. Vos angoisses profondes et vos possibilités d'initiation sont en lien avec les valeurs du signe de la Vierge.

Informations historiques : Période de calme après la tempête et de reconstruction. Transformation des idées, des outils et des techniques permettant de s'adapter à la matière. Une nouvelle forme d'intelligence voit le jour, le pouvoir en place doit tenir compte de l'esprit critique du peuple. Le travail est source de pressions diverses. (-532/-519), (-283/-270), (-34/-21), (215/228), (464/477), (713/726), (962/975)-

Rétablissement du Saint Empire Romain Germanique, (1211/1224)-Cathédrales Gothiques, (1460/1473)-Développement de l'imprimerie, (1709/1722), (1958/1971)-Construction de la Communauté Economique Européenne, transformation des idées, des techniques, du monde du travail et révolte des jeunes, (2207/2220).

PLUTON EN BALANCE

Durée du transit : 13 ans. Vous êtes né(e) dans une ambiance collective imbibée d'un besoin de coopérer, de créer des liens, d'œuvrer pour la civilisation, de faire preuve d'intelligence relationnelle, de conciliation et de diplomatie, de promouvoir la justice et la paix, de rétablir un juste équilibre des choses, de développer des valeurs esthétiques et artistiques et de reconsidérer le mode de relations entre individus.

Vous exprimez la planète Pluton dès lors qu'il s'agit de faire preuve d'authenticité, d'exercer un pouvoir, de concentrer votre énergie, d'être à 100% présent, de vous battre, de déployer les grands moyens, d'être offensif et s'il le faut agressif, de pressentir les non dits, les émotions et les craintes non exprimées, de flairer les rapports de forces, les dangers et les enjeux présent dans la situation, de déceler les tentatives de manipulations et ceux qui tirent les ficelles, de décoder les signes et les symboles, de focaliser sur des détails que personne n'avait remarqué, de capter l'envers du décor, de tirer des conclusions à partir du moindre indice, de percer les mystères, d'être lucide, de vivre une sorte d'échange médiumnique avec votre milieu, de cerner ce qui se passe dans les coulisses ou dans les profondeurs de votre inconscient, d'élucider les mystères, de faire face à l'inconnu, de résister à de très fortes pressions, de vivre l'intensité, de vous régénérer tel le phœnix qui renaît de ces cendres, d'utiliser vos instincts ou des forces occultes pour de franchir les différentes étapes de l'initiation, de gérer les crises et de procéder à des transformations.

Vous êtes alors particulièrement capable de coopérer et de faire preuve d'intelligence relationnelle, de tenir compte de toutes les facettes de la situation, de peser le pour et le contre, d'utiliser votre sens esthétique ou artistique, d'exprimer votre sens de la mesure ou de la justice, d'agir avec grâce, avec douceur et gentillesse, avec finesse, avec élégance, d'une façon harmonieuse, en respectant les différences individuelles et faisant preuve d'une intelligence relationnelle, de trouver votre équilibre ou de le préserver, de créer des liens, de construire des relations sociales, de fonder un couple, d'exprimer votre sens esthétique, artistique ou juridique et de participer à la civilisation.

Avec Pluton en Balance, vous pouvez transformer et vous transformer à travers la coopération, l'art, la beauté, la paix, le partage, la relation de couple et les associations et en participant à la civilisation. Vos angoisses profondes et vos possibilités d'initiation sont en lien avec les valeurs du signe de la Balance.

Informations historiques : Période de calme ou les civilisations se développent et se transforment. (-519/-505), (-270/-257)-Partage définitif de l'empire d'Alexandre le Grand (-21/-08), (228/241), (477/490)-Formation du Royaume des Francs, (726/739)-La menace des Musulmans est écartée par Charles Martel, (975/988), (1224/1237), (1473/1486), (1722/1735), (1972/1984)-Transformation des mœurs, des relations interpersonnelles, (2220/2233).

PLUTON EN SCORPION

Durée du transit : 11 ans. Vous êtes né(e) dans une ambiance collective marquée par des pollutions, des crises et de profondes transformations et imbibée d'un besoin de recherches de sensations fortes, d'expériences sexuelles, d'initiation, de maîtrise de l'énergie, d'accès aux vérités spirituelles et de combat.

Vous exprimez la planète Pluton dès lors qu'il s'agit de faire preuve d'authenticité, d'exercer un pouvoir, de concentrer votre énergie, d'être à 100% présent, de vous battre, de déployer les grands moyens, d'être offensif et s'il le faut agressif, de pressentir les non dits, les émotions et les craintes non exprimées, de flairer les rapports de forces, les dangers et les enjeux présent dans la situation, de déceler les tentatives de manipulations et ceux qui tirent les ficelles, de décoder les signes et les symboles, de focaliser sur des détails que personne n'avait remarqué, de capter l'envers du décor, de tirer des conclusions à partir du moindre indice, de percer les mystères, d'être lucide, de vivre une sorte d'échange médiumnique avec votre milieu, de cerner ce qui se passe dans les coulisses ou dans les profondeurs de votre inconscient, d'élucider les mystères, de faire face à l'inconnu, de résister à de très fortes pressions, de vivre l'intensité, de vous régénérer tel le phœnix qui renaît de ces cendres, d'utiliser vos instincts ou des forces occultes pour de franchir les différentes étapes de l'initiation, de gérer les crises et de procéder à des transformations.

Vous êtes alors particulièrement capable de faire preuve d'authenticité, d'exercer un pouvoir, de concentrer votre énergie, d'être à 100% présent, de vous battre, de déployer les grands moyens, d'être offensif et s'il le faut agressif, de pressentir les non dits, les émotions et les craintes non exprimées, de flairer les rapports de forces, les dangers et les enjeux présent dans la situation, de déceler les tentatives de manipulations et ceux qui tirent les ficelles, de décoder les signes et les symboles, de focaliser sur des détails que personne n'avait remarqué, de capter l'envers du décor, de tirer des conclusions à partir du moindre indice, de percer les mystères, d'être lucide, de vivre une sorte d'échange médiumnique avec votre milieu, de cerner ce qui se passe dans les coulisses ou dans les profondeurs de votre inconscient, d'élucider les mystères, de faire face à l'inconnu, d'utiliser vos instincts ou des forces occultes pour de franchir les différentes étapes de l'initiation, de gérer les crises et de procéder à des transformations.

Avec Pluton en Scorpion, vous pouvez transformer et vous transformer à travers l'initiation aux mystères de la vie, au chamaniste et au tantrisme, à travers un combat et des crises. Vos angoisses profondes et vos possibilités d'initiation sont en lien avec les valeurs du signe du Scorpion.

Informations historiques : (-505/-494)-Naissance de la république de Rome, (-505/-494), (-257/-245)-Première Guerre Punique entre Rome et Carthage, (-08/04) Naissance du Christ, (241/253), (490/502)-Conquêtes de Clovis, (739/751), (998/1000)-La peur de l'an Mil, (1486/1498)-Découverte des nouveaux monde par Cristobal Colom et bouleversement des équilibres en place ; (1735/1747), (1984/1995)-Transformations, bouleversements et rupture d'équilibre mondial, épidémies de Sida; (2220/2231)).

PLUTON EN SAGITTAIRE

Durée du transit : 15 ans. Vous êtes né(e) dans une ambiance collective imbibée d'un besoin de confiance en soi, d'optimisme et d'opportunisme, de convaincre et de s'imposer, d'exprimer sa générosité, d'élargir ses horizons soit à travers des voyages, des expéditions et des explorations, soit à travers une recherche culturelle, philosophique ou spirituelle, de s'intégrer dans un groupe ayant des objectifs communs, d'exploiter les opportunités ou de provoquer la chance, de faire respecter la loi, d'incarner une forme d'autorité, de faire des affaires, de mondialiser et s'internationaliser et de s'épanouir dans le monde. L'économie et le monde se transforment.

Vous exprimez la planète Pluton dès lors qu'il s'agit de faire preuve d'authenticité, d'exercer un pouvoir, de concentrer votre énergie, d'être à 100% présent, de vous battre, de déployer les grands moyens, d'être offensif et s'il le faut agressif, de pressentir les non dits, les émotions et les craintes non exprimées, de flairer les rapports de forces, les dangers et les enjeux présent dans la situation, de déceler les tentatives de manipulations et ceux qui tirent les ficelles, de décoder les signes et les symboles, de focaliser sur des détails que personne n'avait remarqué, de capter l'envers du décor, de tirer des conclusions à partir du moindre indice, de percer les mystères, d'être lucide, de vivre une sorte d'échange médiumnique avec votre milieu, de cerner ce qui se passe dans les coulisses ou dans les profondeurs de votre inconscient, d'élucider les mystères, de faire face à l'inconnu, de résister à de très fortes pressions, de vivre l'intensité, de vous régénérer tel le phœnix qui renaît de ces cendres, d'utiliser vos instincts ou des forces occultes pour de franchir les différentes étapes de l'initiation, de gérer les crises et de procéder à des transformations.

Vous êtes alors particulièrement capable d'avoir confiance en vous, d'élargir votre perspective, de convaincre et vous imposer, de percevoir les bons cotés d'une situation mais aussi les opportunités et contraintes qu'elle renferme, de saisir les occasions au vol puis de les exploiter afin d'en tirer un profit, d'évaluer si vos moyens correspondent à vos ambitions, d'adapter vos ambitions à vos capacités, de vous donner les moyens de vous exprimer et de partager avec autrui les résultats obtenus, d'évaluer les sacrifices nécessaires par rapport aux bénéfices escomptés dans vos engagements, de rentabiliser et optimiser, de comprendre le sens et les exigences de toute situation, de donner ou trouver un sens, une signification et une utilité à ce que vous faites, de mettre en pratique, d'appliquer, utiliser des codes, des normes et des lois en vigueur, de faire preuve de générosité, de faire des affaires, d'assumer vos responsabilités et d'aller jusqu'au bout de vos objectifs.

Avec Pluton en Sagittaire, vous pouvez transformer et vous transformer à travers des voyages et des expéditions, des philosophies et en participant à l'activité économique du monde à travers un groupe ayant des règles et des objectifs communs. Vos angoisses profondes et vos possibilités d'initiation sont en lien avec les valeurs du signe du Sagittaire.

Informations historiques : (-494/-479), (-245/-230) Première Guerre Punique et expansion romaine, (0004/0019) Expansion du Christianisme et destruction d'Ephèse par un séisme, (253/268) Persécution des Chrétiens, (502/517) Partage du Royaume de Clovis, (751/766), (1000/1015), (1249/1264), (1498/1513) Grandes expéditions et développement du commerce, premiers massacres des indiens sud américains par les espagnols, (1749/1762) Séisme de Lisbonne,(1995/2008) Expansion chinoise, mondialisation compulsive, crise planétaire globale, (2231/2246).

PLUTON EN CAPRICORNE

Durée du transit : 16 ans. Vous êtes né(e) dans une période de transformation des structures des états, des partis politiques et des systèmes d'organisation, dans une période de récession, d'épargne et de limitations où ambiance collective imbibée d'un besoin de simplicité, de sérieux et de gravité, d'organisation, de bon sens, de moralité, de profondeur, de remise en questions, d'aller à l'essentiel, de restructurations, d'optimisation des ressources et de restructurations.

Vous exprimez la planète Pluton dès lors qu'il s'agit de faire preuve d'authenticité, d'exercer un pouvoir, de concentrer votre énergie, d'être à 100% présent, de vous battre, de déployer les grands moyens, d'être offensif et s'il le faut agressif, de pressentir les non dits, les émotions et les craintes non exprimées, de flairer les rapports de forces, les dangers et les enjeux présent dans la situation, de déceler les tentatives de manipulations et ceux qui tirent les ficelles, de décoder les signes et les symboles, de focaliser sur des détails que personne n'avait remarqué, de capter l'envers du décor, de tirer des conclusions à partir du moindre indice, de percer les mystères, d'être lucide, de vivre une sorte d'échange médiumnique avec votre milieu, de cerner ce qui se passe dans les coulisses ou dans les profondeurs de votre inconscient, d'élucider les mystères, de faire face à l'inconnu, de résister à de très fortes pressions, de vivre l'intensité, de vous régénérer tel le phœnix qui renaît de ces cendres, d'utiliser vos instincts ou des forces occultes pour de franchir les différentes étapes de l'initiation, de gérer les crises et de procéder à des transformations.

Vous êtes alors particulièrement capable d'avoir de prendre de la distance et du recul, d'analyser les structures avec objectivité, d'observer avec détail et précision, de voir les problèmes en face et faire le nécessaire pour les surmonter, de poser les questions qui s'imposent et de remettre les choses en question lorsque cela est nécessaire, de procéder par étapes et de prendre le temps nécessaire, de faire la différence entre ce qui est prioritaire et ce qui est secondaire, de faire preuve de prudence, de sérieux, de sagesse et de profondeur, de tirer des leçons, des principes ou une morale des événements, de vous organiser avec rigueur et pragmatisme, de mettre de l'ordre, de structurer, de comprendre les théories, les hypothèses, les structures et les systèmes organisés, de manier des chiffres, des plans et des schémas, de trouver des applications concrètes et une utilité pratique à tout concept ou à toute découverte, de vous imposer une certaine discipline et de travailler avec acharnement jusqu'à ce que votre objectif soit atteint et votre œuvre réalisée.

Avec Pluton en Capricorne, vous pouvez transformer et vous transformer à travers le travail, la solitude, l'autarcie et la méditation, à travers des objectifs à long terme, à travers le développement personnel et la sagesse. Vos angoisses profondes et vos possibilités d'initiation sont en lien avec les valeurs du signe du Capricorne.

Informations historiques : (-479/-463) Destruction partielle de Sparte par un tremblement de terre, (-230/-214)-Traité avec Carthage, (0019/0035)-Mort du Christ et organisation du Christianisme, (268/284)-Invasion Germaines et rétablissement d'un certain ordre Romain, (517/533) Destruction d'Antioche par un violent séisme (766/782)-Charlemagne, (1015/1031), (1264/1280)-Dernières croisades, (1513/1529), (1762/1778)-Révolution Américaine, (2008/2024) Crise des subprimes immobilières, crise du Covid-19, solitude de masse, chômage de masse et lente restructuration de la société.

PLUTON EN VERSEAU

Durée du transit : 19/20 ans. Vous êtes né(e) dans une ambiance de promesses et d'idéalisme. Les gens ont envie d'expérimenter la sensation de liberté, des nouvelles technologies et idéologies, de communiquer, de former des groupes, de vivre des échanges internationaux, de faire des projets et de tenir compte de l'avenir, de créer des réseaux et de s'organiser en maîtrisant pour aller de l'avant, en brassant de nouvelles idées et de nouveaux concepts et de se libérer psychologiquement. Les humains fraternisent et se mobilisent au nom d'un idéal ou d'une cause impersonnelle.

Vous exprimez la planète Pluton dès lors qu'il s'agit de faire preuve d'authenticité, d'exercer un pouvoir, de concentrer votre énergie, d'être à 100% présent, de vous battre, de déployer les grands moyens, d'être offensif et s'il le faut agressif, de pressentir les non dits, les émotions et les craintes non exprimées, de flairer les rapports de forces, les dangers et les enjeux présent dans la situation, de déceler les tentatives de manipulations et ceux qui tirent les ficelles, de décoder les signes et les symboles, de focaliser sur des détails que personne n'avait remarqué, de capter l'envers du décor, de tirer des conclusions à partir du moindre indice, de percer les mystères, d'être lucide, de vivre une sorte d'échange médiumnique avec votre milieu, de cerner ce qui se passe dans les coulisses ou dans les profondeurs de votre inconscient, d'élucider les mystères, de faire face à l'inconnu, de résister à de très fortes pressions, de vivre l'intensité, de vous régénérer tel le phœnix qui renaît de ces cendres, d'utiliser vos instincts ou des forces occultes pour de franchir les différentes étapes de l'initiation, de gérer les crises et de procéder à des transformations.

Vous êtes alors particulièrement capable de vous organiser pour vous affranchir des contraintes sociales, des pressions extérieures, des tentatives d'accaparement ou de manipulation de votre personnalité, de vous détacher intérieurement des mythes, des préjugés, des rumeurs, des influences de l'entourage et du passé, d'utiliser les moyens modernes de communication, de faire preuve d'intelligence technique et d'humanité, d'être optimiste et positif, de voir l'aspect prometteur et bénéfique d'une situation, d'explorer de nouveaux horizons, de faire naître l'espoir autour de vous, de trouver des solutions qui servent l'intérêt général, d'affirmer votre spécificité et vos convictions, de vous organisez et vous disciplinez pour vous maîtriser ou pour maîtriser la situation, de faire des projets ou de vous projeter dans l'avenir, d'inventer, d'innover et de faire des découvertes, de faire des réformes visant à améliorer les situations, d'utiliser votre sens psychologique, de vous constituer un réseau de soutien ou de vous faire des ami(e)s, d'exprimez votre idéal, votre idéologie, vos valeurs humaines ou spirituelles et de vous adapter à la modernité.

Avec Pluton en Verseau, vous pouvez transformer et vous transformer à travers une cause impersonnelle, à travers une organisation internationale, à travers la psychologie et le développement personnel, à travers des projets et de nouveaux concepts ou en participant à une activité en réseau. Vos angoisses profondes et vos possibilités d'initiation sont en lien avec les valeurs du signe du Verseau.

Informations historiques : (-463/-443), (-214/-194)-Deuxième Guerre Punique avec Hannibal et expansion romaine, (0035/0055) Premières communautés Judéo-chrétiennes, (284/304), (533/553), (782/802)-Charlemagne empereur, (1031/1051) Renouvellement de la Chrétienté, (1280/1300), (1529/1549) Séisme à Lisbonne, fin de l'empire Inca et réforme du catholicisme (Calvin), (1778/1798) Révolution Française, (2024/2043).

PLUTON EN POISSONS

Durée du transit : 25 ans. Vous êtes né(e) dans une ambiance collective imbibée d'un besoin de rêve, d'évasion, de communion, de transcendance et d'accéder à d'autres états de conscience, de colonisation, de foi, de religion et de spiritualité.

Vous exprimez la planète Pluton dès lors qu'il s'agit de faire preuve d'authenticité, d'exercer un pouvoir, de concentrer votre énergie, d'être à 100% présent, de vous battre, de déployer les grands moyens, d'être offensif et s'il le faut agressif, de pressentir les non dits, les émotions et les craintes non exprimées, de flairer les rapports de forces, les dangers et les enjeux présent dans la situation, de déceler les tentatives de manipulations et ceux qui tirent les ficelles, de décoder les signes et les symboles, de focaliser sur des détails que personne n'avait remarqué, de capter l'envers du décor, de tirer des conclusions à partir du moindre indice, de percer les mystères, d'être lucide, de vivre une sorte d'échange médiumnique avec votre milieu, de cerner ce qui se passe dans les coulisses ou dans les profondeurs de votre inconscient, d'élucider les mystères, de faire face à l'inconnu, de résister à de très fortes pressions, de vivre l'intensité, de vous régénérer tel le phœnix qui renaît de ces cendres, d'utiliser vos instincts ou des forces occultes pour de franchir les différentes étapes de l'initiation, de gérer les crises et de procéder à des transformations.

Vous êtes alors particulièrement capable de lâcher prise, vous déconditionner des idées, des certitudes et des cultures précédemment apprises, de vous évader par la rêverie et l'imagination, d'avoir la foi en la vie, en Dieu, en l'univers, en la Source créatrice de tout, de mettre de l'ordre dans vos mémoires généalogiques et vos vies passées ou de faire appel à vos ancêtres où à vos croyances spirituelles, d'être inspiré, de faire appel à votre sens du sacré, d'utiliser votre capacité à communier, à brancher vos antennes sur l'inconscient collectif, à de répondre aux besoins collectifs et à puiser des informations dans l'inconscient collectif, de vivre en fusion émotionnelle avec la situation et les personnes qui la compose, d' utiliser votre sixième sens et votre intuition, mais aussi de faire preuve d'amour inconditionnel, de dévouement, de compassion et de charité, de soulager les souffrances et les misères du monde et de participer à une structure collective. Avec Pluton en Poissons, vous pouvez transformer et vous transformer à travers la foi, l'amour inconditionnel, en soignant les souffrances et les misères du monde, à travers la charité et la compassion et en participant à une organisation collective. Vos angoisses profondes et vos possibilités d'initiation sont en lien avec les valeurs du signe des Poissons.

Informations historiques : (-443/-418)- Epidémie de peste en Grèce, (-194/-169), (0055 /0079)-Persécution des Chrétiens, (304/329)-Edit de tolérance de Milan entre Rome et les Chrétiens, (553/578) Epidémie de peste à Constantinople et Rome, (802/827)-Mort de Charlemagne et premières invasions Vikings, (1051/1075)-Guillaume le Conquérant, (1300/1325)- Propagation de la peste noire et Ordre des Templiers, (1549/1574) Séisme de Shaanxi causant 1 million de morts, (1798/1823)-Epidémies de choléra, Napoléon Bonaparte, (2044/2069).

Point technique : Zodiaque tropical ou zodiaque sidéral !

En Occident, lorsqu'on parle de planètes en signes, on se réfère aux signes astrologiques du zodiaque dit tropical. **Le zodiaque tropical** commence à l'équinoxe du printemps, au « point vernal du moment présent », c'est-à-dire au lieu où se déroule l'équinoxe du printemps, quad la Terre est sur la même latitude que le Soleil.

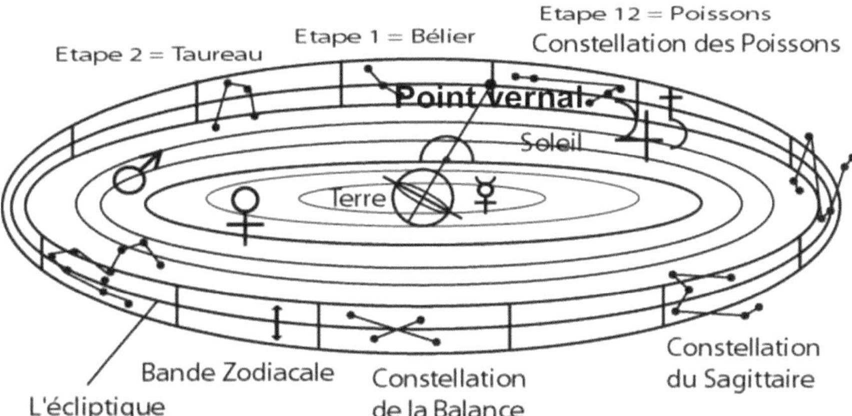

Dans « Les bases de l'astrologie » au chapitre 3, j'ai expliqué que la Terre tournait sur elle-même comme une toupie et que cela faisait reculer (on dit précessionner) l'équinoxe du printemps qui fait ainsi le tour du zodiaque en 25800 ans. Le zéro degré du Bélier d'origine se trouve alors, sur le cercle que décrit la toupie, au lieu, quand la Terre se rapproche du Soleil, où elle est en position parfaitement verticale. Il a aussi été défini quand l'étoile Spica se trouvait à zéro dégrée de la Balance (elle est actuellement à 23°22 dans la constellation de la Balance) en tant que point opposé à cette étoile et également par rapport aux deux grosses étoiles qui se font face dans le zodiaque, Aldebaran qui se trouve à 9° du signe des Gémeaux et Antares qui se trouve à 9 degrés du signe du sagittaire.

Quand le système astrologique a été créé à Alexandrie entre l'an 320 avant Jésus-Christ et l'an zéro, les érudits Grecs et Egyptiens ont pris conscience de la précession des équinoxes, qui a été décrite par le Grec Hipparque vers 130 ans avant Jésus-Christ. En l'an-320, le point vernal se trouvait à 8°du Bélier et certains astrologues décalaient ainsi « le point vernal du temps présent » pour le faire correspondre avec le « Point vernal Origine ».

L'astrologie Greco-égyptienne est arrivée jusqu'en Inde et les Hindous ont conservé comme point de référence le décalage entre le zéro degré du Bélier en tant que point d'origine et le point vernal du temps présent. Ils ont nommé ce décalage et donc la position actuelle du point vernal par rapport au zéro degré du Bélier l'Ayanamsa. Les Hindous prennent une valeur de 23°51 tandis qu'en Occident, on prend une valeur de 24°54. La position du « point vernal actuel » par rapport au zéro degré du Bélier, position du point vernal actuel, que l'on peut trouver sur les éphémérides sous l'appellation SVP, était à 5°06 du signe des Poissons en 2011.

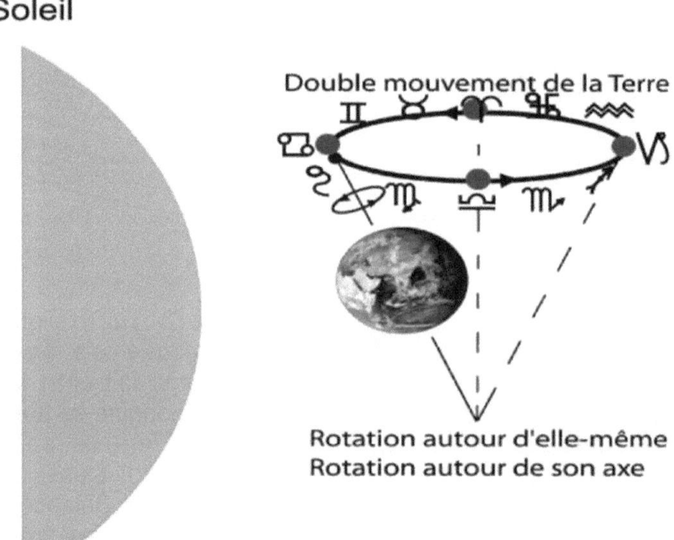

Le zodiaque sidéral : Il se calcule à partir du point vernal Hindou. Les signes astrologiques sont donc décalés d'un peu plus de 23°. Les astrologues qui utilisent ce zodiaque tendent à dirent qu'il concerne plutôt l'évolution intérieure de l'âme tandis que le Zodiaque dit « Tropical » se réfère à la vie concrète sur la Terre. Selon moi, il n'y a pas un zodiaque qui est juste et l'autre qui ne l'est pas. Chacun d'eux montre une certaine perspective. Chaque personne doit alors faire sa propre expérience intérieure. Il me parait cependant judicieux de bien connaitre son thème astral tropical avant de prendre en compte le thème astral sidéral.

BIBLIOGRAPHIE

L'art de l'interprétation en astrologie
Transits planétaires et destinée
Georges Antares

L'astrologie, la psychologie et les 4 éléments
Astrologie, Karma et transformation
Les cycles astrologiques
Stephen Arroyo

Traité pratique d'astrologie
De la psychanalyse à l'astrologie
Uranus et Neptune
André Barbault

Les transits
Sylvie Beauget

Les aspects astrologiques
Bernard Blanchet

Les trois dimensions de votre thème astral
Patrick Giani

Dictionnaire astrologique
Henri G Gouchon

Saturne
Guide astrologique des relations humaines
Le développement personnel
Liz Greene

Saturne et Uranus/Pluton
Astrologie mondiale
Hadès

La condition Solaire
Jean Pierre Nicolas

Le cycle de la lunaison
Le rythme du zodiaque
Dane Rudyar

Services proposés en Développement Personnel

Outils de conscience

Votre Diamant de Naissance

En tant qu'être humain créé par la Source, vous êtes un Diamant qui ne demande qu'à briller ! Pour faire briller le Diamant que vous êtes, il est nécessaire de polir, c'est à dire de prendre conscience, puis d'exprimer, chacune de ces facettes ! Véritable outil de connaissance de soi, ce « Thème Numérologique », basé sur votre nom+prénom+date de naissance, vous révèle dans toutes vos dimensions…et surtout dans celles qui vous sont inconnues, à travers les 22+1 facettes de votre être. Environs 25 pages.

Votre Thème Astral Approfondi

Votre thème de naissance représente la structure et le cheminement de votre âme, mais aussi ce qu'elle a choisi de rencontrer comme expériences. Axé sur la dimension psychologique et karmique, ce thème astral révèle votre structure, vos fonctionnements, vos atouts, vos contradictions et vos possibilités d'expression. Il vous aide à comprendre certaines difficultés et schémas de vie répétitifs, afin de les résoudre. 120 pages.

Votre Thème annuel

Chaque année (à la date de votre anniversaire), un nouveau thème se dessine pour vous…c'est votre Révolution solaire (nouvel ascendant, nouvelles configurations planétaires). Elle est le paysage de votre année, avec ses propositions, ses potentialités à exprimer, ses difficultés à transcender. Cette étude offre un éclairage sur votre année. Elle vous aide à l'optimiser et à lui donner du sens. Environs 15 pages.

Plus d'infos sur http://www.coaching-evolution.net

Sur demande par mail à : jacksoneric@neuf.fr ou 06 62 51 32 26